ASAHI SENSHO 朝日選書 970

こどもを育む環境 蝕む環境

仙田 満

朝日新聞出版

はじめに
――広島マツダスタジアムを設計した、こどもの成育環境の研究者・環境建築家として

筆者は環境建築家、こどもの成育環境の研究者として少しは知られているが、一般の方々に広く名が知られているわけではない。しかし「新広島市民球場を設計した」と言うと、多くの人の筆者を見る目が変わる。広島カープが新しい球場に移ってから、カープ女子をはじめとする多くのファンを獲得し、優勝まで成し遂げたことは誰でも知っている。あるスポーツ評論家に「スタジアムがチームを強くした。優勝はスタジアムのおかげだ」と書かれた。

観客最優先の球場、200mのアプローチスロープ、一周600mの楽しいコンコース、新幹線から11秒間見られる左右非対称の構造、ただ見エリア、砂かぶり席、バーベキューテラス席などの多様な席など、そのスタジアム形式はこれまでの日本の野球場のイメージを一新したと高い評価をいただいている。

広島カープファンの増大や、毎年200億円の経済波及効果など、大きな話題を呼んでいるが、この球場はこどもの成育環境の研究とデザインによってつくりだされたと言っても言い過ぎではないのだ。

まちに開かれ、楽しみながら遊びまわれる新広島市民球場（外観）

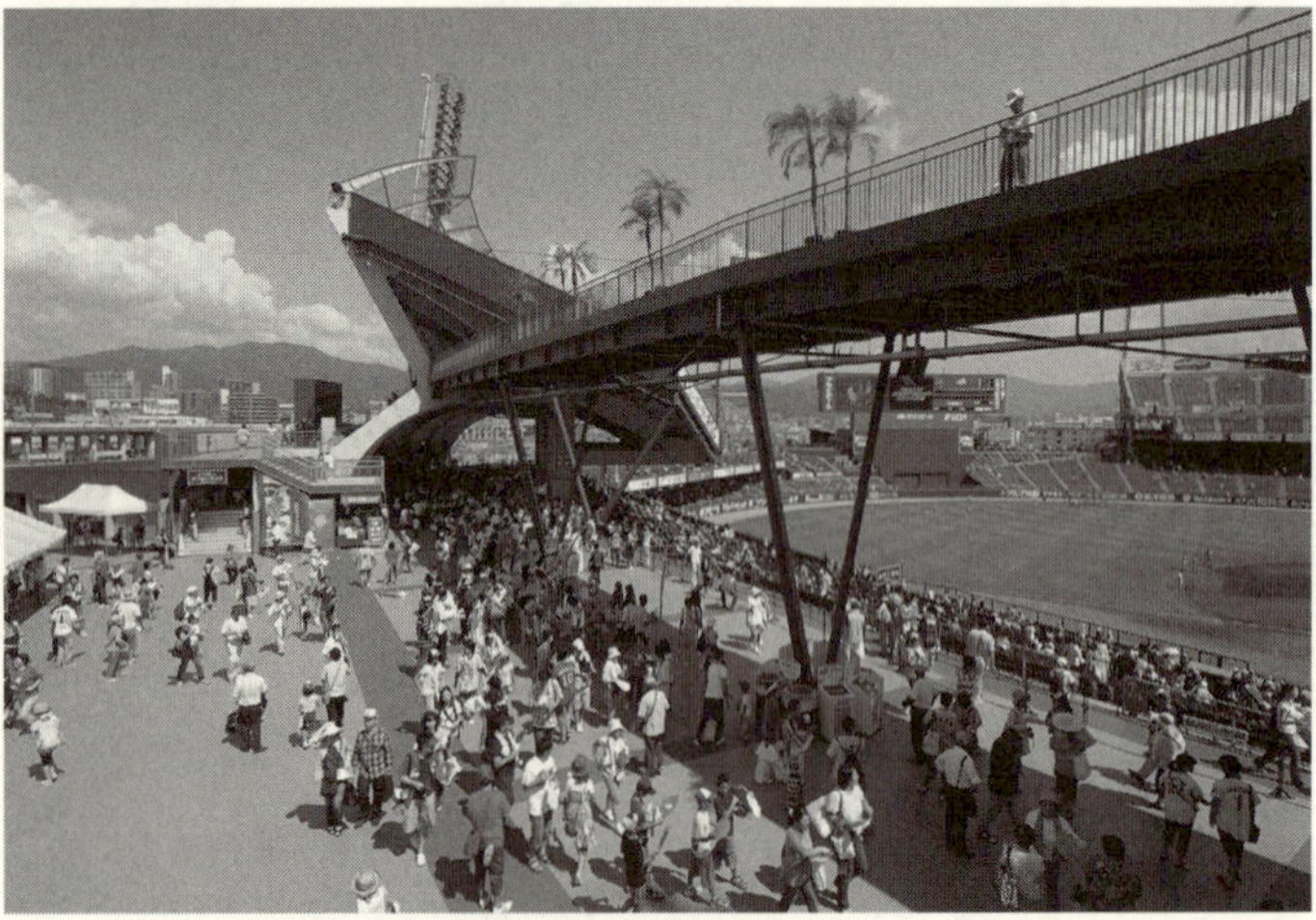

スロープを上ると球場全体が見渡せる、感動的なエントランス・コンコース

筆者は、こどもの成育環境の研究は、人間の行動の基礎的研究だと考えている。50年前からこどもの施設環境の設計に関わり、こどもの成育環境の研究とデザインを中心的な仕事としてきた。

新広島市民球場は、選手が、観客が、あるいは偶然訪れた人が気持ちを高め、意欲を喚起する空間の設計を目指したものである。それは幼稚園、学校、博物館の設計をするときとほとんど変わらない。こどもの問題の多くは人間一般の問題に置き換えられるものなのだ。

医師の世界では、小児科が最も難しいとされている。こども自身が自分の症状を詳しく説明できないからだ。こどもの成育環境を主な分野とする研究者、建築家も同様に、依頼者（クライアント）の具体的な注文を聞くことが難しい。

「こどもは未来」だと筆者は考える。私たちの未来、将来は、こどもによって築かれる。だからこそ、これから多くの困難が待ち受けている未来を乗り越えていける人として成長できるような成育環境を用意し、考えていかなければならない。

筆者は長く、我が国のこどもの成育環境をさまざまに研究し、考察し、デザインしてきたが、現実は必ずしも良い方向へ向かっていない。こどもを蝕んでいる環境も多い。それは私たち大人の責任である。

1960年頃、「こどもの国」が皇太子（現天皇）ご成婚記念の国家プロジェクトとして計画され、1965年にオープンした。筆者は大学で「環境の意匠」を唱えられた谷口吉郎教授のもとで学び、卒業後、メタボリズム建築家、菊竹清訓《きよのり》氏のもとですぐにこどもの国プロジェクトに参加した。それをきっかけに1960年代末より、こどもの成育環境に関する研究とデザインを主たる仕事としてきた。またこの20年間は、こども環境学会や日本学術会議子どもの成育環境分科会を立ち上げ、分野横断的な活動も行ってきた。

戦後70年間で、こどもを取り巻く環境は大きく変化している。その代表的なものがＩＴメディアの普及である。

こどもの成育環境は、あそび環境と同様に空間、時間、方法、コミュニティという4つの要素で考えていく必要があるが、その方法の一つである「ＩＴメディアでのあそび」に現代日本のこどもたちは多くの時間を費やしている。特に近年、その傾向が加速している。また保護者が「我が子にスマホを与えて子守りをしている」という状況がみられる。

もう一つ、自動車、バギー車（ベビーカー）等のライド中心の生活もこどもに大きな影響を与えている。都市部における生活環境に目を向けると、20階、30階という超高層の住居が次々に建設され、そこではこどもの日常生活が地上から切り離されている。

シルバー民主主義と言われ、「こどもの声がうるさいので、公園であそばせるな」「保育園の建設反対」という声がまかり通っている。こどもがのびのびとあそべる空間も時間もない。友だちもいない。150年前、世界の人々から絶賛された、こどもを温かく見守っていた大人は、日本からいなくなってしまったのではなかろうか。

こどもの生活環境、情報環境は大きく変化しているが、こどもにとって自然体験、多くの友だちとのあそび体験はいつの時代にも必要なのだ。こども時代の体験はきわめて重要であり、その後の人生に大きく影響する。近年の脳科学や、ノーベル経済学賞受賞者のジェームズ・ヘックマンらの教育経済学の分野の研究においても、幼児期の質の高い保育環境の重要性が明らかになっている。

筆者は常々「あそびは総合的な学習だ」と主張している。こどもはあそびによって体力や運動能力という身体性の開発を行う。アメリカの作家ロバート・フルガムが「人生に必要な知恵はすべて幼稚園の〝砂場〟で学んだ」と言っているように、あそびによってこどもは人間関係、社会性を学ぶ。自然あそびを通して生物の生死に遭遇し、自然の変化に感動し、情緒性や感性を育む。あそびを通してものづくりや、新しいあそびの発見・発明を行うことにより、創造性が育まれる。身体性、社会性、感性、創造性、すなわち非認知能力といわれるものが開発されるのだ。

我が国は、この四半世紀に大きな自然災害を何回も経験した。本当に困難の多い国なのである。筆者は戦後の何もない時代だったが、幸せなこども時代を過ごせた一人だと思う。現代は物、情報にあふれているが、こどもにとってきわめて困難な時代となった。そしてその多くの責任は私たち大人にある。自分が今こどもだったら生き延びていけるだろうかと不安になる。

「すべてのこどもが幸せなこども時代を過ごすためにはどうすればよいか」ということを考えながら、環境建築家としてこどもを育む環境と、その健やかな成長を蝕む環境があることを知ってもらい、困難を乗り越えるこどもの成育環境についての思いを皆様にお伝えできれば幸いである。

本書の内容は、こどもの成育に関わる多くの人を対象としている。保育園の保育士さん、幼稚園・小学校の教師の皆さん、公園などのプレーリーダー、こどもの空間の設計者、ランドスケープアーキテクト、公園や福祉に関与する行政の方々、こどもの教育、保育、建築、造園、都市環境を学ぶ学生、そして何よりもお父さん、お母さん、おじいさん、おばあさんに読んでいただきたい。こどもの育ちに、そしてその環境について多くの方々に関心をもってもらえればと思う。

約50年間、こどもの成育環境を考え続けた環境建築家として、研究者として、多様な事例から発信したいと考え、この本を執筆した。筆者は、こどもの立場に立ち、あそび、保育、教育の環境形成の動きが最優先となるような社会活動として「こども第一運動」を国民全員で展開したいと考えている。一人でも多くの方々が、「こども第一運動」に参加してくださることを切に願っている。

仙田　満

こどもを育む環境　蝕む環境●目次

こどもを育む環境　蝕む環境

仙田 満

第1部　こどもと環境の変化

第1章　劣化するこどもの成育環境

第1部ではまず、我が国のこどもの成育環境の問題、成育環境・あそび環境の変遷、あそびと成育環境の相互複合性について説明したい。

我が国のこどもの成育環境全体を考えたとき、改善されている部分としては新生児、乳幼児の疾病による死亡率の低下がまず挙げられる。栄養状態もきわめて改善し、こどもの生活環境全体の質の向上がなされてきた。

一方、あそび環境の貧困化や精神的な負荷という点では、この70年間、きわめて大きな負の変化が現れているといえよう。今、我が国のこどもは〝劣化現象〟ともいうべき状況に陥っている。劣化現象とは建設用語で、本来もっている性能、能力が低下していることを指す。

運動しなくなり、肥満化するこども

子供・若者白書にまとめられているように、青少年の体力・運動能力は長期低傾向を示している。文部科学省が実施している新体力テストは身体のさまざまな体力要素を調べるものであるが、その総合点

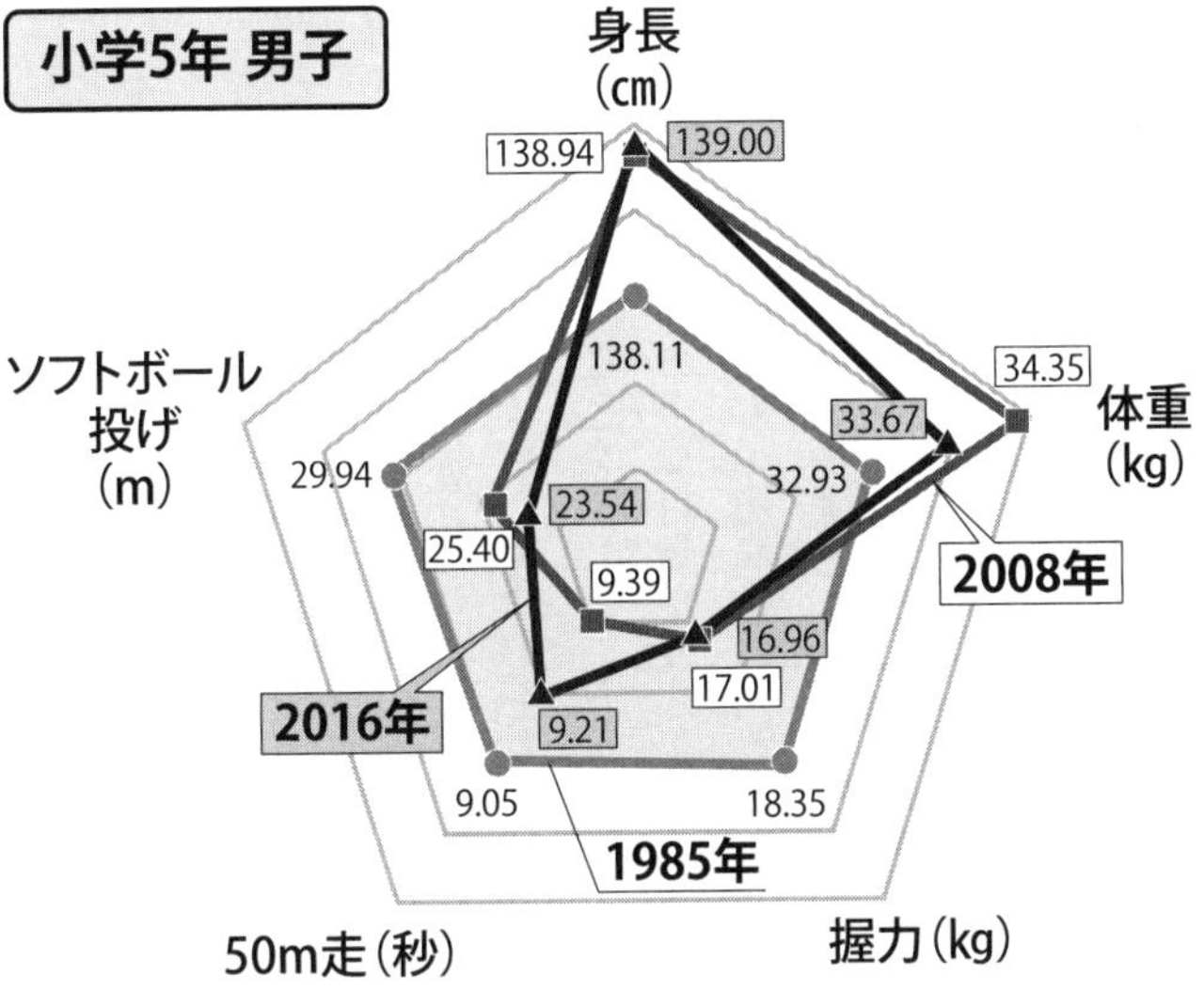
小学5年 男子
身長
(cm)
138.94
139.00
138.11
体重
(kg)
34.35
33.67
32.93
2008年
握力(kg)
16.96
17.01
18.35
1985年
50m走(秒)
9.39
9.21
9.05
2016年
ソフトボール
投げ
(m)
29.94
23.54
25.40

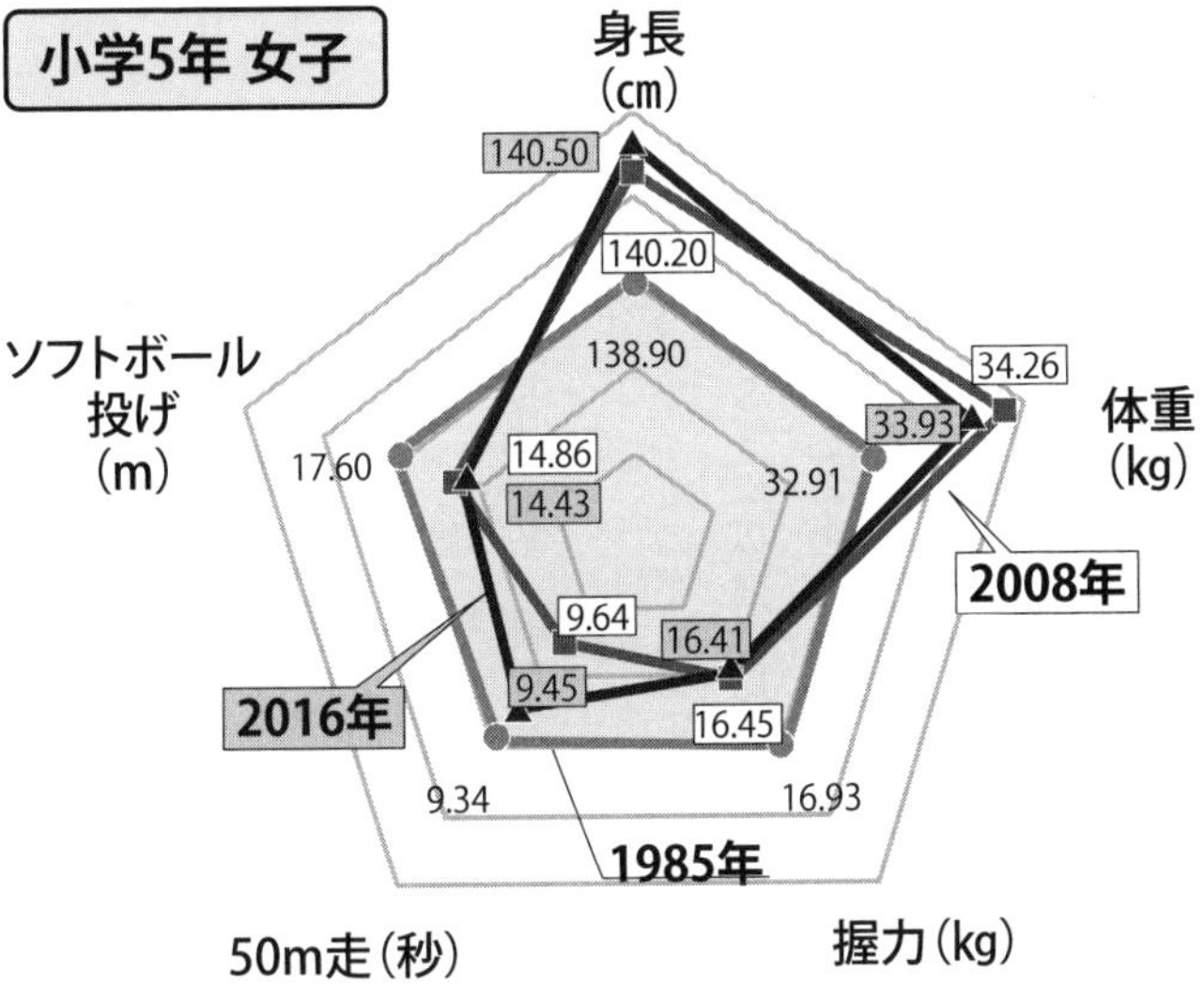
小学5年 女子
身長
(cm)
140.50
140.20
138.90
体重
(kg)
34.26
33.93
32.91
2008年
握力(kg)
16.41
16.45
16.93
1985年
50m走(秒)
9.64
9.45
9.34
2016年
ソフトボール
投げ
(m)
17.60
14.86
14.43

文部科学省　体力・運動能力調査等より作成

を見ると女子は１９７８年、男子は１９８０年をピークに低下し近年改善されているといわれているが、１９８０年以前に比べると低い水準である。持久走や立ち幅跳びにおいて、10年間で10％近く減少している。

一方、体位の変化を見てみると、１９６０年から２０００年までの40年間に身長や座高は３～４％の増加であるのに比し、体重のみが男子では12％も増加している。これは食生活の変化と運動不足によるものと思われる。

50ｍ走成績の時代変化と運動頻度の関係を見てみると、毎日運動しているこどもの成績は20年間（１９８５～２００５）の低下が小さいが、運動をしないこどもの低下は大きい。運動をしないこどもが増加していることを示している。

肥満傾向は男の子で11歳が最も多い。こども時代の運動不足が成人になっての肥満に影響する傾向を示している。こどもの肥満化傾向とあわせ、２型糖尿病の発症率も１９８５年以前に比べ増えている。この要因にはあそびや運動、スポーツなどの身体活動量の低下が関わっていると思われる。

また食生活の変化や精神的負担などによる生活習慣病へのリスクファクターを抱えるこどもの比率も増加している。その背景には家庭全体のライフスタイルの変化に伴う朝食の欠食や、運動不足、夜型の生活習慣などが挙げられる。

運動をよくするこどもと、運動をしないこどもでは、学習においても有意な相関関係があるというデータが示されている。

「自分は孤独」、自己肯定感の低下

近年のこどもの学習意欲の低下はきわめて憂慮すべきところがある。神奈川県藤沢市教育委員会の報告によれば１９６５年から45年間で約40％も下落している。２０１５年の調査では少しもち直しているが、それでも１９６５年に比べ約35％も低い。

さまざまな物事への意欲の低下は学習意欲だけでなく、無気力なこどもや将来性をもてないこどもを生み出すことにつながっていると思われる。不登校の割合も１９９０年から２００５年の15年間で小学校、中学校ともほとんど２・５倍になっている。

心の健康という点では、ＯＥＣＤが15歳のこどもに対して行った国際比較はきわめてショッキングな結果である。「自分は孤独か」という問いに対して「ＹＥＳ」という答えはＯＥＣＤ加盟25カ国中、日本のこどもだけが30％近い割合を示している。他の国々はほとんど10％以下でしかない。

この結果は日本のデータ入力に問題があったという指摘もあるが、こどもの孤独の傾向は他のデータからも示されている。

また「30歳になったとき、どんな仕事についていると思うか」との質問に対して「非熟練労働への従事」と答えた割合は25カ国中最高の50・３％に達している。将来の職業の選択意欲においても、最も技能を必要とする技術職に憧れをもっていないとの報告がある。将来、〝建築家になろう〟、〝看護師になろう〟というような明確なビジョンを描いていないのである。

これは日本という国の未来を考える上できわめて憂えるべきことと言わねばならない。

若年世代の死因第1位は自殺

我が国の自殺者数は1998〜2010年頃まで年間3万人を超えていた。近年は、その3分の2まで減ってきてはいる。しかし、若い世代の自殺は深刻だ。15〜39歳の死因の第1位は自殺である。男性は10〜14歳、40〜44歳で1位、女性は10〜14歳で2位である。このように若い世代の死因の第1位が自殺という先進国は日本だけである。10万人当たりの死亡者率もきわめて高い。他の先進国の死因に多くみられるのは事故であるが、日本の場合、自殺が事故の2倍以上である。

なぜこどもや若者が命を絶たねばならないのか。これを国全体で考えるべきである。その要因の一つに閉鎖的なコミュニティをつくりがちな、物理的に周囲から分断された環境があるのではないかと筆者は考えている。

成育環境とあそび環境

あそび環境は、成育環境の一つの要素である。こどもの成長発育という段階の中で、衣食住という基本的な環境の捉え方もあるが、他の生活行動を分解し、食べる、住む、あそぶ、学ぶ、運動する、眠る、体験する、伝える、聞く、話す、見る、甘えるなど、多様な生活行動を環境・場という空間的な関係を含めて総合的に考えるというのが成育環境からの捉え方といえる。その成育環境を「空間」、「時間」、

「方法」、「コミュニティ」という4つの要素に分類することにより、こどもの成長発育との関係、行動発達との関係を考えていこうとするものである。

ここまで述べた、こどもの劣化現象が成育環境の諸要素にどのように影響し、それらを改善するためにはどのようにしたらよいかというのが、本書の大きなテーマである。

筆者は環境建築家と自称しており、空間づくりの専門家だ。本書においては専門である成育空間に軸足を置き、成育環境全体へ目配りしながら話を展開していきたい。

第2章　こどもの成育環境、あそび環境の変化

こどものあそびという視点からの戦後70年

①道や空き地があそびの中心だった戦前と戦後15年（20世紀前半）

1924～25年、我が国最初のこどものあそび場調査が造園学者の大屋霊城によって大阪で行われた。その報告では「小公園の児童の遊場としての価値、左程に大ならざるを窺うに足る」と述べ、小公園はあそび場として使われていない、かえって道こそあそび場として認めるべきだというようなことを述べている。確かに、こどもが群れて街路、路地、道路であそぶ状況は戦後まで続いていた。

特筆すべきは大正末から昭和にかけ、東京に限られるが、公園に児童遊戯係という、今でいうプレーリーダー（公園などこどもがあそぶ環境を整備したり、あそびを見守る大人のボランティア）組織が公園行政の中に生まれ、日比谷公園や上野公園でその活動が行われたことである。

戦後のあそび場は、都市においても焼け跡、空き地となっていた場所であり、多くの道もあそび場だった。こどもの数も多く、自然環境は都市部にも多く存在して、ある意味では最も自由にあそぶことが

できた幸福な時代であった。筆者自身のこども時代もこの時代である。

空き地や原っぱ、路地と呼ばれる空間で、多様な年齢の者同士で行う集団あそびをはじめ、採集等の自然あそび、運動あそびや、竹や木材を加工し、船や車の工作あそび等に明け暮れていた。

一方、多くの大人たちは食料や職を確保するのに精いっぱいで、こどもにほとんどかまうことがなかったが、一緒にあそんでくれるやさしい大人たちもいた。野球を簡単にしたゴロベース（三角ベース）も、馬跳びも、コマ回しも、のこぎりの挽《ひ》き方も「こうやるのだ」と指導してくれる、今でいえばメンターに当たる大人たちがたくさんいたのである。

②車とテレビにより外あそびと内あそびが逆転した高度経済成長期（1960～1970年代）

1960年代に入り、都市の復興の中で、自動車が道路を占領し始め、1964年の東京オリンピックに向けて、全国で道路整備が進行した。そして道路、街路であそんでいたこどもにとって道路はあそべない場所となっていった。戦後復興から高度経済成長の時代である。

こどもが道というあそび空間を失った影響は大きい。筆者の調査によれば、1965年前後の20年間であそび空間量は大きく変化した。大都市では20分の1、地方都市でも10分の1に減少していった。もともとあそび空間は分散しており、道がそれをつないでいたのだ。その道があそび空間として禁止されたために、それにつながっていた多様なあそび空間へのアクセスが失われ、急激にあそび空間が減少していったといえる。

もう一つ、こどもの生活を〝劇的〟に変えたものがテレビである。1953年にテレビ放映が開始され、1965年には90％の家庭にテレビが入った。テレビはあそびに大きな影響を与えた。1965年を境に、外あそびより家の中であそぶ時間のほうが長くなっていった。もともと集団あそびには人間関係があり、それが苦手なこどももいる。テレビは一人であそぶ機会を与えたのだ。

1965年、横浜市と町田市にまたがる旧陸軍の弾薬庫跡がアメリカの接収を解かれ、皇太子殿下御成婚記念という国家プロジェクトとして、広さ約100haの「こどもの国」がオープンする。このコンセプトを決めるにあたってはオランダのマドローダム（模型の国）のような形にする等の議論もあったといわれているが、「野あそび、山あそびをこどもたちに返そう」という自然型児童遊園を指向することで落ち着いた。その背景には、都市のあそび環境が急激に悪化していったことがある。

③公園が中心となったバブル経済期とファミコンの登場（1980年代）

高度経済成長期以降、バブル経済化し、都市部のみならず地方でも都市化が進行していった。出生率は低下し、こどもの数が少なくなって、地域コミュニティが劣化していく中で、こどもにとって公園が唯一のあそび空間となっていった。公園の利用率は高く、あそび空間として重要な役割を果たしていく。

公園の遊具は海外からの輸入遊具が入る等、従来の単機能型遊具から、複合機能型の遊具の導入がなされた。あそび集団は同学年化、同年齢化していき、あそび集団もきわめて小さくなっていった時代といえる。

1983年にファミコンと呼ばれるテレビゲーム機が発売され、瞬く間に普及した。これまでのテレビと違って、応答性、参加性があることによって、さらに多くのこどものあそび時間を奪っていく。この影響は1970年代のテレビ普及によるあそび環境の変化を、一段とメディア依存の方向に向かわせることになった。

この傾向は都市だけでなく、田園地域にまで及び、かえって都市よりも影響が大きかった。少子化の影響は都市よりも田園地域のほうが大きく、自然のリスクを回避してあそぶ方法が、かつてはあそび集団によって年上から年下に教えられてきたのに、その集団がなくなり、自然あそびの方法も伝えられなくなっていった。「山に行ってはいけない」「川に行ってはいけない」と禁止され、自然あそびをする機会を失っていった。あそびの都市化、情報化が日本全国に広がった時代といえる。

④こどもへの犯罪報道による内向化とプレーパークの拡大（1990〜2000年代）

1990年前後は、こどもに対する犯罪が多数報道された。我が国のこどもに対する犯罪率はアメリカに比べてきわめて低い。1990年代初頭の比較調査によれば幼児誘拐そのものは約500分の1、身代金目的は約100分の1であるが、我が国でも幼児が誘拐され殺されるという事件もあり、こどもに対する防犯がきわめて重要な問題となり、こどもの生活の内向化が進んだといえよう。

公園の利用率は1970年代に比べ約10分の1まで少なくなった。公園はこどもが犯罪に遭う場所という認識が広がったことも影響しているだろう。

生まれたときからテレビにさらされ、年少の頃から電子映像機器に接して多くの時間を過ごす傾向が高くなった。長時間のテレビ等の視聴によるコミュニケーション能力や言語能力の発達の遅れも指摘された。学童は家、学校、塾という3カ所を回るだけの生活行動の中で、道草やあそびの時間が減少し、体験の少なさが危惧されるようになった。

ただ、1970年代後半より、ヨーロッパのアドベンチャープレイグラウンドに影響された市民運動として、世田谷で始まったプレーパーク運動は、多くの都市、地域に広がっていった。プレーパークは保護者からも「安全性が高い」という評価を受け、その利用率は一般公園に比較するときわめて高い。

⑤手放せなくなったケイタイ・スマホと震災・待機児童問題（2000年代以降）

日常的で、個別的なITメディアの発達が加速し、こどもの生活の中にもケイタイ、スマホが侵入してきており、その量も増え、コンテンツも多様化している。アメリカの小児科学会が2歳未満のこどもはできるだけITメディアに接触させないよう勧告を出し、我が国の小児科学会も独自の調査を基に、同様の提言をした。

しかし、社会的傾向として、親が子にスマホを与えて子守り代わりとするようなケースがきわめて多いことが報告されている。また、学童の間でのSNSやLINEのようなメッセンジャーアプリを使ってのいじめの発生が話題になった。それだけ確実にこどもの世界に影響力をもつ存在となっている。

また、2011年の東日本大震災を契機に、特に原発事故の被害により、外であそぶことができなくなったこどもの肥満や体力不足が問題となり、室内あそび場の整備等が叫ばれた。商業施設等における非日常的なあそび場の整備とともに、公園等における事故や犯罪に遭う危険を避け、室内化されたあそび場へ向かう傾向が強められた。

女性の社会進出が進み、保育園に入れない待機児童問題が顕在化し、幼稚園・保育園の他に幼保一元化施設の方向が目指され、「こども園」が誕生した。少子化が進み、小中学校の廃校、統合が進行した。プレーパークが自治体でも積極的につくられるようになり、公園に保育所の建設が図られ、公園の活性化が注目され始めた。

あそびに必要な〝3間〟に「方法」を追加

従来、こどものあそびには、あそび空間、あそび時間、あそび仲間の〝3間〟が必要だといわれてきた。これら空間、時間、仲間の3間に加え、実際にこどものあそびやあそび環境の時代的な変化を調査してみると、そこに重要な役割を果たすのがあそび方、あそび方法だということがわかってきた。

後に詳しく述べるが、やはり我が国のあそび環境は1965年頃を境に大きく転換した。その重要なきっかけは自動車社会化とITメディアの普及である。自動車が優先する社会の到来によって道でのあそびが禁止され、同時にテレビ等のITメディアがこどものあそび環境に入ってきた。これらの変化はあそび環境の方法というカテゴリーに属すると思われる。あそび環境は3間という空間、時間、仲間（コミュニティ）に、〝方法〟という要素を加えて考えるのが最も適切だろう。

こどもにとって、最も重要なあそび環境の4つの側面から、それを成育環境という成長、発育の環境に適用して、成育環境の4つの要素も成育空間、成育時間、成育コミュニティ、成育方法という形で今後は述べることとする。

高度成長期に激減したあそび空間の変化

都市化及び住環境の変化により、こどもの日常的なあそび、とりわけ自然に触れる体験の機会が大幅に減少してきている。背景にはこどもが生活する空間環境の変化がある。

筆者が調査した横浜でのあそび空間量の変化は、1955年から1975年の減少幅が大きい。1975年前後、全国約40カ所の小学校区であそび空間の変化の研究を行った。1955年頃から1975年頃までの20年間で、大都市では約20分の1、地方都市では約10分の1という激しい量的減少を見るが、自然スペースの減少は著しく、約80分の1への激減であった。1995年頃までのその後の20年間でも減少は続き、さらに2分の1から4分の1になっている。

最近では、2003年に全国的なあそび環境調査を行ったが、あそび空間量の低下は止まらない。こどものあそび空間は自然スペース、オープンスペースなど多様であるが、前述のように多くの場合それが道によってつなげられ、ネットワーク化されていた。その道が自動車交通のために安全なものでなくなったため、道でのあそびは全面的に禁止され、1960年代、我が国のこどもは急激にあそび空間を失っていった。

1955年から2003年頃までの横浜のあそび空間量の変化

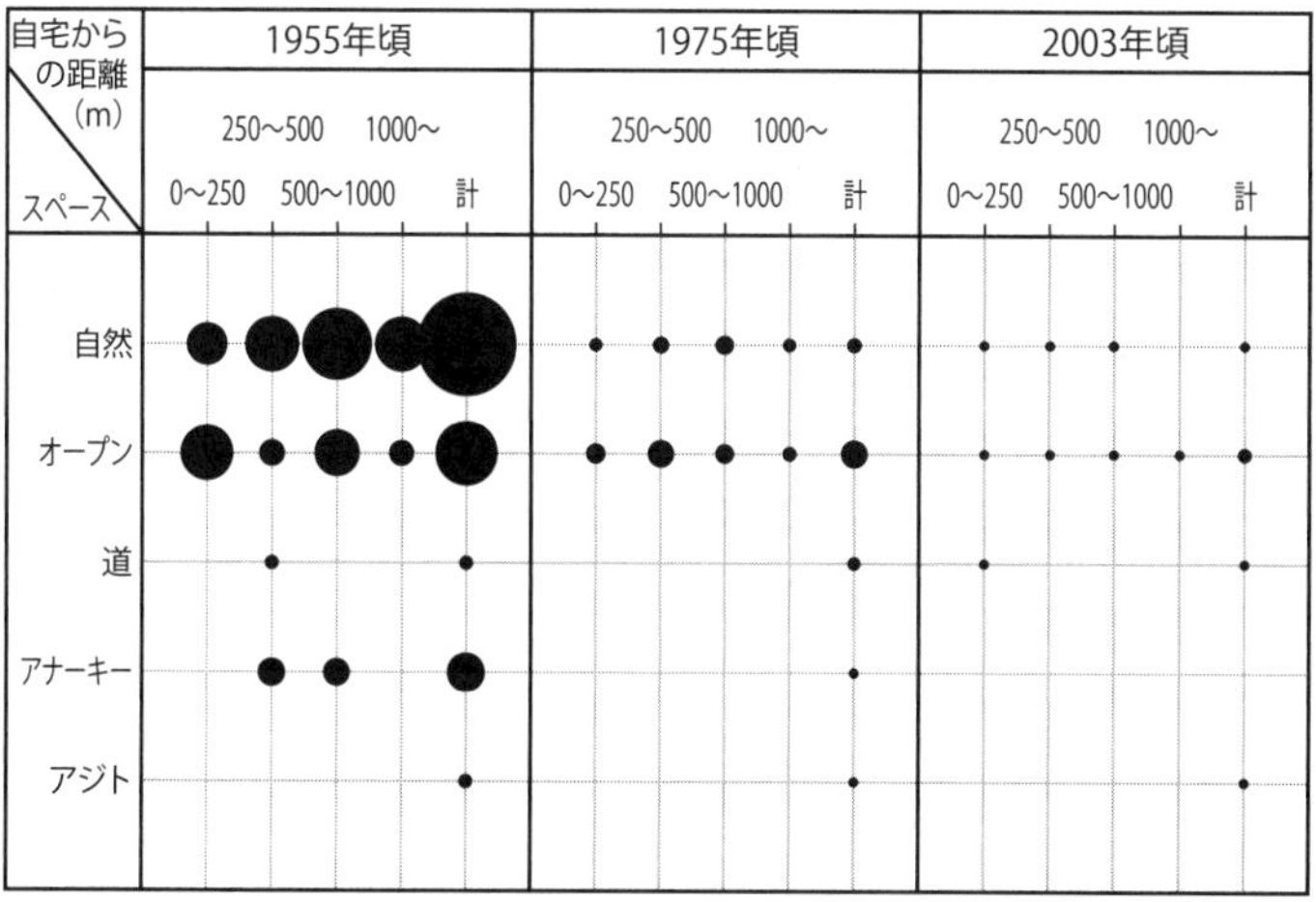

（仙田満・仙田研究室作成）

山、川、路地、公園、空き地、原っぱ、友だちの家の庭などのスペースは安全なあそび道があってつながっていた。その接続していた道が奪われたことによって、こどもは多様なあそび空間を失ったのである。

家の前の道であそべる地域のこどもと、そうでない地域のこどもの比較研究では、家の前にあそび場があるこどものほうが外あそび時間が多く、多様なあそびを体験し、社会性や創造性を獲得していると報告されている。

このように「道」というあそび空間を失うことによって、こどもは多様なあそびを体験する機会を失うのである。あそび空間が身近にあること、そしてそれらがネットワークして連続していることが、こどもの成育環境の質を確保することにつながっている。車とこどものあそびが共存するように環境を計画整備することは可能であるが、現在までその動き

外あそびから内あそびへの変化

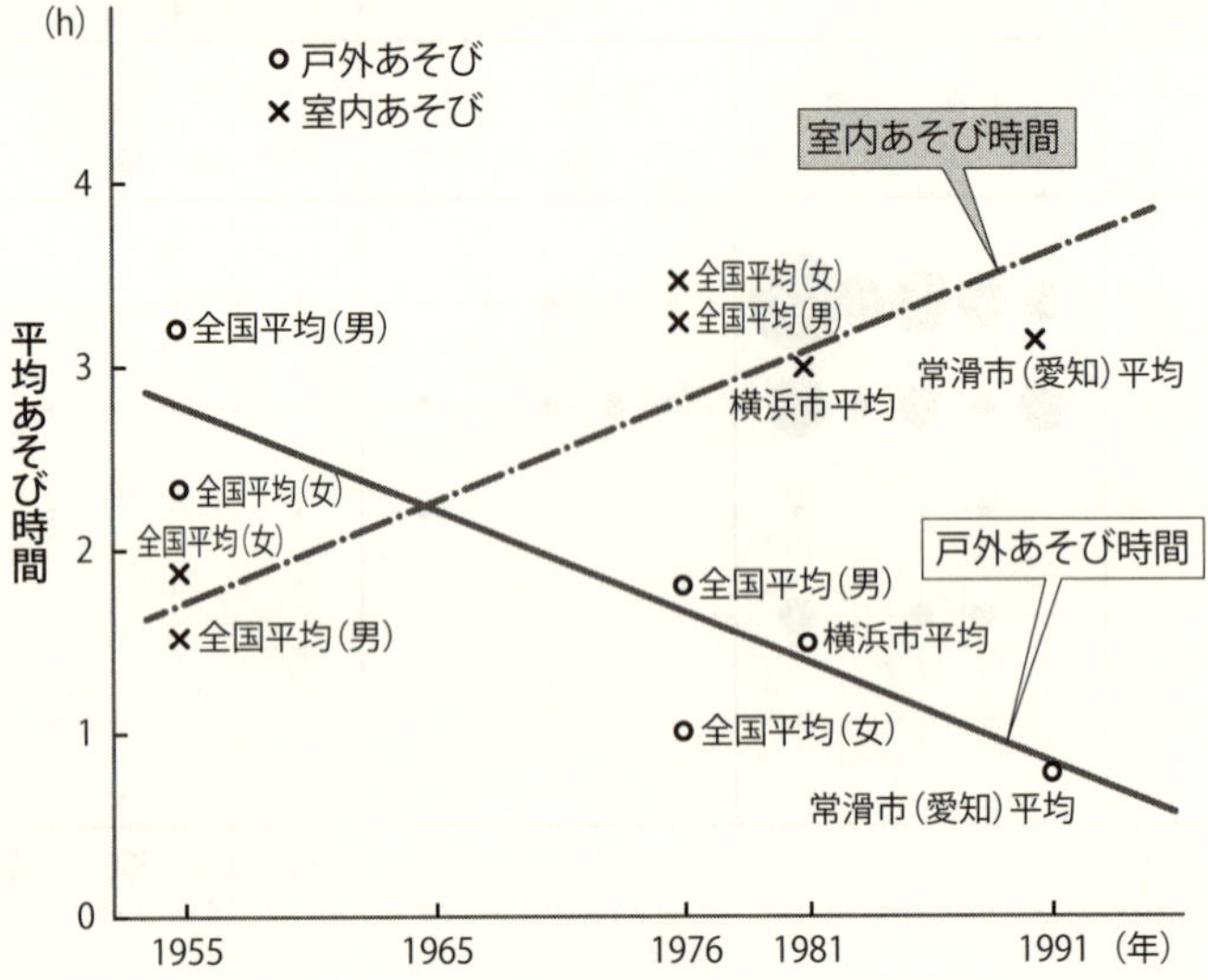

あそび時間の変化

（仙田満・仙田研究室作成）

は不十分である。

直接から仮想に変わるあそび体験

このような一連の空間的な変化に加え、テレビというメディアの出現によって、1965年頃を境に、我が国のこどものあそびは外あそびから内あそびに転換していき、多様な体験の機会を失った。

筆者の調査においても、外あそび時間が内あそび時間よりも少なくなってしまった時代的な転換点は1965年頃であったことが明らかである。外あそびの減少がこどもの身体活動量を減らし、それが運動能力、体力の低下を招く一因となっている。さらに友だち関係を築く機会だけでなく、その集団あそびの方法を学ぶ機会すら失わせている。

その後のＩＴ環境による変化はきわめて大きい。直接体験に代わるものとして、バーチャルな電子メディア空間上の仮想体験が増大してきている。こどもが電子メディアと接触する時間は長時間化の傾向にある。このことは乳幼児期、児童期における仲間としての同年齢、異年齢集団でのあそび体験の希薄化、こどものあそび文化の伝承消失、身体感覚を伴う体験の欠落を生み出してきていると思われる。この傾向はあそび体験の少ない親世代の影響もあり、さらに深まっていくと予想される。

短くなり続ける外あそび時間

第一に、家族のライフスタイルの変化に伴う生活時間の変化がある。夜型生活習慣や幼児期からの習い事の増加、児童期・青年期における通塾率の増加などにより、生活スタイルが勉強あるいは電子メディア接触中心となり、生活時間が細分化し、こどもが仲間と群れてあそぶ時間を共有できなくなっている。

こどものあそび時間は１９５５年頃から１９７５年頃まではほとんど差がない。１９７５年頃、男子では４・９時間、女子では４・３時間である。しかし、その内容を見ると戸外あそびは大きく減少し、男子では３・２時間から１・８時間、女子では２・３時間から１・０時間に激減。それに代わってテレビの視聴の時間は、男子では２・５時間、女子では２・４時間と大きく増加している。

また学校以外での勉強や塾の時間は１９５５年頃から１９７５年頃にかけては30分程度増えているに過ぎない。しかし塾へ行く日数は週２～３日で、２倍に増加している。塾に行く日が増加すると、自分が塾に行かない日でも友だちが塾へ行っている場合があり、前もって友だちとあそぶ曜日や時間を調整しておかないとあそべなくなってくる。

すなわち、塾に行くこどもが増加し、塾に行く日も増えてくると、急激にあそぶ機会が失われていくことになる。あるこどもは塾に行く理由として、「友だちに会いに行くため」と答えている。

友情を育てるにはある一定の時間が必要なのは大人もこどもも変わりない。こどもはあそびを共有して友情を育てる。時間割で決められたあそび時間の中で、友情を育むことはできない。ケンカをすることも、こどもの友情と同じ精神的発育である。

1975年の調査で、すでにケンカをするこどもが少なくなっている。ケンカする時間さえもなくなっているのである。あそび時間が短いから、難しい複雑なあそびができなくなって、決められた、与えられた枠のあそびしか展開できないでいる。

あそびそのものが単純化し、貧しくなってしまっている。あそび時間が短いということは、多くの友だちとあそべないことであり、空間であそべないということと深く関連しているといえる。長年のこどものあそび環境の変化を見ると、1960年代の変化が最も大きいのではないかと推察している。

小規模・同年齢化するあそび仲間

昔のこどもは、異年齢の集団を形成し、その中で育つことで多くのことを学んできた。しかし現代のこどものコミュニティは、核家族化、少子化などの影響もあって、規模が小さくなり、同年齢集団化している。

道というあそび空間を失ったこどもは、同時にあそび仲間も失っていった。なぜなら放課後、こどもが地域に帰って溜まれる場所の多くは道だったからである。道草は道があそび空間として成立していなければ成り立たない。道草という言葉は現代では死語に近くなっている。気軽に寄り道できる道があって、身近な自然スペースやオープンスペースがその道に接していることによって、自然あそびやスポーツあそびをすることが可能なのだが、そのつなぐ道があそび空間でなくなったことにより、こどもの自然体験や集団体験、運動体験がきわめて少なくなったのである。

自然あそびは伝承あそびである。こどものコミュニティが小さくなり、失われていく中で、自然の中でのあそび方も伝えられなくなり、山や川や池は危険な場所としてあそぶことが禁止された。したがって、現代では農村部のこどもでも都市部のこども同様に自然あそびができづらい状況になっている。

第3章　成育環境の相互複合性

国際的にも少ない我が国のこどものあそび場

こどものあそび場の変化の研究の後、日本のこどもと比較し、世界の国々のこどものあそび空間はどのようになっているのかという調査を筆者が始めたのは1987年からである。

ドイツは日本と同じように、第二次世界大戦の敗戦国である。しかし日本と異なり、こどものあそび環境を十分に保全しながら復興し、都市開発を行ってきた。それに対し日本のこどものあそび空間は、ヨーロッパ、北米、東南アジア、東アジアの国の中でも下位に位置している。

数量的にいえば、横浜のこどもはミュンヘンのこどもの5分の1程度のあそび空間しかもっていない。こどもは公園だけであそぶわけではない。横浜市の市民一人当たりの公園面積はこの30年間で増加したとはいっても約5㎡である。一方、ミュンヘンでは約20㎡である。公園面積のみ比べてもミュンヘンの4分の1である。しかも日本の場合、近年の公園面積の拡大は、住宅地開発によって生み出された開発公園に多くよっている。

いま、ほとんどこどもは公園であそぶことしか許されていない。かつて、横浜では公園が少なかった

こどものあそび環境の国際比較
各国のあそび空間量の比較

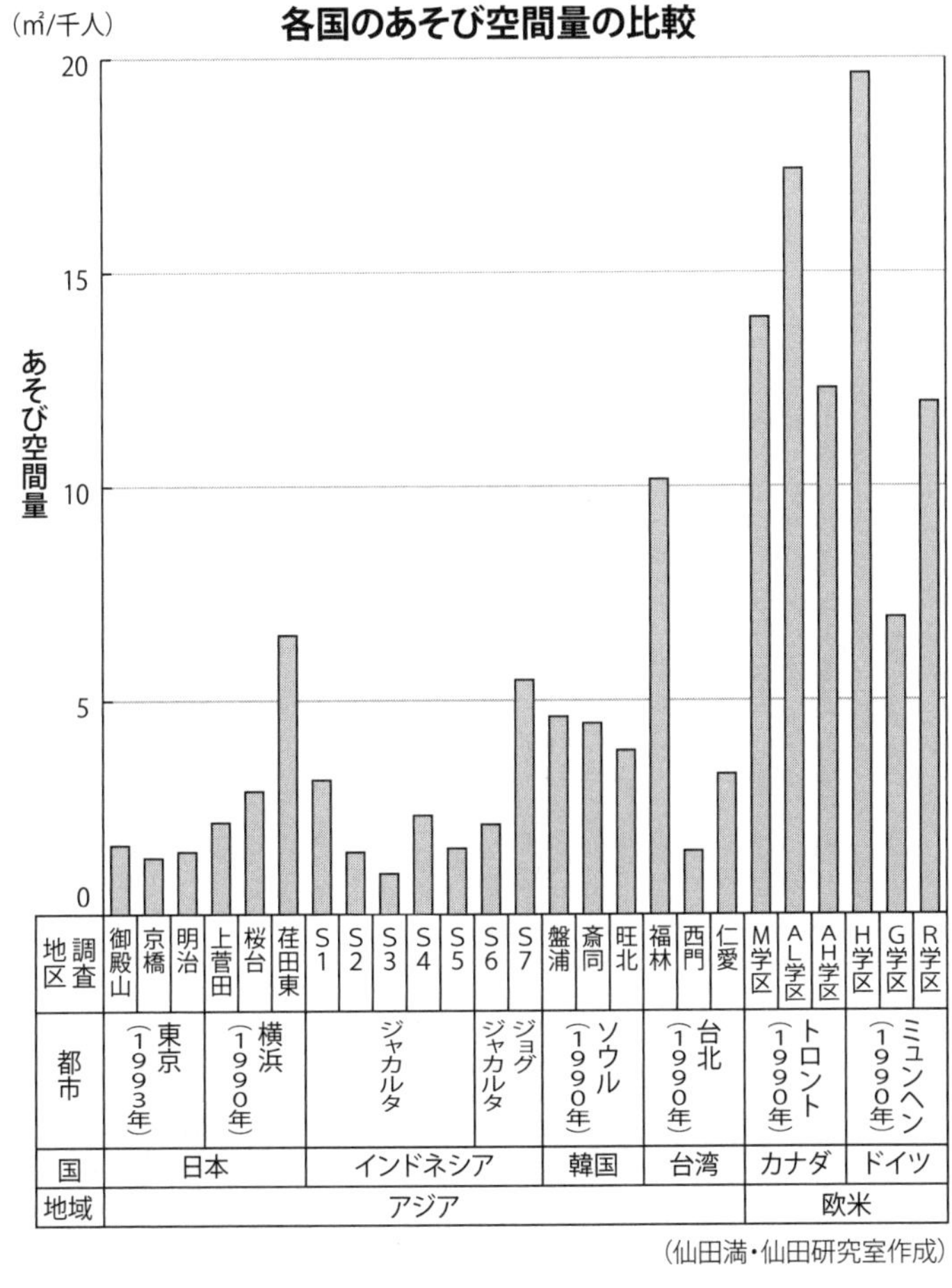

(仙田満・仙田研究室作成)

が、空き地や原っぱ、道など、こどものあそび場は多かった。それらが柵をされ、開発され、また自動車の増加によって奪われていったのである。

それに比し、ドイツでは公園以外に集合住宅のフロントヤード、中庭など、多くの共有化された広場やあそび場がある。したがって公園以外のところでも、日本とドイツでは大きな差があるといわねばならない。そもそもドイツは1912年に「帝国こどもあそび場法」という法律を制定し、こどものあそび場がこどもの健全な発達に不可欠であることを認識し社会システムとして実行している。

1994年頃に筆者は名古屋近郊に住む帰国子女に対して、住んでいた外国と日本とのあそび環境の比較調査を試みた。その結果でも「日本は治安がよい」との評価はあったが、「ゆっくりあそぶ時間がない、あそぶ場所がない」という日本の現状についての不満が多かった。

インドネシアのジャカルタやジョグジャカルタのこどものあそび空間は、確かに東京同様に小さいが、住宅周辺にハラマンと呼ぶ私的な共有地があり、面積はきわめて小さくとも、あそび集団が存在して、密度高く遊んでいるのが確認されている。

それはかつて東京の下町に見られた状況と似ている。その頃は、小さな神社の境内や空き地などに、こどももみんなのものという共有意識のある、こどもが伝承してきたあそび空間があった。いま日本では、多くの空き地、神社が私的な空間となりつつある。共有地が失われ、ますますこどものあそび空間はなくなっている。

あそびを知らないこどもたち

こどもの成育環境で重要なのは、あそび環境である。あそび環境は4つの要素によって構成されている。あそび場あるいはあそび空間、あそびコミュニティ、あそび時間、そしてあそびの方法あるいは道具である。こどものあそび環境の変化を見ていくと、この4つの要素は相互に関連しあいながら現在に至るまで悪化を続けている。

①悪化するあそびの環境

成育環境の中でも重要なあそび環境が、空間、時間、コミュニティ、方法が相互に影響しつつ悪化する「悪化の循環」に陥っているということは、こどもの成育環境そのものが「悪化の循環」に陥っていると言っても過言ではない。

ここで重要なことは、あそび空間、あそび時間、あそびコミュニティ、あそび方法が相互に影響しあいながら悪化していくことによって、こどもがあそびの醍醐味を体験する機会を失い、あそび意欲が減退し、その現状に満足していることである。あそび体験は面白いあそびを体験することによって、もう一度やってみたい、もう一度挑戦するというように重層化し、またそのあそびを体験したいと思って繰り返し、そしてさらに新しいあそびへと進化させていくことがわかっている。

あそびをよく体験したこどもは、あそべないことに不満をぶつけるが、あそびを体験できていないこどもは現状に満足している。これは筆者が行った各種のあそび満足度調査からも明らかである。すなわ

あそび環境の悪化の循環

→は、影響を与えるものから与えられるものへ

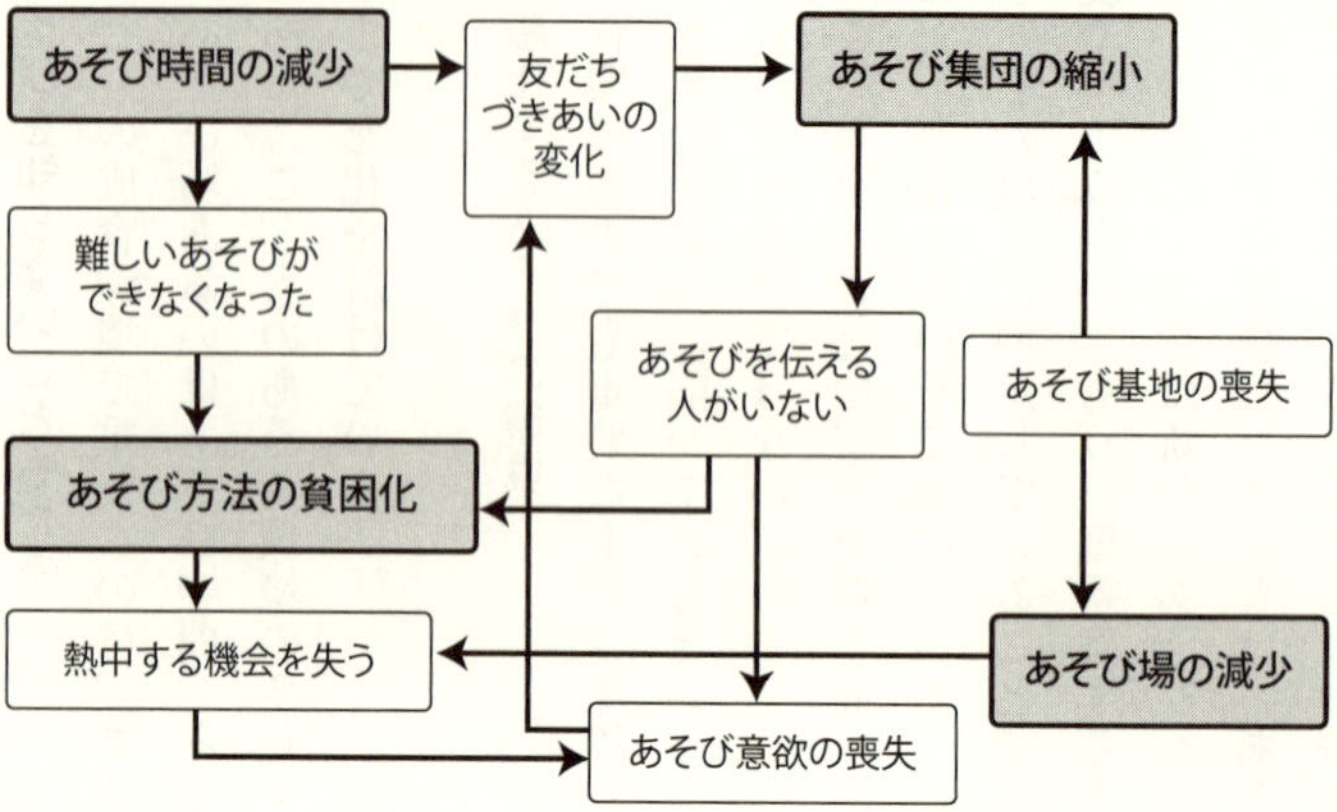

（仙田満・仙田研究室作成）

ちここであそび意欲が「悪化の循環」の中で失われている構図が示されている。

かつて八丈島において、地域コミュニティも健在で、しかもあそび場が豊富にありながら、単にテレビが放映されたことによって、こどものあそびが大きく衰退していったことが報告された。このことはテレビという情報媒体がこどものあそび集団までも破壊することができるほど、こどもにとって魅力的な存在であったことを示している。

あそびというものを情報伝達していた唯一の機関であったガキ大将的あそび集団が、テレビという情報媒体に簡単に打ち砕かれたということがいえる。

テレビ・ITメディアは現代社会において必要なものだが、こどもの成長において、適切な接触が図られなければならない。それは単に我が子に対する配慮だけで解決する問題ではなく、社会全体で共有すべき問題であると言える。

あそび環境の悪化の循環と同様に成育環境全体についても、こどもの生活意欲、行動意欲の喪失は多様な体験から疎外されていることによってもたらされていると考えられる。

②あそぶことの重要性を認識する

前項で見たように、我が国のこどものあそび環境、成育環境は悪化の循環に陥っているが、さらにそれを加速させているのが、若い世代のあそびの重要性に対する認識の欠如であると考えている。それが世代間交流の場の加速度的縮小に陥らせている要因と思われる。すなわち、こどもの頃、あそび体験の少ない親が、あそび体験の重要性を認識せず、我が子にあそび体験の機会を十分に与えない、あるいはこどもがあそぶ環境に恵まれないままこども時代を過ごしてしまうということが起きている。

それは親だけでなく保育士、教師にも当てはまる。こどもの頃、自然の中であそんだことのない保育士や教師が、こどもの保育、教育に携わり、あそびの重要性が認識されず、こどものあそび体験の減少を加速化させているともいえる。

この悪化の循環をどのように止めるか、考える必要がある。それにはあそび環境、成育環境の〝空間〟、〝時間〟、〝コミュニティ〟、〝方法〟という4つのエレメントを十分に考えていく必要がある。中でも、こどもに対するこの半世紀において重要な負荷は、車社会とＩＴ社会という2つによってもたらされたことを理解し、それらを適切にコントロールすることが大切である。

まずこどもがあそぶことの重要性を多くの大人が認識する必要がある。そして、中でも自然の中でのあそび、群れ・集団あそびができる環境を十分に空間、時間、コミュニティ、方法という点から確保していく必要がある。

環境で変わる成育とあそびの質

後で詳しく紹介するが、4階建ての小学校の4階にクラスルームのあるこどもは、休み時間、校庭に降りてあそぶことはほとんどない。4階という空間的位置が障害となっている。このように教育のための空間でさえ、こどもを閉鎖的な環境に閉じ込めている。

現代の都市空間の中では、こどもの空間が分断・細分化され、コミュニティ形成や自由な活動が阻害されている。物理的にも社会的にも閉鎖的な環境での生活を強いられており、それが運動不足等の身体的状況や孤独・精神不安等の心理的状況の悪化を生み出していると危惧される。

①こどもの視点による成育環境の質の再生

こどもはさまざまな能力を備えて生まれてくる。しかしまた、物理的、社会文化的な成育環境によってその能力の発現の仕方は大きな影響を受ける。こどもの危機ともいうべき状況は、胎児から若者に至るまでのあらゆる段階に見られる。

我が国の新生児の死亡率が世界で最も低いレベルであることは知られているが、乳幼児の事故による死亡率は先進国の中でも上位である。これは2004年3月に6歳児が回転ドアに挟まれて死亡した事件に見られるように、こどもの成育環境が大人中心に構築されていることを物語っている。

また発達は、こどもの成育環境との能動的な相互作用によって進む。保護者や家庭の変化、地域社会やメディアなどの社会文化的環境、都市化に伴う空間環境の変化によって、近年のこどもの変化は生じている。それらの変化は有機的に連動して０歳から成人に至るまでの発達に相乗的に影響してきている。したがって、特定の年代層だけではなく、生後20年のライフコースの中での環境づくりをこども成育の視点から行うという理念が、「成育環境の質」を向上させ、健やかな発達への戦略を具体的に考えていくことにつながる。

②成育環境の急激な悪化の恐れとその対応

こどもの成育環境において、親、そして大人の役割は大きいが、現在10歳前後のこどもをもつ親は１９７５年前後に生まれている。その親が10歳のときは１９８５年頃であり、すでに成育環境が悪化している時代にこども期を過ごしているといえる。

こどもの頃に十分にあそんだ経験のない親も多い。これから親となる世代はもっと貧しい経験しか得られない成育環境で育つこととなる。そのような意味で、あそびの重要性やこどもの成育環境について自らの経験として理解しない親が増えつつあるといえる。そのため、今後、なんらかの手を打たねば成育環境はさらに急激に悪化していくと予想される。生活習慣、保育、教育、あそび場など、こどもの成育を優先する国民運動として総合的な対策がとられる必要がある。

第2部　こどもと環境の構造

第4章　原風景としてのあそび環境

幼少期の体験が、大人になってからのさまざまな独創的な活動に影響することが知られている。それは「原風景」という言葉で呼ばれているが、豊かな原風景をもたない親が再生産されることは、我が国にとってきわめて重大な危機である。

それらへの対応は、大規模かつ迅速に実行されなければならない。そしてそれはこどものあそび場という物理的空間の保証だけではなく、こどもに係わる大人自身もまた、こどもがあそんで育つ意味を学ぶ機会をもち、こどもと共にあそびを学ぶ機会をもつことが必要であることを意味する。

原風景とあそび環境

誰もがこども時代を過ごしてきたのだから、誰もがこどもの専門家になる資格がある。自分のこども時代を通して、こどものあそび環境、成育環境を語ることはできる。しかし、こども時代は年代が同じでも、地域や家族構成などによって状況は異なる。だから筆者は多くの人に「こども時代、どんなあそびをしてきましたか」と聞くことにしている。そうすると、当然のことながら、多様なこども時代を過

1970年頃に描かれた、日本大学芸術学部の学生のこどもの頃を思い出したあそびの地図

ごしていることがわかる。その人のこども時代の社会も学校も家庭も、その人の性格も、考え方も、そしてその人の個性も副次的なことなのだが、こどもの頃のあそびのヒアリングでわかってしまう。

こどものあそび環境の研究は戦前からされていたが、ほとんどは「どこであそんでいるか」というあそび場調査であった。筆者は1970年頃から、「文学における原風景」に影響され、こどものあそび環境の原風景からあそび環境の研究を始めた。

こども時代の個人的体験と空間を、多くの人から聞き取ったり、スケッチをしてもらったりしてその空間を整理した。大人になってなお強烈なイメージとして残り、時を経ても感情の高まりとともに思い出されるあそび場、心に焼きついたあそびの風景を、「原風景のあそび場」と呼んだ。

1970年頃、日本大学芸術学部の学生に対して、こどもの頃のプレイマップをつくるという課題を出した。それは1960年頃のこどもの様子といえるが、ワイルドなあそびをしている様子が描かれている。1980〜81年にかけて20歳以上の男女に面接調査を行い、また1988〜89年にかけて建築家にインタビュー調査を行った。あそびの原風景の成立条件を探すことによって、あそび空間の構造を導くことができると考えたからである。

思い出のあそび場

被調査者にとって、最も印象に残っており、心に焼きついているあそび場を「原風景のあそび場」と呼び、そのほかに被調査者が挙げたすべてのあそび場を「思い出のあそび場」と名づけた。「思い出のあそび場」は、1人平均7・3カ所のあそび場を挙げている。これを6つのあそび空間に分類してみた。「自然スペース」、「道スペース」、「オープンスペース（公園・広場等）」、「アナーキースペース（廃材置場等）」、「アジトスペース（秘密基地等）」、「遊具スペース」。

ただし、この6つのあそび空間は日常的な外あそび空間を指すもので、採集された中にはそれ以外の「商業遊園地」や「汽車で行った父の田舎」のような、非日常的なあそび空間や建築的空間も含まれている。なお、建築的空間は室内空間と建築周辺空間とに分けた。

この分類で「思い出のあそび場」と「原風景のあそび場」をまとめると、

(1)「原風景のあそび場」は、自然スペースの38％、オープンスペースの28％、道スペース、建築的空間の各12％、アナーキースペースの5％、アジトスペースの3％の順であり、自然スペースが多くの人々に強い思い出を残していることを示している。

(2)自然スペースの中でも特に水、水辺に関わる空間が、森や林のような森林系の空間に比較して圧倒的に「原風景のあそび場」になっていたことがわかった。

(3)自然スペースに匹敵するように、オープンスペースが「原風景のあそび場」になっており、その重要性を示している。

(4)「原風景のあそび場」の数を「思い出のあそび場」の数で除したものを〝原風景化率〟として見ると、高い値ほど、そのスペースが原風景になりやすいことを示している。

また、建築的空間のうちの室内空間は「思い出のあそび場」として数多く挙がっているが、原風景としては残っていない。すなわち機会として室内空間はあそび場として多くあったが、印象的なあそび場として残るものが少ないことを示している。自然スペース、道スペース、アナーキースペース、アジトスペース、遊具スペース、建築周辺空間は高い値を示し、逆に室内空間、遊園地等の非日常的空間は低い値を示している。

あそび空間と原風景

(1)自然スペースと原風景

自然スペースは全原風景のあそび場の約40%を占めており、自然スペースでの体験がこどもにとっていかに強く印象づけられていたかが示されている。その中でも自然スペースのあそびの43%が生物あそびの魚を捕る、虫を捕る、花を摘むという採集のあそびである。そのうち川や田んぼのような水辺でのあそびがその約60%を占めている。

また身近な自然の中でこどもは自然の美しさを発見し、思い出として強く残している。あそび場の美しさを表現しているのは、自然スペース以外では現れてこない。自然スペースの美しさの感動が、その風景をこどもにとっての原風景とさせると思われる。生物採集のあそびでは特に共同作業を伴う。また自然スペースでの運動あそびは「広がりのあるスペースに面した木立」や「低木群と広がりのある草地」、「坂、崖、土手」、「川、池、田」という空間構成のところで展開しやすい。

(2)オープンスペースと原風景

オープンスペースでのあそびは野球などのスポーツゲームが多いが、1000㎡程度の広い面積と比較的小さな100㎡のものに二極化している。オープンスペースのその周囲に道、路地、大木、建物、土手などがあって、また隠れる機能があることであそびが発展すると思われる。

アジトスペース

1970年頃に撮影

2008年頃に撮影　（仙田満撮影）

(3)道スペースと原風景

道スペースは舗装か未舗装かは問題でなく、車が少ないことが絶対的な条件である。道幅はあまり広くなく、電柱や道祖神があそびの拠点となって、家並みの間に小さな路地や隙間のあるような変化に富んで、しかも街区を一回りするようなスペースである。また、ソリや自転車でスリルやスピードを味わう坂道の機能をもつスペースでもある。

(4)アナーキースペースと原風景

アナーキースペースでのあそびの原風景に特徴的なイメージでは、「暗くて隠れられる」「崩れ壊れている場所」「火あそびができる場所」「原っぱと廃材がある場所」というように分けられる。

(5)アジトスペースと原風景

アジトづくりの場所は自然スペースでも林や人の目に触れない秘密めいたところである。既存の建築的なスペースをアジトスペースとして用いる場合は、小さな納屋、倉、物置、未完成の家、廃屋、洞窟等である。スケールが小さく、人影がなく、しかもこどもの生活に身近な場所にある空間がアジトスペースになりやすい。

⑹建物の周辺空間と原風景

大人にとって階段は階段であり、屋根は屋根に過ぎないが、こどもにとっては全く別のものに変化する。大きな階段は劇場となり、屋根は空中に浮かんだ家である。階段の下の隅っこは彼らの隠れ家にもなる。建築の周辺はそういう意味では、こどもにとって彼らの想像力をきわめて刺激するものなのである。

そのため建物の周辺空間の原風景化率はきわめて高い。すなわち思い出として深く刻まれやすい。したがって、公園や道路以上にまず家の周りをこどものあそび場として見直して、彼らのあそびやすさを生み出すものにしなければならない。

原風景になり得る契機

⑴雪

雪の多い地方の人ばかりを調査対象としたわけではないにもかかわらず、原風景の中で雪あそびは高い割合を示し、また男女差、世代差もほとんど認められなかった。そうした原因はなんであろうか。

雪が降ると、村であろうと町であろうと関係なく、すべての地域を一瞬のうちにこどものあそび場に変えてしまう。どんなに自然に乏しい都市でも、雪が降ることによって、こどもは町をあそび場にしてしまう。雪はあそびの素材である。ある時期のみに与えられる素材である。素材であるがゆえに、雪あそびはまず「つくること」から始まる。

(2)祭り

祭りはあそびの分類には出てこないが、原風景として数多く現れている。祭りのもつ華やかさ、猥雑さ、高まり、興奮、セレモニーへの参加、そういうものは一時的ではあるが、きわめてポテンシャルの高いあそび行為である。これらの舞台となる神社、お寺、教会の境内は日常的にもこどものあそびの原風景に数多く現れる。

神社、寺を原風景のあそび場として挙げているサンプルは、全体の20％にも上る。このように数が多いのは単にスペースの問題でなく、そこにお祭りというあそびの集団的高まりがあるからだと思われる。すなわち場だけでなく、演出が必要であることを示している。このことは、現在の公園だけのこどものあそび場づくりに深い示唆を与えるものである。空間があるだけでは、そもそもあそびは成立しにくいものなのだ。

(3)協働――あそび場をみんなでつくる

あそび場をこどもの仲間、青年団あるいは大人が協働してつくるという例は意外と多く挙がった。ただしこれにはアジトづくりのような隠れたあそびでなく、地域が一体になってつくるという開放性と温かさが感じられる。その作業に参加したり、あるいはあそんだりしたこどもにとって、その温かな感激がそのようにしてつくられたあそび場を原風景としているのだろう。これはある意味で集団のあそびの感激という点で「お祭り」と似ている。

(4)スリル、ケンカ、空想、発見、心の高まり

ケンカは集団あそびとはいえないが、原風景となる事例は多い。ケンカは集団の行動というよりも、ケンカのときの精神の高まりや心理的なパニック状態が強烈な思い出とするのだろう。このような、ケンカ、スリル、空想、発見というような、こどもの心に高まり、感激、驚きを与えるあそびがそのあそびを原風景とさせている。

「祭り」や「みんなでつくる」といった集団の興奮や、「一体感と思い入れ」や「スリル、空想、発見」のような心の高まりや感激が原風景を形成してきたことを見てきたが、このことを逆にいえば、あそび環境は「感激、熱中、一体感」というような気持ちをこどもに起こさせる可能性をもつものでなければならないことが示されている。

建築家の原風景

筆者は1941年生まれで、第二次世界大戦直後の横浜の緑豊かな谷間の町の風景が「あそびの原風景」といえる。

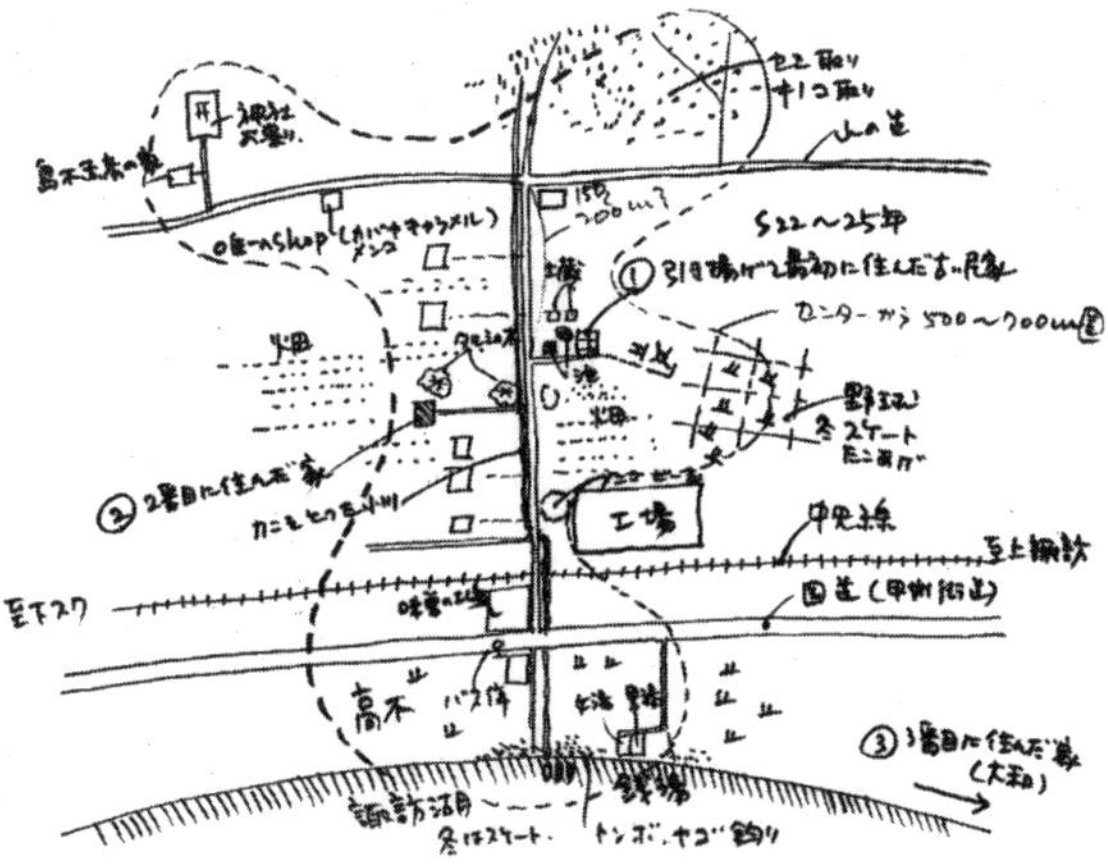

建築家のあそびスケッチ　伊東豊雄氏のこどもの頃のあそび地図・諏訪湖湖畔

『太宰治論』などで知られる文芸評論家の奥野健男氏は『文学における原風景』という本を書き、都市、建築、環境分野にも大きな影響を与えた。この本は文学という創作行為において、その作家のこども時代の原風景がどのように反映しているかということを示したものである。

筆者は1990年に『こどもと住まい――五〇人の建築家の原風景』（住まいの図書館出版局）という上下巻の本を出した。この本で50人の代表的な建築家に、こども時代の住まいの体験、そしてあそびの体験を聞いている。

文化勲章受章者の芦原義信、清家《せいけ》清《きよし》両教授の1918年生まれから、最も若い方で1956年生まれの團《だん》紀彦さんまで、その年の差は40年ぐらいある。芦原義信、清家清両教授は昭和初期がこども時代で、戦前に大学を出られており、團紀彦さんは戦後の高度成長期の後半、1975年頃までがこども時代だった。

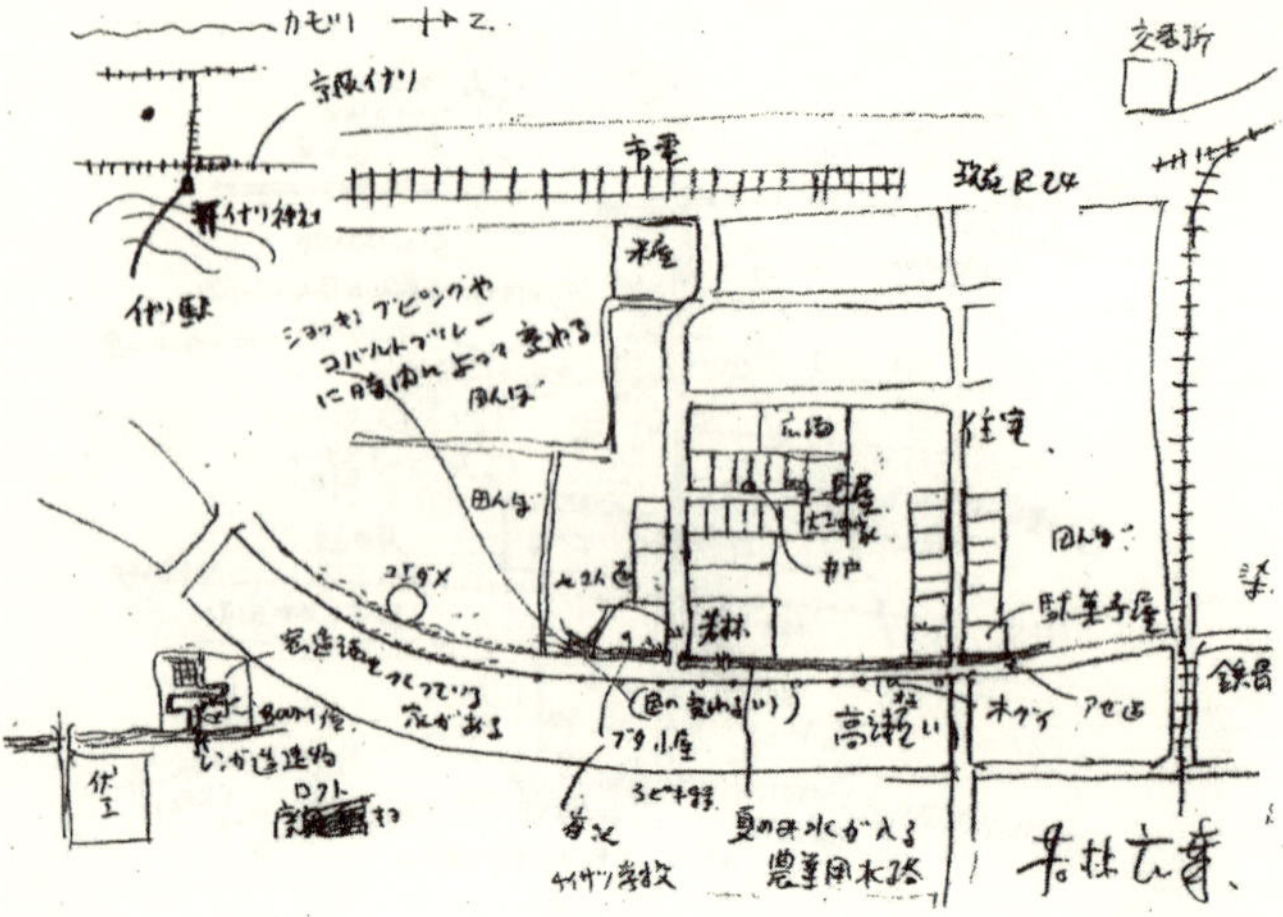

建築家のあそびスケッチ　若林広幸氏のこどもの頃のあそび地図・京都鴨川の支流

この間、日本の状況は第二次世界大戦をはさみ、大きく変化している。しかし50人の建築家のこども時代は幸せな時代だったのではなかったかと思う。ほとんど全員が楽しかったこども時代のことを語ってくれた。

こどもの頃どのような場所でどんなあそびをしたかという絵・スケッチも描いてもらっている。前ページの絵は筆者と同年代の建築家で、世界的な建築家としても活躍している伊東豊雄さんのこどもの頃のあそびマップである。伊東さんは長野県の諏訪湖畔でこども時代を過ごし、諏訪湖の美しい風景がとても印象的であったと話してくれた。

もう一人例を挙げる。筆者よりも少し若い京都の建築家の若林広幸さんは、高度成長期に京都の郊外でこども時代を過ごしている。鴨川の支流が彼のあそび場だった。その水の美しさが忘れられず、多くの職人の町で育ち、多くの友だちと物づくりをして楽しかったことを語ってくれた。

このようなこどもの頃の思い出が、建築家としての今の仕事にどのように影響しているかを尋ねてみた。約40％が、こどもの頃のあそびや空間の体験が、今の建築家としての自分を形成している、大いに影響があると言っている。潜在的な影響を認めている人を含めると、約90％がこどもの頃の体験が影響しているようだ。筆者はその中でもこどもの頃の自然あそびの体験に注目した。そしてその中で美しさに感動したということを多く聞いている。

統計的には数が多くないので、明確なことは言えないが、人はこども時代にあそびを通して美しさを発見し、美しさの感覚を身につけているのではないだろうか。また工作や物づくりが好きなこどもだったという建築家は多い。大工さんなどの職人さんに身近に触れて、友だちと縁側で木の潜水艦づくりをしたとか、何かをつくっていたという人も多かった。

建築家だけではなく、こどもはあそびを通じて、美しさや情緒性という感性を育み、創造性を培うのではないかと考えている。

原風景調査の継続

原風景調査は1970年から1990年頃まで展開した研究である。したがって当時のヒアリング対象者のこども時代はそれより前の時代だ。もちろん現在、同様の調査を行うことによって、それぞれの時代のあそび観の共通性や変化を知ることは可能だろう。若い人たちにぜひ同様の研究を継続的に行ってほしい。

筆者はこの研究結果は時代を超えたこどもの外あそびの原風景ではないかと考えている。今後、同様の研究がなされ、修正されるかもしれないが、今後も成育環境、あそび環境の4つの要素、あそび空間の6つの原空間という考え方をもとに成育環境、あそび環境を分析し、論じていきたい。

第5章　あそびがもたらすもの——5つの能力

あそびで開発される5つの能力

小さなこどもにとってあそびは生活そのものであって、あそぶことは生活のすべてと言っても言い過ぎではない。脳科学では8歳頃までに人間の脳の90%が完成するといわれる。その期間内にあそびによって開発される能力は5つあると考えられる。第一は「身体性」、第二は「社会性」、第三は「感性」、第四は「創造性」、第五は「挑戦性」である。

①身体性

小さなこどもはあそびを通して知らず知らずのうちに体力や運動能力を開発していく。それらを運動生理学から粘り強さ、巧みさ、力強さという3つの側面で評価している。速さなどの筋力等の力強さはもちろんだが、体をうまく使う技巧性という点もあそびの中で身につけていく。また粘り強さという持久力や耐久力や我慢する力も、かくれんぼや馬とび等のさまざまなあそびを通じて総合的に身につけていくことができる。そしてそれは単に肉体的な能力の開発だけでなく、困難を乗り越える力、挑戦力につながるものであると考える。

②社会性

1986年に出版された、アメリカの作家ロバート・フルガムの『人生に必要な知恵はすべて幼稚園の砂場で学んだ』は、全世界でベストセラーになった。

仲良くしたり、ケンカをしたら仲直りをする方法は学校の授業で学ぶことではなく、こどもの頃に群れてあそぶことによって学ぶのだということを一言で言い切ったタイトルが多くの人の共感を得た。人間関係は集団あそびの中で学ぶことができる。みんなと一緒にあそび、過ごすことの重要さは、その社会性の開発という点でもきわめて大きい。

③感性

こどもは自然の中でのあそびで、情緒性や感受性という感性の働きを開発していく。自然には生命があり、生と死、そして季節や時間の中での変化がある。その中で多くのこどもは美しさや悲しさを学んでいく。

太陽の光、水によって育まれる植物、成長する動物だけでなく、火、水や土との関係性を直感を含めて理解する。夕日の美しさに驚く、そのような感動の体験は深く、こどもの記憶に刻まれる。やさしさ、思いやりという他者に対するいたわりの気持ちも自然の中での生命の営みを通じて理解される。

④創造性

イギリスの動物学者デズモンド・モリスは著書『人間動物園』の中で、「あそびは創造性の開発をボーナスとしてもたらす」と述べている。彼は若いチンパンジーの檻《おり》の中にイスや机を入れながら、そのあそび方を観察して、新しいあそびを発見していく様子からそのような結論を導き出した。

あそびは強要されるものではない。自発的なもの、自立的なものである。そのような自由な行動の中で、おもしろいあそびを発見すると、それを繰り返し、よりおもしろいあそびに進化させていく。

あそびにはつくることのおもしろさがある。夢中でつくり続ける。それが創造性を開発する。また想像性も開発する。想像の世界という別世界に入っていけることがこどもの特長である。ごっこあそび等はその典型だが、変身する、見立てる等、自己を想像の中に投入することができる。そのあそびが想像力と創造力を開発する。

小さなこどもはさまざまなあそびから新しいあそびを発見する。保育学者の塩川寿平氏はそれを「名のないあそび」と名づけている。この「名のないあそび」はこどもによってつくられた新しいあそびだ。そのあそびはこどもの創造性の開発がもたらしたものだ。

⑤挑戦性

こどもは小さな山があれば登ろうとする。小さなトンネルがあればもぐろうとする。道の先に一本の丸太が横たわっていれば、それに飛び乗りたくなる。こどもはあそびを通して挑戦する力を養い、おもしろがり、楽しむ力を養う。自らも、また他の者と一緒にやってみようという挑戦の能力を開発していくと考えられる。それは〝意欲の開発〟と言っても良いと考える。

幼児期に獲得する非認知能力

学力のような能力を認知能力といい、記憶したり、計算したりする能力を多く示す。これに対し、交渉したり、我慢したり、気遣ったりする能力を非認知能力という。

この非認知能力の重要性を指摘したのは、ノーベル賞を受賞したアメリカの経済学者ジェームズ・ヘックマンである。彼はペリー計画という就学前教育の研究プロジェクトで「こどもの育ちが人生にどのように影響するか」を経済学的な立場で調査し、明らかにしたが、「幼児期の高い質の保育が、きわめて重要である」という結論を出している。すなわち6歳ぐらいまでの段階で高い質の保育が与えられることにより、非認知能力が形成され、それが将来のさまざまな困難を乗り越えていく力となることを証明した。

非認知能力の多くは、こどもの集団あそびの中で形成されることが知られている。しかもこの重要な能力は、幼児の段階に獲得される必要があることが、多くの研究者、識者からも指摘されている。

学力は6歳以降の小学生、中学生、高校生の段階でも開発されるが、この非認知能力は、性格、習慣として獲得されるため、幼児の段階が重要である。大きくなってからでは獲得されにくいものといわれている。こどもは集団あそび、自然あそびを通して、この非認知能力を獲得していくものと考えられる。テレビやパソコン、スマホでは、こどもはこの非認知能力を高めることができない。こどもを外に出して、自然の中で、こども集団の中で遊ばせよう。

日本大学芸術学部での幼児のための遊具デザイン

小さなこどものための遊具デザインが、1974〜1984年の10年間、日本大学芸術学部で行われた。そこでのデザインプログラムは、受講生20人ほどが4〜5人のグループで制作し、デザインをグラフィカルな図面としてつくるだけでなく、実際に制作して幼稚園や保育園でこどもに遊んでもらい、それを観察し、総括するというものである。

筆者がそのプログラムを始めたのだが、教え子の桑原淳司・日本大学芸術学部教授がこれを引き継ぎ、現在も行われている。このプログラムで学生は、次のようなことを体験的に学ぶことができる。

(1)共同設計である。アイディアを出し合い、議論し、説得し、一つの案にまとめなければならない。説得するためのデザインプレゼンテーションと論理が重要だということを学ぶ。社会での実際のデザイン行為は常に共同で行われる。自己満足的なデザインは許されない。

日本大学芸術学部の遊具プロジェクト

エスカルゴ（1977）

コスモス（1975）

(2)絵によるデザインだけでなく実際に制作する。大学から材料費として5万円ほどの補助があるが、それを超えるものはそれぞれのグループが負担しなければならないため、予算を立て、見積もりを取り、計画的につくらねばならない。廃材を利用したり、工場に行き直接材料を分けてもらったりと工夫する。またその過程で材料から新しいアイディアが生まれることもある。材料を手で触り、強度を確かめ、それにより全体のデザインを構成することを学ぶ。

(3)出来上がったものを実際に幼稚園や保育園にもって行き、こどもがそれであそぶことによって、利用者の評価を受ける。つまらない遊具は見向きもされない。危ない遊具は保育士さんや保護者からクレームがつく。形も色彩もきれいだが、こどもに人気のない遊具もある。

大人の評価とは異なる評価をこどもは往々にする。専門家の評価だけでなく、最終利用者の評価を受けるということは、デザイナーにとってとても大切なことである。学生たちは自分のアイディアを多様な視点から、こどもの行動から評価される。

学生はデザインにおいて、調査の重要性、予算の中での最大の提案、安全性、利用者の好み、行動など、多様な評価を受ける。それを反省し、次のデザインに結び付けることを学ぶ。筆者が担当したこのデザインプログラムは、1974年から84年までの間に、数として40~50の遊具がつくられ、評価された。その過程で遊具を通してこどものあそびに発展段階があることが明らかにされた。

筆者が担当した10年間で最もヒットした作品は、発泡スチロールでつくった大きな有機的な形をした〝ポーラス（多孔的）〟な作品だ。作品の大きさは2m×2m×3mで、比較的大きい。中がくり抜かれ、洞窟のようにも、動物のおなかの中のようでもあり、こどもが潜り込め、トンネル体験もできる。

しかし、この作品のすごいところは、こどもがその発泡スチロールの表面を少しずつボロボロと削り取り、毎日毎日少しずつ形が変わっていき、中の洞窟も日々大きくなり、ついに2カ月でまったく形がなくなったことである。こどもはその大きな発泡スチロールを指で削るおもしろさを発見し、その変化を堪能していた。こどもは毎日それが楽しみで幼稚園に駆けて来たという。

そのため園庭は発泡スチロールで真っ白になって、風が吹くと隣家にも流れて、それは大変だったと園長さんに言われた。しかしその2カ月間、こどもはどんなに楽しかったことだろう。どんなに元気になったことだろう。

筆者は遊具のデザイナーでもある。若いとき、砂場に匹敵するような遊具をつくってみたいと思った。

遊具におけるあそびの発達段階

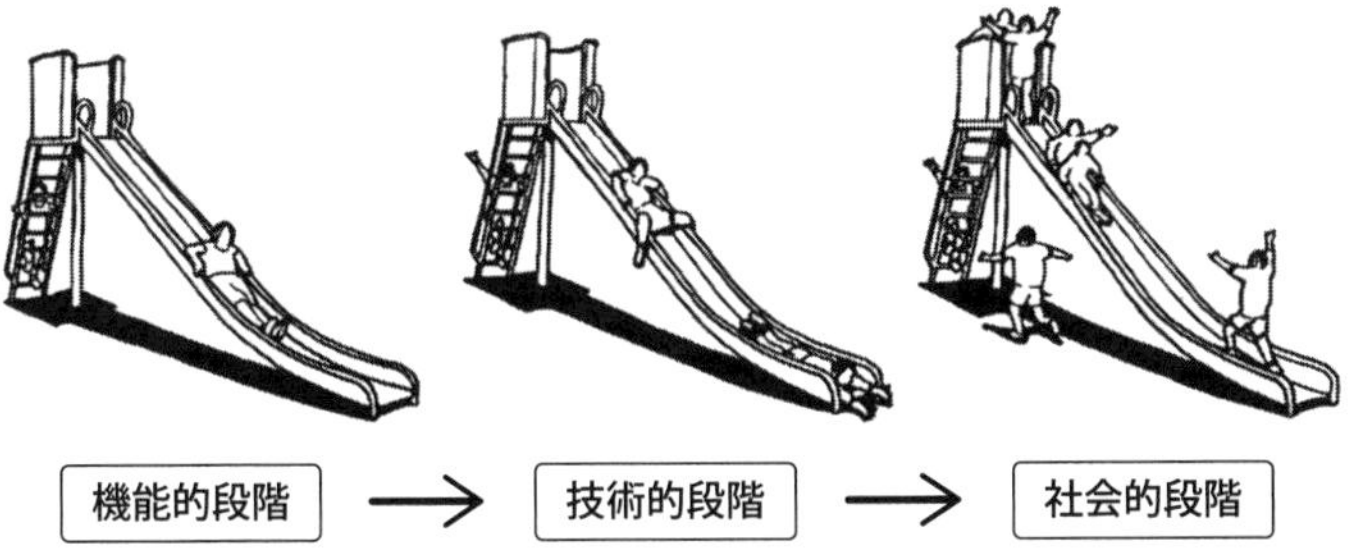

（仙田満・仙田研究室作成）

それから50年余り、今でも筆者はそのような遊具をつくることはできていない。しかし、学生がつくった発泡スチロールの遊具作品は、見事に砂場に近づいた、あるいは追い越した遊具かもしれない。その2カ月の思い出はこどもにとってきっと一生の思い出になったに違いない。

あそびの発展段階

こどもは遊具を使ってあそびを発展させていく。公園や幼稚園の園庭で最もポピュラーな滑り台という遊具を見てみよう。こどもは滑り台を滑るとき、低い滑り台から始める。2歳頃になると少し長い滑り台を滑るが、最初のうちは頭が後ろにひっくり返ってしまう。重心の移動がうまくいかないためである。前かがみになり、何度も滑るうちに、滑りのこつを獲得していく。この段階を、滑るという機能を学習する段階として「機能的段階」と呼ぶ。

3歳頃になると滑り方をいろいろ工夫する段階となる。滑り台の手すりに足をかけて滑ったり、頭から滑ったり、手すりをこいで滑ったり、友だちと2連結で滑ったり、立ち膝で滑ったりする。すなわち、より速く、よりスリリングに滑ることを工夫する。いうなれば滑るという行為の技術開発をしていくわけである。この段階を「技術的段階」と呼ぶ。

4歳頃になると技術開発は終わり、友だちと一緒にかくれんぼや鬼ごっこというような集団あそびゲームの一つの場面として使用するようになる。この段階を「社会的段階」と呼ぶ。ここでも滑るという行為は重要な役割を果たす。

このように遊具を通して機能的段階、技術的段階、社会的段階とこどものあそびは展開していくのだが、すべての遊具にこれらの発展段階があるわけではない。例えばブランコは、技術的段階まではいくが、社会的段階には進みにくい遊具である。またジャングルジムは、技術的な段階をあまり必要としない遊具といえる。

10年間で50種近い遊具を学生とつくり、幼稚園や保育園でこどもの評価を受けたが、こどもに人気のある遊具は、社会的段階になりやすい遊具であることを気づかせてくれた。すなわちみんなであそぶこと、集団あそびゲームがしやすい遊具なのである。

遊具におけるあそびの可能性と行動

遊具におけるこどものあそび行動のパターンを調べるため、なるべく性格の異なる15の遊具（57ページの図）を選び、そこにおけるこどものあそび行動調査を行った。

まず15の遊具であそぶこどもを2～10分間追跡調査し、その行動記録をとった。こうして集めた行為の数は480例になったが、同質のものを除くと80行為が抽出された。これをさらに同系統のものごとにまとめると、遊具のあそび行動は「休息的あそび行動」「めまい的あそび行動」「挑戦的あそび行動」「ごっこ的あそび行動」の4つに大きく分類される。

ロジェ・カイヨワは1958年に『遊びと人間』と題する著書の中で、あそびを分類している。彼はあそびには4つの要素があると述べている。その4つとは「アゴン」、「アレア」、「イリンクス」、「ミミクリー」の4つで、英語ではそれぞれ「Competition」、「Chance」、「Vertigo」、「Simulation」であり、「競争」「賭け」「めまい」「模倣」を意味する。

アゴンとは競争そのものであり、スポーツのほとんどはこの要素を含んでいる。

アレアとは賭け、すなわちギャンブル、ゲームの中に多く存在している偶然性を楽しむ要素である。

イリンクスとはメリーゴーラウンド、スキー、スケート、自転車のようなスピードや回転にともなう感覚的に刺激するあそび要素で、カイヨワのあそび論のユニークなところである。

ミミクリーとは模倣のあそびであり、お人形さんごっこ、ままごとというような小さなこどものあそびから、演劇、映画のような大人のあそびまで含まれる。

カイヨワのあそびの分類を遊具におけるこどものあそびに適用して考えてみると、遊具では観察されにくいあそびがカイヨワの分類による「アレア＝賭け」である。これは偶然のあそびであり、カイヨワ自身も「こどもにとってはあそぶことは行動することだ。それに経済的な独立がなく、自分のものといえる金ももっていないので、こどもには偶然のあそびの何が肝心の魅力なのかわからないのだ」と、こ

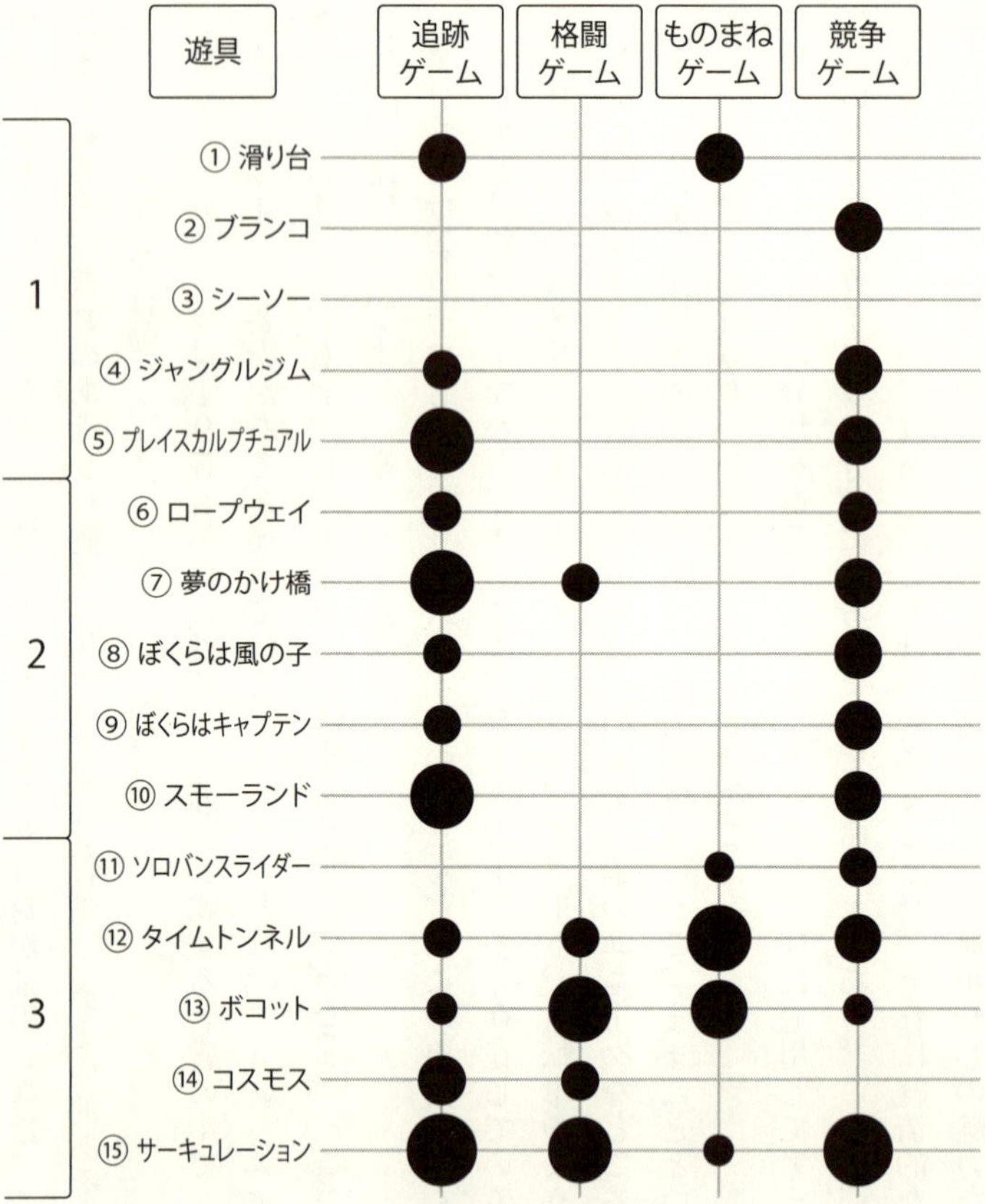

● 観察されたゲーム
円の大きさはゲームの持続時間と回数を表している

（仙田満・仙田研究室作成）

遊具におけるこどものあそびの行動パターン

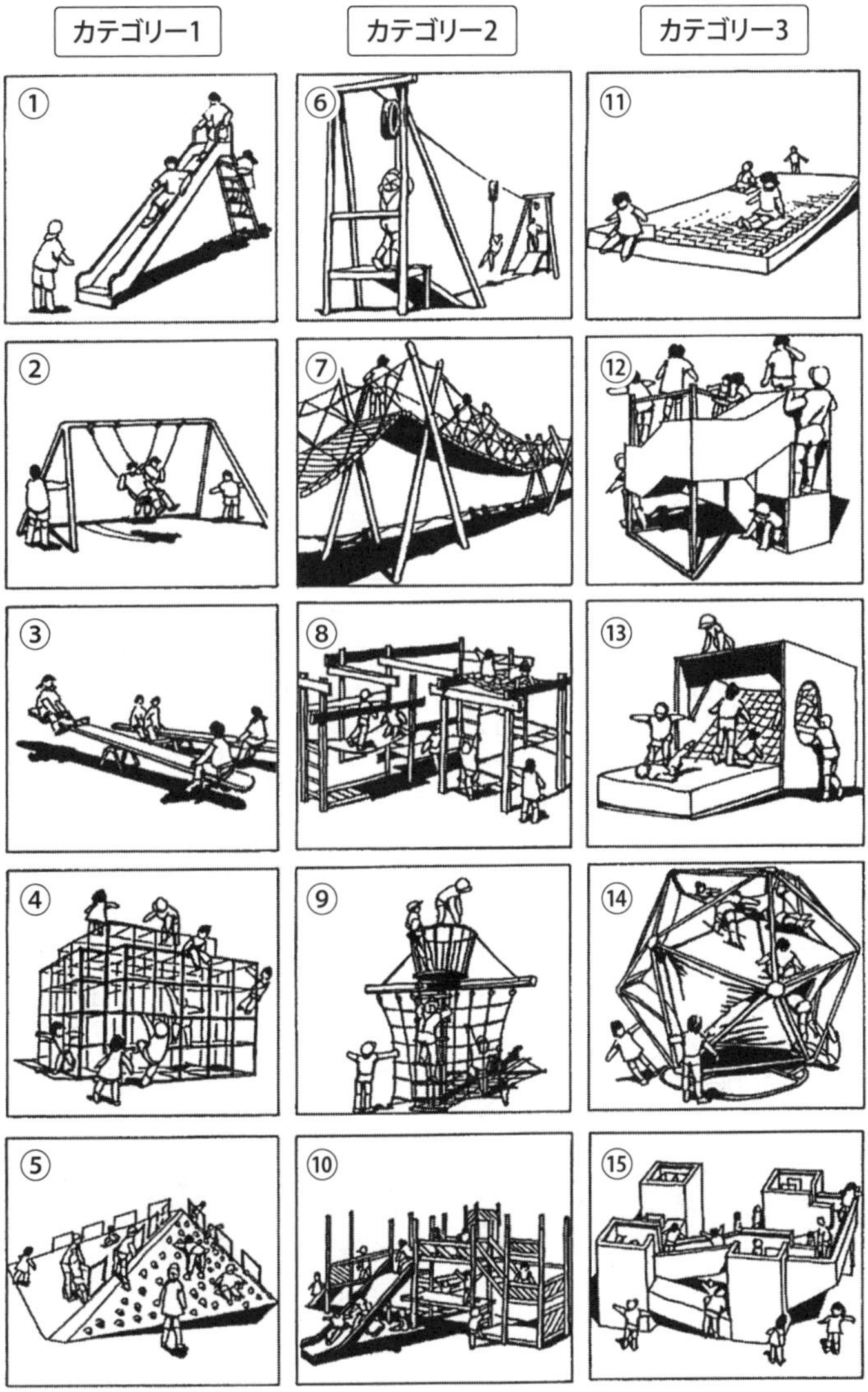

どもにとってアレアのあそびは起こりにくいことを説明している。
しかし実際には、古くからの「スゴロク」や「石けり」のように、こどものあそびの中にも、十分に偶然性のあそびはある。ただし遊具あそびにこの傾向が少ないのは確かである。

15の遊具におけるこどものあそびの観察調査を行った結果、「イリンクス＝めまい」のあそびは遊具における特徴的なものであることがわかった。空間へ身を投げたりすること、墜落、急速な回転、滑走、スピード、直線運動の加速、あるいはこれと旋回運動との組み合わせといった内容を含んだ身体をさまざまに翻弄するイリンクスは、遊具によって容易に経験できるあそびである。「ブランコ」「滑り台」は最も代表的なイリンクスの遊具であるといえよう。このイリンクスを楽しむあそび行動を、筆者は「めまい的あそび行動」と呼ぶことにした。

「アゴン」は競争というあそび要素であるが、その行動は先の15の遊具によるあそび行動の分類のうち「挑戦的あそび行動」に対応し、ミミクリーは「ごっこ的あそび行動」に対応する。

カイヨワの分類はあそびの個々を分類したものであり、一つのあそびから他のあそびへ移るとき、また一つの行為から他の行為へ移る間には着目していない。しかしその間もこどもにとっては、あそびの一部であると考えられる。そこで筆者は、遊具の観察調査で発見した「休息的あそび行動」という視点を加えている。

あそびやすい空間の構造——遊環構造

①遊環構造

あそびの原風景や、遊具の研究等を通して、こどものあそび空間には共通な構造があるように思え、筆者はそれを「遊環構造」と名づけた。遊環構造の特徴として、次のような7つの条件が整理される。

(1)循環機能があること
(2)その循環（道）が安全で変化に富んでいること
(3)その中にシンボル性の高い空間、場があること
(4)その循環に〝めまい〟を体験できる部分があること
(5)近道（ショートカット）ができること
(6)循環に広場、小さな広場などが取り付いていること
(7)全体がポーラスな空間で構成されていること

ここでの条件の重要な項目は循環機能である。

また、自然スペースやアナーキースペース、あるいは建築的スペースでも、多くのこどもがあそび場としている空間を観察してみると、この遊環構造の7つの条件を満たしていることに気づく。

遊環構造

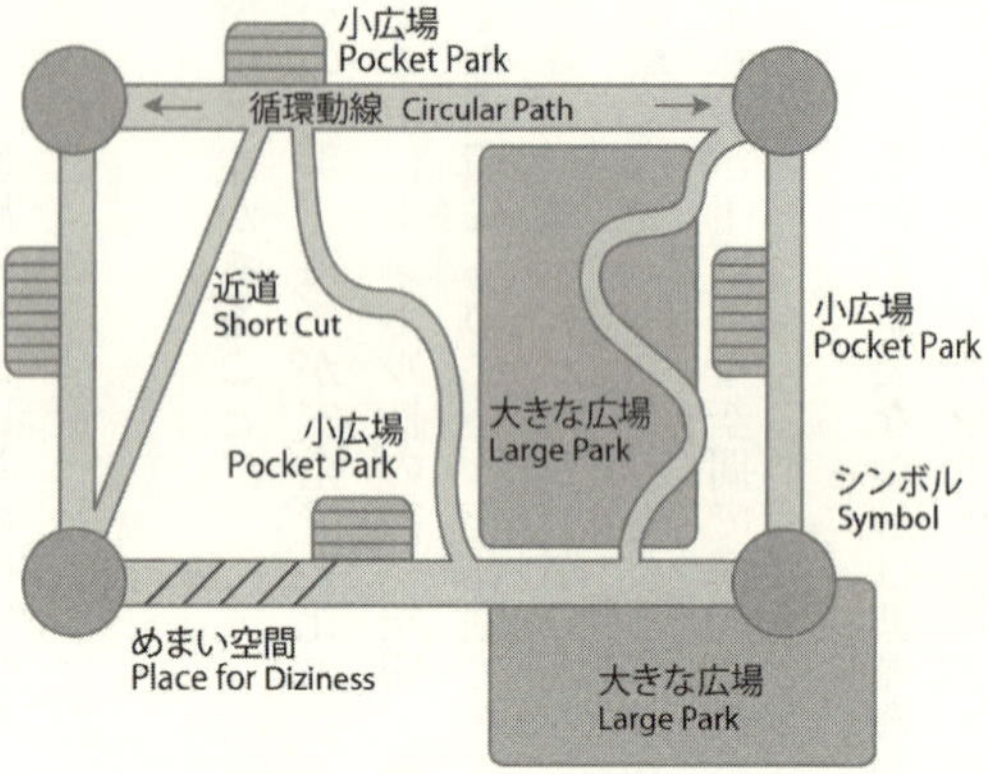

1985年頃作成の遊環構造のモデル図

②遊環構造をもった建築

遊環構造を建築に応用した場合、次のような特徴があるのではないかと考えられる。

(1)循環のデザイン

遊環構造の最も重要なファクターは循環機能である。これを建築空間に置き換えると廊空間である。したがって遊環構造の建築において重要な点は廊下のデザインだといえる。

その廊下が一回りしている、循環している、回遊しているということが必要であり、その循環は平面的に循環している場合と立体的に循環している場合とがある。

筆者は回遊と循環という言葉を分けて考えている。回遊とは回って歩く、動く行動を指しているが、循環とは回遊を繰り返しながら高次に成長することを示している。こどもが回遊することによって、あそびのお

新遊環構造

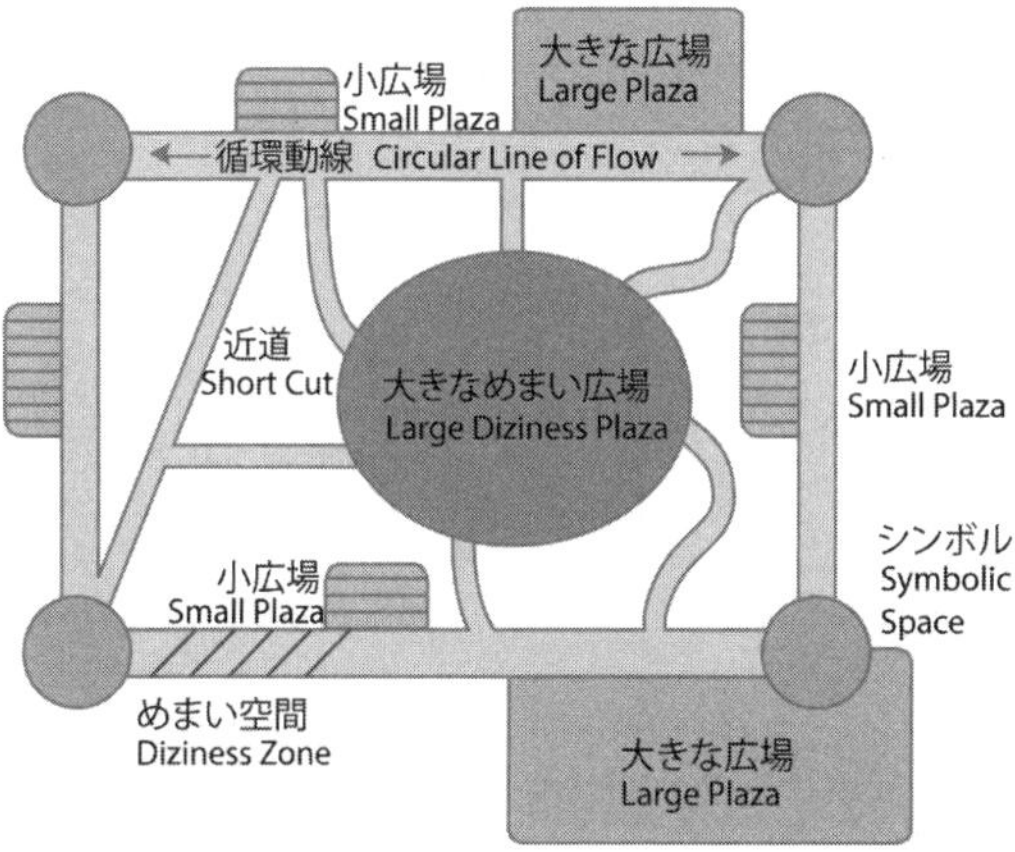

1985年の遊環構造のモデルから30年を経て、めまいの空間が中心になっている型が多く実現されて、新たなモデルとして作成。

もしろさをさまざまに高めていく行動を循環としている。

(2)めまいの建築化

めまいの体験空聞を建築化しようとするときに大きく5つの方法がある。第一は揺れ体験、第二は高度体験、第三は斜面体験、第四はトンネル体験、第五は迷路体験である。

これらの体験のうち、高度体験やトンネル体験は建築的に対応できやすいが、揺れ体験や斜面体験、迷路体験などは建築の遊具化、ないしは遊具の建築化というかたちで実現が可能である。またイベントなど〝祭り〟を企画・実施することも、めまいの体験の提供といえる。

(3)変化の空間化

こどものあそびにおいて空間的変化とは、空間の幅・高さ・解放感・明るさなどのような視覚的な変化を挙げることができるだろう。そればかりでなく、触感的な変化、あるいは平衡感覚的な変化も重要な要素である。

特に床の素材的な変化がこどものあそびに及ぼす影響は大きい。柔らかい床はそれだけでこどもの行動を活発化する。こどもの行為動線の中で、床が傾いている、あるいは壁が斜めに倒れているような錯覚を含めた平衡感覚を刺激する部分は、こどものための建築を考える上で大きな変化の要素である。聴覚的な変化、光の変化も大切である。これらの変化がなぜ必要なのかというと、変化はこどものあそびの行動の起爆剤になるからである。

(4)シンボルの建築化

あそびの流れの変化の拠点としてシンボルがあることは、建築の内外でも同じである。町かどの電柱や道祖神がかつてこどものあそびのシンボルになっていた。あそびのシンボルは、塔的なもの、舞台的なもの、穴的なものに集約される。

(5)ショートカットは空間を活性化させる

建築であれ、外部空間であれ、循環の動線が一様でなく、いく通りもの経路を選択できることは、こどものあそびにとって不可欠である。鬼ごっこというきわめて単純で原始的なあそびを考えてみると、こどもは鬼の通路にいたのでは捕まってしまう。鬼の裏をかいて逃げなければならない。そのためには、数多くの逃げるための通路が用意されていなければならないし、鬼の側はすばやく見つけられる力が試される。

建築はきわめて機能的（この言葉はあそびを排除した、と理解してもよいだろう）に出来ているから、多くの場合、ある所からある所に行くときに一本の動線しか用意されていないのが普通である。学校建築を考えてみると、職員室からある教室までは廊下は一本、しかもそれは行き止まりであったりする。こういう形式は、こどものあそびやすい建築とはいえない。廊下が循環されていて、しかもショートカットされることによって、こどもの行動はもっと活発になるのである。

あそびは運動であるから、一つの方向性や力をもっている。あまりそれが集中すると（例えば一度に何人ものこどもが同じ方向に集中してしまう場合）、ショートカット（ショートサーキットと呼ぶこともある）があることによって、その流れがパニックにならず、スムーズに流れる。

ショートカットは、通常の流れと異なるほうがよい。例えばトンネル状になっていたり、吊り橋であったり、スリルとめまいを感じるほうが、よりショートカットらしさが出る。

⑹休憩空間の重要性

あそびは常に動きだけではない。全体の4分の1くらいの空間は、休みのための空間でなければならない。動きと休みがうまくバランスして、はじめて楽しさが醸し出される。休みやすい空間や、ほっと心を和らげ、落ち着かせてくれる空間があってはじめて、本当におもしろい、楽しい空間になるのである。

(7)開放性

遊環構造の最後の要素にポーラス（多孔質）が挙げられる。それは建築環境としては開放的ということである。親しみやすく近づきやすい。閉鎖的でなく、包摂的といえる。目的的でなく、ちょっと立ち寄るような空間のあり方が重要なのである。

③遊環構造をもった都市

こどもにとってあそびやすい町、あるいは地域は多くの場合、遊環構造があてはまる。調査の段階で見たように、鬼ごっこがしやすい町の構造と考えて良いかもしれない。

回遊性のある循環構成、シンボルとなるあそびの広場、お祭りができる空間、少し怖いところがある、全体が俯瞰《ふかん》できるなど、遊環構造をもつ町はあそびやすい、楽しい町である。これはこどもだけでなく、大人にもあてはまるだろう。

大人にとってのめまい体験は酒の力等を借りる場合があるかもしれないが、アリーナや劇場のように、めまいや一体感を体感できるお祭りのような場があることも大切といえる。都市にはそのような場が組み込まれている必要がある。

④新しい拡張感覚の可能性

山口大学工学部には感性デザイン工学科という、ITメディアや情報学を積極的に取り入れたデザインコースがある。筆者は2017年、アート、テクノロジー、プレイを融合させた特別課題を出す講師として招聘《しょうへい》された。

そこでこどものための遊具づくりの課題をやってもらったが、感性デザイン工学科らしく、センサーを活用した光と音とのインタラクティブな遊具を提案してくれた。こどもが飛び降りたり、もぐったり、触ったりする行為を、拡張した映像や光や音として反映し、それをまた楽しむというものであった。ある種のお祭りにも似た盛り上がりをつくりあげることができる。拡大、拡張される感覚でのあそびといえるのではないだろうか。

山口大学工学部感性工学科の学生の作品　こどもの声やあそび行動に反応する光や映像

幼稚園の年長から学童まで、なかなか楽しめる遊具となった。こどもの声や音、行動に反応しながら映像が同期する感じは悪くない。ある種のこどもの意欲を引き出す装置として有効だと感じた。

ITメディアの拡張感覚は今後どのようにこどもの世界に入っていくのか計り知れないが、できれば少なくとも幼稚園児、低学年の学童の段階では、自らの感覚と1対1で対応する形で、基本的な身体の感覚を身につけるべきだと考えている。

自然の変化はゆったりとしている。その時間の中でこどもが気づき、探索することによって基本的な感性の力を養うのではないかと考えるからである。非日常的な、祭り的な環境としては、拡張感覚の世界はあり得るのだが、それはあくまでも非日常的な体験の範囲にとどめてほしいと願っている。

⑤めまいの空間と遊環構造

ロジェ・カイヨワは「めまい」を「肉体的精神的一時的パニック状態を楽しむ」ことと定義づけている。遊環構造の体験エレメントとして、この「めまい」体験がどう埋め込まれているかが重要である。さまざまなごっこあそびが発生する場も、それが見られることによってめまいの空間に変化していくといえる。

こどもの空間には祈りの空間が必要だと、大地保育の提唱者・塩川寿平氏が言っているが、多くの人、こどもが祈る空間もある意味でめまいの空間と位置づけられるかもしれない。こまが回り、その軸が静止するような空間として、祈りの空間はめまいの空間に通ずるのではないかと思える。そのような共感や祈りの空間が「遊環構造」には不可欠なのだ。

第3部　こどもと環境の展開

第7章　こどもと都市

こどもは生きる場を選べない

こどもは親を選べない。運命ともいえる。生まれてくるこどもは、親にそのすべてを委ねている。親の責任はとても重い。しかし、こどもができるだけ平等に幸福に生きられるように、親に手を貸したり、支えたりするのは地域や社会の役割でもある。

こどもは親を選べないのと同じように、生きる場も選べない。生きる場とは成育環境と言ってもよい。空間的には、国土、地域、住宅、保育園、学校という物理的環境はもちろん、社会、制度、習慣、家族、コミュニティという社会的環境を含めた成育環境を指す。

こどもが生きる場の決定権は親にある。親はこどもを育てる場所を選ぶことができる。多くの親は自らと家族が生活する場を、こどもを育てる場として選んでいるが、こどもを育てる〝最善の場〟として選んでいる人は少ない。

生活する場を提供している社会が、こどもを育てるために適した環境を提供できるかということが重要である。物理的な生活環境である、多くの構築的な環境（ビルトエンバイロンメント）を建築家は設計し、つくり上げている。すなわち、こどもが生きる場を建築家がつくっている。そのような責任を建築家が自覚しているだろうか。

建築家は依頼主の要請で家をつくり、道をつくり、公園をつくり、橋をつくり、ビルをつくり、工場をつくる。依頼主である発注者は大人である。しかし、建築家は「すべてのビルトエンバイロンメントは、こどもの成育環境だ」という意識をもたねばならない。依頼主の満足も大切だが、最大の影響を受けるのはこどもなのだということを理解しなければならない。大人のための建築や環境でなく、大きな影響を受けるこどもの成育環境をつくっていることを自覚しなければならない。建築家の責任は重い。

高層住宅や高層学校をつくることによって、こどもを孤独に追い込んでしまうこと、自動車優先の街路をつくることによって、こどもや歩行者の安全が損なわれることを認識する必要がある。構造的にも、災害的にも弱いビルトエンバイロンメントをつくってしまうことは、将来のこどもの生きる環境を損ない、大きな負担をかけることを重く考えなければならない。建築家、設計者、技術者の教育現場で、そのことを伝えねばならない。

〝凛〟とした姿

〝凛《りん》〟という言葉が好きだ。こどもの権利を調べていたときに見つけたフレーズだ。優しさの中に困難を乗り越える力をもつというニュアンスか。しかし、さらに〝凛〟という言葉は、物の形や人の姿勢を示している語感があるところが好ましい。

人の姿勢とともにその人の意志を感じさせる言葉はそう多くはない。〝飄々《ひょうひょう》とした〟とか、〝毅然とした〟とか、人の様を形容する言葉はいくつかある。その中でも〝凛とした〟という言葉の中に、困難に負けない、正面から立ち向かう姿勢が見えるのが、良い。

我が国は困難が多い国である。地震の被災率では世界の平均的な場所に比べて100倍も多いといわれている。台風も来るし、火山の多い国でもある。大雨が降るとすぐに川があふれ、斜面が崩れ、土砂が流れる。日本ほど自然災害の多い国は少ない。

木造の家によってつくられた町では大火も多かった。〝明暦の大火〟〝天明の大火〟など、日本の都市は戦乱や失火により大火に見舞われた歴史がある。だから日本人は困難を乗り越えるために、勤勉に働き、努力し、耐え、助け合う心を育んだのだともいえる。そのような国土に生まれた我が国のこどもには、多くの困難が待ち受けているのだ。将来に対しても乗り越える力をもって成長してくれることを大人は願っている。

世界は変化の度合いを強めている。グローバル化により、人々はさらに世界的な影響を与え合っている。困難は自然災害だけではない。社会的、経済的な困難にも遭遇していくだろう。離婚や死別という家族の災害も、こどもにとって大きな困難である。

無邪気なこどもが〝凛〟とした青少年に育っていく環境とは、どのような環境なのだろうか。〝凛〟とした人間に育つ町とはどういう町なのだろうか。その答えを見つけるのが環境建築家としてきわめて重要な課題である。多様な体験、多様な学び、その中で他者との適切な距離を見出し、自己の確立を図っていく環境を、私たちは用意しなくてはならない。

かつて筆者は「こどもはあそびの天才か」という疑問を自らに投げかけた。その答えとして「すべてのこどもが大きな可能性を持っている。しかし才能を発揮する環境が与えられなければ、天才は育まれない」と現在は考えている。こどもが困難を乗り越える〝凛〟とした姿をもつ人に育つためには、困難を乗り越えられる環境を用意する必要がある。

バギー車をやめ歩ける町へ

こどもの体力、運動能力の低下が叫ばれてから久しい。すでに第1章でも述べているように、統計によれば、一時低下傾向にあったが、近年持ち直している体力、運動能力も1985年以前に比べれば、依然低水準である。

アメリカ等、海外のこどもの肥満はさらに拡大しており、日本は大丈夫という人もいるが、油断してはならない。アメリカも数十年前まではそれほど太った人は多くなかった。さまざまな社会的な変化、住生活や食生活がその要因と思われる。しかしそれはほとんど運動不足、外での体を使ったあそびの体験不足によるのではないだろうか。

運動は習慣であるから、いつも運動し、体を動かしていないと人間の身体能力は退化してしまう。そういう点で今大変心配なのは、小さなこどものためのバギー車（ベビーカー）である。0～1歳頃のこどものバギー車は仕方ないとしても、2、3歳以上になってもまだバギー車に乗って、親に押されていることもを多くのまちで見かける。もちろんお母さん方がこどもをバギー車に乗せておくほうが楽だし、安全と思っているところがある。しかし小さなときに地面の上を歩いたり、走ったりせず、いつもライドに乗っていることは、その後の発達に大きな影響を与えるのではないかと心配だ。

アメリカの学者、ヘルドとハインが1963年に行った2匹の子猫の実験がある。2匹の子猫を暗闇の中で飼育し、1日に3時間だけ光の中に置き、1匹の子猫はケージの床を歩き回らせ、もう1匹の子猫はライドに乗せた。同じ視覚的条件によって育てられても、ライドに乗っている猫はすぐ転んだり、壁にぶつかったりしたという。このことから視覚的な情報だけでなく、身体感覚を身につけることによって初めてさまざまな障害を乗り越えられることが報告された。

最近のこどもはすぐ転び、とっさに手をつけず顔面を打ってひどいダメージを負うということがよく聞かれるが、これはライドに乗っている子猫と同じで、いつもバギー車に乗っているこどもが障害物を避けられず倒れたり、ぶつかったりするようになってしまっているのではないか。こどもがバギー車から解放されるためには、お母さんがバギーをやめて、手を握って歩くべきだ。そういうことができる町の構造になっていなければならない。

そのためには町や道が、こどもにもっと安全でなければならない。我が国の道路には十分な幅の歩道、安全な歩道がなかったりする。通学路のこどもの列に車が突っ込むような例は後を絶たない。通学路のうち歩道がない道路が30％もあるという。歩行者の安全を最優先する道路づくり、道づくりがなされる必要がある。小さなこどもが町のどこへでも自分で歩いていける道があるということが、こどもにやさしい町の大きな条件なのだ。道がこどもに体力、運動能力を獲得させるのだ。

こどもにやさしい都市を教えてください

２０００年代は、年間25～40回ほど講演を頼まれた。２０１０年代に入っても15～25回ぐらいは講演している。「こどもと都市」「こどもが元気になる町づくり」「こどものための環境デザイン」等が講演のテーマとして多い。

ある日、千葉県で講演が終わったとき、小さなこどもをもつ男性が質問してきた。「先生は幼児の生活環境がきわめて重要だと話されました。私もそのことに全く同意します。私の職業はＩＴ関係のデザインです。どこでも仕事ができますから、どこへでも移り住めます。こどもにやさしい都市はどこですか。こどもが元気になる都市はどこですか。教えてください」というものだった。

筆者はこどもにやさしい施策を一生懸命やっている自治体の首長さんの顔を思い出しながら、２、３の自治体名を挙げた。しかしこの質問はとても大きな課題を筆者に突き付けた。こどもの住みやすい地域や都市を評価することの重要さを気づかせてくれ、こどもの生活環境改善の手法を示唆してくれたのだ。

今まで、地方自治体の首長は、どちらかというと投票権をもつ大人に配慮し、こどものための公共投資を十分にしてこなかった。教育や福祉を含めた、こどもに対する国全体の公共投資が先進国の中できわめて低い。こどもにやさしい都市としての自治体の評価をしっかりやることによって、こどもの視点に立つ町づくりや、行政的な施策が実現する可能性があることに気づいたのである。

今、多くの自治体で児童館、自然学校や少年自然の家を廃止したり、廃止する計画が増えている。運営のまずさを棚に上げ、利用者数の減少を理由に、こども関連の施設や運営をどんどん縮小している。そのような後ろ向きの施策の方向転換を図るためには、こどもにやさしい都市評価はきわめて重要である。

早速、筆者が代表理事をしているこども環境学会の中に、こどもにやさしい都市評価特別委員会を立ち上げた。東日本大震災復興支援のため、その活動をしばらく中断せざるを得なかったが、2015年に科学研究費がついて、本格的な研究を再開している。こどもにやさしい都市評価は、単なる福祉的支援のみならず、公園や学童保育、幼稚園・保育園のあり方、園庭の状況など、ハードからソフトまで幅広い視点で評価していきたい。若いお父さん、お母さんの期待に応えたいのである。

元気を育む都市と建築

ブラジルを訪問する機会があった。国際交流基金からの依頼により、ブラジルのいくつかの大学で「こどものための都市・建築」と題して講演をした。2009年はブラジリアとクリチバ、2010年はリオデジャネイロとポルトアレグレに出かけた。ブラジリアは建設後わずか30年で世界文化遺産として登録された都市である。都市計画家ルシオ・コスタと建築家オスカー・ニーマイヤーがル・コルビュジエの近代機能主義の思想を具体化したものといっていいだろう。

しかし、この都市は完成後すでに50年以上が経ち、建物の老朽化が進んでいる。それだけでなく、自動車中心の都市であり、きわめてゾーンが明確に分離されている街の構成はブラジルらしい楽しさがない。

官庁街、商店街、ホテル街、住宅街区と明確に分かれているために、人の流れがきわめて偏在的だ。外国人旅行者はもちろんホテル街のホテルに滞在するのだが、周辺は散歩するところも、ショッピングする場所もなく、全くつまらない。ホテルという機能が集合していて、どのようなメリットがあるのか疑問だ。そういった意味で、ブラジリアは世界文化遺産として登録されたが、20世紀の街づくりの失敗として学ばねばならない。

しかし、かつてはブラジリアのような機能分化が良し、効率的とされていた。それに同調するように、日本の多くの都市も業務地区、商業地区、住宅地区とゾーン化されていった。駅前の商業地区に多く人は住んでいない。郊外に大型ショッピングセンターができたことによって、都心市街地の賑わいの落ち込みが激しい。日常的に人が住んでいないと、街の活性は失われやすいのだ。

ブラジリアに比べると、リオデジャネイロは美しい都市で、変化に富み、そして回遊性がある。オフィスも住居も商店も混在しており、何よりも人が歩き回れる楽しさがある。ただ犯罪に遭う恐怖感だけはいただけない。

ブラジリアを設計し、104歳まで生きた建築家オスカー・ニーマイヤーも、実はリオをこよなく愛し、ここに住んでいた。リオは自然地形が魅力的な都市だが、人工的につくられたエリアも多い。しかし全体的にはごちゃごちゃした〝人間的な町〟なのだ。

　著名な建築家たちによる世界的な組織であるＵＩＡ（国際建築家連合・UNION INTERNATIONALE DES ARCHITECTES）の会長も務めたブラジルの建築家ジャイメ・レルネルは、10年近くクリチバ市長を務め、その間にクリチバを約60万人から約１６０万人の大都市に成長させた。ブラジリアとは異なる人間中心の環境都市として多くの世界的な賞を受賞したが、都市の魅力という点ではリオデジャネイロにとてもかなわない。クリチバはしょせん機能的放射型都市でしかない。

　日本の戦後の都市の多くは城下町であったし、江戸の町割はゾーンプランニングであった。それが引き継がれながら、拡大していった。今、多くの地方都市では中心部に人が住まず、商業地区として構成され、その周辺に住宅地が取り巻いている形になっている。さらにその周辺に郊外型ショッピングセンターができ、人々は中心市街地を向くのではなく、外へ向いてしまい、中心市街地の商店街の多くがシャッター街化している。そもそもこの町のつくり方が問題だったのである。住・職・商が一体化、融合化している町が楽しいことが再評価される必要がある。

　四国・香川県の丸亀通町商店街が注目を集めている。定期借地権を利用して、利用権と所有権を分け、商店街全体を再構成する方法もユニークだが、商店街に新しい住宅を建設していることに注目したい。住と商は近接することで、互いに元気になる大きなメリットがある。車という存在によって人間のさまざまな機能が分断化され、その問題が明確になってきた。もう一度人間は二本の足で歩く生物だという基本に戻り、都市をより融合的、複合的なものに再構成することによって、元気を取り戻すことができるのではないだろうか。その時のキーワードは「回遊性」と「多様性」である。前章で述べた「遊環構造」だ。

こどもが育つ町は、こどもが多くを学べる町でもある。お店も、小さな工場も、働く場所もあって、こどもは働く人の姿を見て育つ。こどもが生き生きと育つ町を考えれば、機能分化されすぎず、職と住が一体的である必要がある。片道1時間半もかかる通勤電車によって職と住が結ばれているライフスタイルでは、家族が一緒に夕食を囲むことができない。21世紀は機能分化の反省に立ち、人間が育つ都市、学ぶ町という考えのもとに、さまざまな機能が適切に融合化し、総合化していく必要がある。「こどもが健全に育つこと」が都市計画の中心にすえられなければならない。

こどもが都市を学ぶミニ・ミュンヘン

ミニ・ミュンヘンというイベントがある。1979年に国際児童年を記念してドイツ・ミュンヘン市が始めたこども向けのイベントだ。もともとは1回きりのイベントとして企画されたが、大変評判が良かったため、2年後に再び開かれることになり、その後も2年ごとにミュンヘン・オリンピックの自転車競技の会場を使って開催されている。

これはこどもが自ら町を運営するというプログラムで、こども市長が選ばれ、この町独自の通貨が発行され、売買も行われる。その商品ももちろんこどもがつくる。

こども自身が大きな模型ともいえる小建築をつくり、市役所、売店、住宅、マーケット等の機能が与

ミニ・ミュンヘン（仙田満撮影）

えられる。開催期間は3週間で、7歳から15歳までのこどもが参加する。こどもたちが都市を運営するという巨大な〝ごっこあそび〟であるのだが、その中でこどもが環境形成力を学ぶ市議会等もあって、まちづくりを体験する多様な学習の機会でもある。

　こども自身で自立的に運営するところが素晴らしい。このミニ・ミュンヘンは30年以上の歴史があり、今ではドイツ国内だけでも80都市以上で同じようなイベントが開かれているようだ。また日本でも１９９０年代に紹介され、多くの都市（約60カ所）でイベントとして開催されている。

　この活動の重要なところは、こどもによる都市学習だけでなく、まちづくり参加・参画の契機になっていることである。ユニセフの“Child Friendly Cities”は〝こどもにやさしいまち〟と訳されているが、その重要な要件はこどものまちづくりへの参加・参画である。大人にとっても、多くの都市づくり、町づくりで将来の利用者、運営者にもなり得るこどもの意見を聞くこと、またこどもの視点でまちづくりを行うことが必要だと気づく場ともなる。

ミニ・ミュンヘンの手法を取り入れている横浜市では、こども環境学会横浜大会を契機に、ミニヨコハマシティ研究会が２００６年に設立され、それが発展して２００８年に発足したＮＰＯ法人ミニシティ・プラスが、毎年こどもが主体となった多くの活動を開催している。ここでも、こどもが自分の空間を自分でつくり上げるという環境形成力、まちづくりへの参加力、提案力が試されている。自分たちの空間は自分たちでつくるという行動を促し、意欲を育てることは、よき市民を育てることでもある。そういう意味では市民教育、市民学習の場ともいえる。その中でこどもが自分は将来政治家になりたい、建築家になりたい、医師になりたいという将来の夢を育んでくれることを期待したい。

道をこどもの居場所に

こどもにとって都市はさまざまな危険性をもっている。一番大きな危険は自動車である。１９２４年～25年、造園学者・大屋霊城は、大阪のこどもたちの放課後のあそびの生態を調査したが、ほとんど道であそんでいたという結果を報告している。都市のこどもは道、路地をあそび場としてきた。

１９６０年代、日本では高度成長時代、自家用車が普及し、都市の道からこどもは追放されてしまった。そのため、歩車分離が都市計画の主流として行われたが、歩道がない幹線道路は実に多い。

１９７０年代、オランダのボンエルフの歩車共存型の街路の考え方から、日本でも新しい住宅地においては歩車共存型の道路づくりが行われるようになった。最近、また日本の新聞でヨーロッパでの歩車共存型の試みが紹介されていた。車を低速にして信号機を撤去したことで、事故数が減少したという報告だった。日本でも「道におけるこどものあそびと自動車交通の共存は速度が15㎞／h以下、1時間あたりの交通量は30台、最大50台以下であれば可能だ」という研究報告が筑波大学の小場瀬《おばせ》令二教授により出されていたが、それが道路行政に影響を与えていないのは残念である。

ヨーロッパの多くの都市部では、車の速度を時速30㎞／h以下にすると大事故が急激に減ることから、〝ゾーンサーティー〟という、車の速度を制限するという方法がとられている。我が国でも一部取り入れられているが、筆者は日本の幅6m以下の道路は〝ゾーンフィフティーン〟、すなわち15㎞／h以下にすべきだと思う。

都市では特にあそび空間が激減しているが、中でもあそび空間を相互につないでいた道あそび空間が自動車によって奪われたことがとても残念である。あそびのネットワークが破壊され分断されてしまった。こどもの都市の居場所の基本は、道スペースだったのである。こどもの生活の身近な住宅街では少なくとも、人が車に優先されるべきだ。安全な道の形成はこどもの環境にとってきわめて重要なのだ。

第8章　こどもと公園

いかにしてこどもを外であそばせるか

近年、我が国の学校建築はめざましい発展を遂げている。従来の教室に幅2mの廊下のあるタイプの学校や、広いオープンスペースのある幅広い廊下をかかえ、教室の廊下側の壁が取り払われたオープンプラン・スクールと呼ばれる学校が誕生するようになった。また、国の木造建築の奨励もあり、木造校舎が見直され、増え始めている。

夏期は夏休みに入るからと、かつてはなかった空調も、多くの学校で設備されるようになった。広さも、室内環境の質も併せて、教室内環境の快適さは格段に向上している。

現在、各地で1950年代~1970年代につくられた学校の多くが、少子化の影響もあって統合、改築されている。学校は防災拠点でもあり、高い耐震性能を求められる。耐震基準に不適合で耐震補強が不経済的となる場合、多くが建て直される。そういうさまざまな要因から日本全国の多くの学校が、より快適になってきている。

それは良いことなのだが、一方で問題もある。それはこどもが外に出にくくなっていることである。

学校建築の快適さが、こどもが休み時間になかなか外に出ない原因をつくっている。フィンランドでは幼稚園、小学校の休み時間は強制的にこどもを外に出して、あそぶことを義務付けている。休み時間は教室に鍵をかけてこどもを入れさせない。外が氷点下10度でもこどもは外に出てあそぶ。厳しい気候の中で生きなければならない、こどもに対する教育なのだ。

こどもはそれが当然だと思い、外であそぶ。我が国のこどもの教育では外で必ずあそぶことを義務付けていない。こどもは外であそびながら学ぶことがたくさんあるのだ。

こどもの学校生活の時間は長い。だからこそ、学校でこどもが多くの時間を外であそぶ習慣をつけさせるべきだ。校舎の中に閉じこもることがないような、建築空間のつくり方も工夫する必要がある。小学校建築は3階以下にとどめよう。またさまざまな外あそびができるよう、校庭は単なる運動場でなく、多様なあそび場として展開できるものでなくてはならない。

校舎の建築を適切な範囲にとどめつつ、校庭はより自然環境を取り込んだ多様な空間にする必要がある。こどもがもっと外であそび、学ぶような学校環境にしなければ、こどもにやさしい都市にはならない。

すべての公園にプレーリーダーを

公園の利用者が激減している。筆者は横浜生まれだったこともあり、特に横浜市におけるあそび環境の変化について継続的に研究してきた。

公園の利用実態調査

① 三春台公園

隣接して塾があるためこどもが集まりやすいが、ついでに寄るというケースが多く公園にあそびに行くという目的では利用されていないことが多い

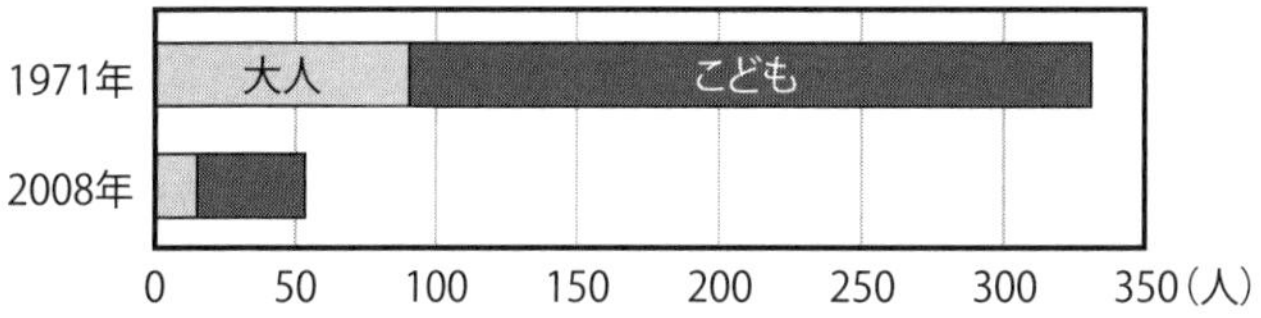

② 勝田第2公園

団地の中の小さな公園なので利用頻度は高いと予想したが実際の利用者数はきわめて低かった。その原因としてはあそびやすい公園計画（遊具の配置など）が適しているものではなかったからだと推測できる

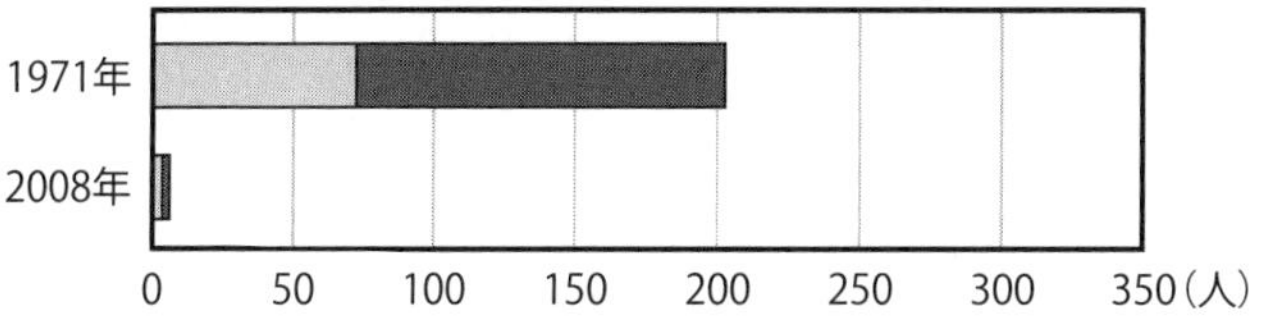

（仙田満・国士館大学仙田研究室作成）

1971年に、公園の利用実態の調査を行った。小さな児童公園で、こどもと大人の利用実態を観察調査し、時間ごとの利用者数を計測した。2008年に、その時と全く同じ方法により、こどもと大人の利用者数を調査したところ、70年代に比べ6分の1以下に減少していることが明らかとなった。

少子化により、その公園周辺のこどもの数が減少していることもあろう。しかし、全体的にはそれほど町並みは変わっていない。利用しているこどもに聞いてみると、「公園には一人で行ってはいけませんと言われた」との回答が多く、また母親からは「公園は安心できる場所ではな

い」という回答が多かった。今や公園は犯罪に遭う可能性がある場所と考えられているのだ。

日本のこどもに対する大人の犯罪率は諸外国に比べると低い。日本はまだまだ安全性の高い国なのである。アメリカの幼児に対する犯罪は日本の100倍とも500倍ともいわれている。しかし、日本でもこどもを殺したり、虐待したりする事件がテレビや新聞で報道されている。それらは大きく報道されるから、お母さんはこどもが外であそぶことに恐怖感を抱いてしまう。そのようなお母さんを安心させるためにも、公園にはプレーリーダーが必要である。

海外の児童公園に行くと、プレーリーダーと呼ばれるあそびの指導者がいることに気づく。19世紀末に〝教育としてのあそび〟という考え方が生まれ、公園の教育者としてプレーリーダーが欧米で活動を始めた。こども連れでないと、大人が入れない、利用できない公園も多い。

アメリカ等、こどもの公園は不審者や犯罪者が近づかないようにするために高いフェンスによって囲まれている。日本ではそこまでやらなくてもよいが、こどもを見守る大人の存在は必要だと思う。そして今、こどものあそび集団の解体によってあそび方が伝承されていない。

安全とあそびの方法の獲得という2つの面から、プレーリーダーが必要となっている。日本では、戦前に東京市公園課の井上清氏がヨーロッパの公園を視察して導入したといわれている。しかし、そのプレーリーダーはあそびの指導という仕事が大半だった。

プレーリーダーは専門職であり、プロフェッションであるといえる。すぐれたリーダーはこどもの育ちに大きな影響を与える。そういった意味で、プレーリーダーの養成も重要である。また、ボランティアのプレーリーダーは、プロフェッショナルなプレーリーダーを支える地域の大人がよい。

プレーリーダーはなかなか、その存在を認められない。まだまだ公園の専門職として認められていないのだ。しかし、公園を活性化させる彼らの存在が、町も元気にするのだと理解しなければならない。

市町村の公園課も、これからは技術屋だけではなく、ソーシャルワーカー、臨床心理療法士、プレーファシリテーターというような方々によって運営される時代を迎えるだろう。公園課は、ハードとしての公園をつくる役割から、その公園をどう利用させるかというソフトを考えるように変わっていくべきだ。

そうなれば、こどもにやさしい公園、こどもにやさしい都市がつくられる。

公園にコーヒーショップを

市民一人当たりの公園面積は、その自治体の緑やオープンスペースの豊富さを評価するうえで、とても重要な数値である。1970年代前半、横浜市の市民一人当たりの公園面積は2・4㎡だった。「将来、それを6㎡にするためには、どのような場所に公園をつくるべきか」というマスタープランづくりを横浜市の公園計画の仕事として筆者が担当していた。

当時、横浜市には斜面緑地（丘の斜面部分の林）が多く、9500haあったが、2008年には2200ha（山林面積）程度に減少している。一方、公園整備は進み、一人当たりの公園面積は5・0㎡（2015年現在）に増加したが、緑地面積は少なくなっている。

公園の利用者数は国土交通省が、全国の都市で5〜7年に1度調査している。筆者自身、すでに述べ

富岩運河環水公園のスターバックス
世界一美しいスターバックスといわれ、
年間公園利用者が140万人（2014年）

たように１９７１年と２００８年に横浜市の2つの児童公園の利用実態を調査したが、２００８年では利用者数は激減していた。その原因の一つが犯罪に遭う可能性が高い危険な場所だからという理由だ。

都市の公園を安全なものにするために、前項で述べたプレーリーダーの配置という方法もあるが、公園にコーヒーショップを建設できるようにしたらどうだろうか。富山県富岩運河環水公園は、１９８７年にコンペによって筆者が設計を担当することになり、20年間かけて少しずつ整備されてきた（開園は１９９７年）。

そこに都市公園内への出店としては国内初となるスターバックスコーヒーが出店し、２００８年度、世界中のスタバの中で最もすぐれたデザイン店舗に贈られる賞を受賞。「世界一美しいスタバが日本に！」と話題になると、２００７年に70万人だった年間公園利用者は、２０１４年には１４０万人にまで増加している。１９９０年代は、１万～２万人の利用者だったと推測されるので、20年間で100倍近く利用者が増えたことになる。

この公園は今や富山県を代表する景観・観光スポットとなっている。小さな公園でもコーヒーショップが出店できるようになれば、多くの高齢者等が集まるようになるだろう。公園に多くの見守る大人がいれば、親も安心してこどもを公園で遊ばせることができる。

公園にはトイレの代わりにコーヒーショップを。トイレはショップの中にあればいい。そうすれば赤ちゃんのおむつを替えることも、こどもを見守りながらコーヒーを飲むこともでき、トイレも美しく管理されるだろう。

駐車場を地下へ、地上を公園に

我が国の集合住宅には、駐車場が不可欠だ。規模が大きな集合住宅には、立体駐車場が設置されている場合もある。世帯数の30％以上の駐車場の設置を義務付けている自治体も多い。今では十分な駐車場がなければ分譲でも賃貸でも販売に大きく影響する。欧米などのように駐車場を地下にすることは可能であるが、我が国ではまだまだ一般的でない。

しかし、地下駐車場にしたほうが、居住者にとって雨が降ったときには濡れずに済むし、夏の日差しを避け、車の劣化を防ぐこともできる。そして何よりも地上面を緑の空間として開放し、居住者の憩いの場、こどものあそび場に変えることが可能となる。駐車場が地上面を占有して、こどものあそび場がない団地がとても多い。これは憂えるべきことである。

そもそも我が国の大都市における市民一人当たりの公園面積は大きくない。ニューヨークや、ヨーロッパの諸都市では20〜30㎡であるのに対し、東京都区部では約3㎡、横浜市は約5㎡である。集合住宅の近くにこそ公園がなくてはならないのに、そこは駐車場に占有されている。新しい住宅開発地には開発面積に対して3％以上の公園設置が義務付けられている場合が多いが、それではとても狭い。駐車場を地下にすれば、もっと広い緑地がつくれるのである。

地下駐車場にすると一台当たり500万〜1000万円の工事費がかかる。そのコストを販売価格に上乗せするのが難しいこともあり、地下駐車場はなかなか増えない。駐車場を地下にして、その代わりに出来上がった緑地を集合住宅に住む人だけでなく、近隣の住民にも開放し、公園のような公共空間とすれば、補助金などの公共投資をしても良いのではないだろうか。そのようなこどもが育ちやすい空間確保のための社会システムをもっと考えるべきだ。安全で気持ちのよい住空間をつくるための社会システムの開発はさまざまな形で可能である。

集合住宅地において、建物の地下を駐車場にし、地上面を公園的な住民の共通空間にするのは、ヨーロッパだけでなく、中国や韓国でも一般的だ。さらにその駐車場は一部シェルター機能をもっているところが多い。筆者は防空壕世代だが、戦争という災害が再び日本に起こらないとは限らない。こどもが生き延びるためにも、シェルターとなる地下駐車場を用意しておくことも重要と思える。地下駐車場を増やし、地上面をもっと豊かな空間や公園にすることによって、我が国の都市の市民一人当たりの公園緑地面積を、ヨーロッパ並みの一人当たり20㎡とすべきである。

屋上庭園を空中緑道でつなげよう

１９７０年に筆者は、当時の先端的建築雑誌『都市住宅』に「都市の木をつくろう」という特集記事を企画させてもらった。そして、高速道路を緑道にする提案をした。それが真似されたのかどうかわからないが、その後、パリ、ニューヨーク、ソウル等で、高架鉄道跡や高速道路跡を緑道化し、成功していることが話題になっている。

近年屋上緑化が盛んである。屋上庭園といえば昔はデパートの屋上が一般的で、そこはいわば別世界であり、こどもたちのアナザーワールドでもあった。その伝統は現在まで続いている。一方、地球温暖化、ヒートアイランド現象の抑制のためにも、また最上階の室内空間の温熱環境を改善するためにも、屋上空間を緑化するか、太陽光発電装置を設置することが推奨されるようになったのは、２０００年代に入ってからである。屋上緑化、壁面緑化等の技術も、近年どんどん進化している。

高速道を改造した空中緑道のスケッチ
『都市住宅』特集　都市の木をつくろう、1970

かつて筆者は茨城県自然博物館の設計を担当した際、屋上緑化を提案した。自然豊かな環境の中で、人工物としての建物が地面を覆ってしまうことは、鳥や虫たちに申し訳ない。人間があまり使わなくてもいいから、屋上に緑の島をつくろうと考えたのだ。結局、後々の維持管理が大変だということで、それは実現できなかったが、地球環境的にも生態学的にも、筆者としては良い提案だったと思っている。

こどもや一般の人が利用するという点からいえば、屋上緑化の問題点は、〝緑の島化〟、〝孤立化〟である。筆者は屋上緑地、あるいは屋上庭園をつなげられないかと考えている。ビルとビルの屋上を連携させ、屋上緑地がネットワーク化することにより、利用が広がり、多様性が増すことはもちろん、防災上の観点からも避難経路が確保される。

もちろん公道上にブリッジをかけるほか、それぞれの土地所有者の協力が必要となるが、構造的にも、防災的にも、例えば高さ15ｍのレベル、30ｍのレベルに緑のゾーンを設定し、それらをつないでいくことは、それぞれのビルの利用者が楽しむことができる緑の回遊路になるに違いない。15ｍ、30ｍの緑のゾーンには、新たな商業的なビジネスチャンスも生まれるはずだ。そこに、こどものための空間も設置可能ではないだろうか。

都市をもっと立体的に考え、これからは立体的な緑のゾーンを設定することが、大事ではないかと思う。魅力的な屋上庭園や空中緑道をつくれば、新たなビジネスや人の流れを生み、こどもの回遊する立体的な空間となる。こどもに地上との接地性は重要だが、大地とつながり、スロープやブリッジでネットワークされた立体空中緑道は、こどもの成育環境としても価値が高いと思えるのだ。

第9章　こどもと住宅

住宅がこどもにやさしい都市の原点だ

最近の建築専門誌を見て驚くことがある。集合住宅にしろ、個人住宅にしろ、そこでは空間のあそびというか、いかにおもしろい形の空間をつくるかに終始しているものが多いと感じている。コピーアンドペーストで、さまざまなデータを引っ張ってきて、敷地に押し込むとそれなりのプランが出来てしまう。建築設計がまさにテレビゲームのようになってしまっている。形はおもしろい。目を引く。しかし、そこは人間が生活し、こどもが育つ空間なのだという点で考えると多くの疑問が残る。

超高層住居は、見晴らしが良いから売れる。売れるからつくるのだが、そこでも人が育つという視点が欠けている。こどもは家族だけではなく、多くの大人に見守られながら育つ必要がある。核家族化はこどもの成育のために望ましい形ではない。本来的には兄弟が多く、友だちも多く、そしてなにかと言ってくれる両親以外の大人が近所にたくさんいることがこどもの育ちにとって重要である。

住環境においてはそういう空間こそが大事である。何かしらのコミュニティや、近所のおじさん、おばさんとの挨拶や話ができるような、人との交流が自然と生まれるような環境がつくられねばならない。

そういう視点で住宅はつくられねばならないし、そうでなければこどもが元気に育たない。住宅はこどもが元気に育つ原点でもある。そして、そのような住宅がたくさんある町がやさしい町なのである。

かつて「原風景としての住まい」という観点で多くの建築家にヒアリング調査をしたが、こどもの頃、4、5階建ての集合住宅に住んでいた建築家の話は興味深い。「集団住宅地なので、こどもの数が多く、いろんな年齢のこどもたちといつもあそんでいた。そしてその頃の集合住宅は一戸当たりの面積が小さく、もちろんこども部屋などない。こどもたちはいつも外であそぶしかなかった。そして多くのおじさん、おばさんと仲良くなったものだ。それがとても良かった」と話してくれた。

筆者は集合住宅であれば、4、5階の低層で、1階は商店や保育園やサービスセンターのような都市住居が、こどもが育つ環境としては良いのではと考えている。住宅の周りに広場や小さな森もあって、こどもがその年齢に合わせてあそべる。それを1階にお店を出している大人たちが見守る。そのような安全でヒューマンでこどもが育ちやすい町ができてほしい。

建築家が設計した家で育つ

1999年に、「建築家が設計した家で育ったこどもは、どのような影響を受けるのか」という内容の研究を筆者の研究室で行った。『新建築』の住宅特集や『住宅建築』等に紹介された住宅で育った若者を中心にインタビュー調査をした。

多くの回答者が「自分の家は友だちの家とは違う」という感想を述べた。バルコニーや廊下、階段、

鵠沼の家　２階居間居住の家

エントランスなど、建築家のこだわりの部分に共感している人が多かった。もっとも「こども部屋が開放的すぎてなんとも落ち着かなかった」「友だちの家のように独立した、閉鎖的なこども部屋がこども心に欲しかった」という感想を述べた人もいた。
しかし、ほとんどの人が、自分が育った自宅を高く評価し、愛着をもっていた。12歳頃の自分の家が好きな理由としては、「あそべる家だった」という回答が最も多かった。「天井の高い家で育ったので、狭い空間が苦手になった」など、9割以上の人が、住環境が自分の好みに関係していると答えている。
回答者のうち、建築系の進路に進んだこどもが3割もいたのには驚いた。環境をつくる、空間をつくる、デザインすることのおもしろさが、建築家の仕事から伝わったのであればこれほど嬉しいことはない。
筆者自身、住宅も多く設計する建築家だったので、こどもの成育環境としての住宅空間の影響はきわめて重要な研究テーマであった。

建築家が住宅を設計する際、クライアントの生活、好みを要望として聞くだけでなく、新しい生活の仕方も提案する。例えば筆者は、小さなこどもがいる住宅を設計する場合、センターキッチン、あるいはアイランドキッチンなど、調理台を壁から離し独立させ、居間や食堂の空間と対面する形式を多く提案した。こどもを見守りながら、居間や食堂での会話に調理をしながら参加できるからだ。

また、2階に居間のあるスタイルを勧めた。寝室を1階にし、2階に厨房、食堂、居間を設け、天井をできるだけ高く大きくとり、木造の場合には天井の小屋組みの木を見せる。2階の居間はプライバシーが守られ、周辺の緑が楽しめ、耐震的にも下階に壁が多く丈夫で、火災発生時にも逃げやすい等多くの利点が敷地の狭い都市住宅においてはあると考えていたからである（前ページ鵠沼の家参照）。もちろん、比較的敷地が広かったり、安全な路地に接するときには1階に居間を設けてこどもが外に出やすい住まいを提案した。

あそび場としての住宅

住宅には、こどもの頃の多くのあそびの思い出がある。あそびの原風景の調査をしたときに、「こどもの頃、家でどんなあそびをしましたか」という質問をした。住宅でのあそびをまとめてみると、こどもにとっての4つの機能の場が浮かび上がってきた。「運動場」、「工作場」、「劇場」、「隠れ場」である。

まず運動場だが、土間、縁側、広間、長い廊下、座敷、リビングなどで、ボクシングやプロレス、相撲、野球、サッカーなどをしたと多くの回答があった。住宅は、こどもにとっての小さな運動場だったのだ。

現代の住宅の多くは、独立したこども部屋がつくられる。「こどもはこども部屋であそべ」という考えは、都市公園をつくり、「こどもは公園だけであそべ」というのと同じである。

都市がこどもにとって生活しやすく、あそびやすいものでなければならないように、住宅もこどもにとって生活しやすく、あそびやすいものでなければならない。〝室内運動場〟という視点で、住宅設計を見直す必要がある。

第二は工作場である。こどもは実験をしたり、つくったりすることが大好きだ。筆者自身も板張りの廊下を工作のためにナイフやのこぎりで傷つけ、よく母に叱られたが、玄関の土間、縁側、ベランダなどが最も工作場に適した空間だと思う。

現代の住宅は、美しく、きれいにつくられすぎる傾向にある。「床を傷つけてはいけません」「壁を汚してはいけません」、いけないことだらけである。こどもの工作場としての住宅を考えてみると、少々汚く、アナーキーなエリアが必要と思われる。材料、棚、収納、倉庫など、創作意欲がわいてくるような場所をもった住宅をつくるべきではないだろうか。

第三は劇場である。ごっこあそびの舞台として展開しやすい場、空間があると楽しい。階段、縁側、広い玄関、屋上、床の間などは、こどもにごっこあそびを喚起する。ヒアリングでも「縁側を舞台とし、庭にシートを敷いて客席にした」という回答があった。

かつての民家は家自体が大きな舞台となる構造をもっていた。階段もいろいろなあそびができる広間に面している。夜店ごっこや、さまざまな舞台、鬼ごっこの陣地になる。縁側、土間、広い玄関などが現代の住宅ではきわめて少なくなっている。こどものあそびは、まず家から発生する。そういう点で、このような外部空間への接触の場が失われる傾向は好ましいことではない。

第四は隠れ場である。鬼ごっこやかくれんぼというあそびだけでなく、自分だけの秘密の場所となる空間が必要である。住宅における隠れ場には大きく3種類ある。隠れられる場所、秘密の場所、そしていろいろ隠されている、しまわれている場所である。この3つの意味の一つ一つが隠れ場としての意味である。

家の中では押入れ、屋根裏、縁の下（最近はほとんどないが）、家の外では倉庫などがその空間である。空間の合理化で、収納スペースはコンパクトになり、倉庫も少ない現代住宅ではなかなか難しい。こどものあそびを喚起するためには、これら4つの場をもった住宅設計をしなくてはいけない。しかし、大きな玄関、縁側、長い廊下、階段と広間、床の間、大きな納戸などは、現代住宅では排除されがちな空間である。機能的に中間的であいまいな空間でもあるのだが、こどものあそびはそういう空間に発生しやすい。もう一度、このような視点で住宅というものを再考する必要がある。

家の履歴書

『週刊文春』に「家の履歴書」という人気記事がある。その連載は1994年9月29日から10年続き、

2年ほど中断した後、2006年7月6日「新・家の履歴書」が始まり、現在まで続いているきわめて長い連載だ。著名人が、出生から掲載時に至るまでの家を中心とした思い出をインタビューしたものである。家の見取り図が挿絵として描かれていて、人生のエピソードを住まいと関係させた読み物としてなかなかおもしろい。筆者は放送大学の教授をしていたときに、建築設計を職業としている大学院生・塚田泉さんにこの連載を修士論文の研究対象にすることを薦めた。

ちなみに、筆者が、『こどもと住まい――五〇人の建築家の原風景』を出版したのが1990年。その後、造園家50人の原風景、政治家50人の原風景など、もっと多くの原風景と職業の関係を調査してみたいと思っていたが、果たせなかった。文春の編集者が拙著『こどもと住まい』に影響されたかどうかわからないが、筆者と同様、奥野健男氏の『文学における原風景』を参考にしたのは間違いないだろう。

塚田さんは「家の履歴書」「新・家の履歴書」で取り上げた人物のうち、600人を対象として、5つの世代に分け、こどもの頃の時代的背景、住宅・家族との関係を分析、職業を選択した理由などについて考察した。

筆者がかつて行った、こどものあそび環境の原風景や、50人の建築家の原風景調査のように直接ヒアリングしたものではなく、記事となったものを分析することの限界はあり、その育ちと住宅との関係性を深く読み解くことは容易ではなかった。しかし、著名人のこども時代の成育環境という視点で住宅を横断的に眺めることはできたと思われる。そこでの傾向は次のようにまとめられた。

まず、第1世代は、戦前世代（1915~1932年生まれ）、第2世代は、戦中・戦争直後世代

（1933〜1943年生まれ）、第3世代は、戦後団塊世代（1944〜1957年生まれ）、第4世代は、新人類世代（1958〜1969年生まれ）、第5世代は、団塊ジュニア世代（1970〜1985年生まれ）と分けている。

第1世代は、野村万作（狂言）、佐藤忠男（映画評論家）、山田洋次（映画監督）、青木十良（チェリスト）、川内康範（作家）、藤城清治（影絵作家）、辰巳芳子（料理家）、中野孝次（作家）、サトウサンペイ（漫画家）などで、比較的豊かな家に住んでいた人が多く、父母だけでなく、祖父母、兄弟、近所の大人たちとの交流があり、家の中で冠婚葬祭が行われていた。

第2世代は、三遊亭圓楽（落語家）、宮脇檀《まゆみ》（建築家）、細川護熙《もりひろ》（元首相）、藤原正彦（数学者）、夏樹静子（作家）、鳥越俊太郎（ジャーナリスト）、松本幸四郎（歌舞伎役者）等の世代で、疎開世代である。戦争の影響が住まいにも大きい。

第3世代は、出久根達郎（作家）、阿藤快（俳優）、姜尚中《カンサンジユン》（東大教授）、隈研吾（建築家）、竹下景子（女優）、舟越桂（彫刻家）、陳健一（料理人）等で、第1世代の親が忙しくなって、たまの休みの家族団らんや、祖父母の家の日本家屋が懐かしい世代。

第4世代は、村山由佳（作家）、大江千里（ミュージシャン）、相撲の錣山《しころやま》親方（元関脇・寺尾）、ピエール瀧《たき》（ミュージシャン）、美保純（女優）、吉田戦車（漫画家）、橋本聖子（元スケート選手、政治家）等で、両親が働き、いわゆるかぎっ子、一人あそび、外あそびが減り、祖父母とは別居が多くみられた。

第5世代は、沢松奈生子（元テニスプレイヤー）、友近（芸人）、知念かおり（棋士）、佐藤琢磨（レーサー）等で、ファミコンゲームを体験する時代。共同住宅に住んだ人も多い。

調査対象者としては第3世代が最も多く196人、第2世代153人、第4世代124人、第1世代111人、第5世代は16人と少ない。親兄弟が亡くなった経験は第1世代（32％）から順に少なくなり、第4、第5世代では5・6％。両親が別居というのは逆に第1世代が少なく（6％）、第5世代は25％と世代ごとに増えている。多くの大人たちに見守られながら育ち、祖父母や地域の人たちとの交流を感じているのは第1世代で71％だが、第4世代では24％に下がっている。第5世代は個数が少ないが、祖父母との関係が深い事例がみられた。

家の形式と各世代の関係を見てみるとなかなかおもしろい。第1から第4世代で戸建ては4割。第5世代は逆に集合住宅が4割となっている。第1世代、第5世代には豪邸という戸建てに住んでいた人が約2割いた。また、店舗併用住宅は比較的多く、長屋と合わせると4割近い人がコミュニティの濃い住宅環境に住んでいたことがわかる。「親が働いている姿を見て育ったから他国でもがんばれた」というサッカー選手・三浦知良《かずよし》氏の言葉はとても示唆的である。

特に注目すべきは「路地や空き地、公園というコミュニティの有無」という分析で、第1世代、第2世代が90％にのぼっているが、第4、第5世代では60％に下がっている。また「こども部屋の有無」という分析では、第1世代の62％がなかったとしているが、第5世代でも25％はない。このこども部屋の有無については、一般的な傾向と著名人の住まいという違いは少し考慮する必要があるかもしれない。

全体的に土間座敷形式の日本の伝統的な住まいに対する思いは強い。こどもの頃に住んでいた日本家屋の形式を調べてみると、当然第1世代から第5世代にかけて土間座敷形式が少なくなっているのだが、現実の住環境の変化を見るともっとその減少の割合は大きいと思われる。ここにも著名人の住まいの特長が隠されているかもしれない。「家の履歴書」は、こどもの成長と住まいという側面から、きわめて貴重で、おもしろいストーリーを我々に提供してくれる。

ここからも明らかなように、こどもは生きる場を選ぶことはできない。生きる時代も選ぶことはできない。与えられるものである。その環境が、その後の人生にどう影響するかは、もちろん本人の気づきや意欲にもよるが、多様な意欲をかきたてる住まいや環境を用意したいものである。

住まいにおけるこどもの居場所

住まいにおけるこどもの居場所が、戦後どのように変化してきたかを12歳頃の生活を通じて探ってみた。1998年に東京工業大学・仙田研究室で、12歳から70歳まで、10年区切りで6世代にインタビュー調査を行った。

調査対象者には、住んでいた自宅の平面図を描いてもらい、自宅の周辺環境から家族構成、日常的な生活などを詳しく聞き、それをまとめ、行動と意識から分析してみた。

こども部屋という空間が、1978年頃より急増している。こどもの住生活環境は1960~70年代にかけて大きく変化した。こどもが、あそびや勉強、就寝、友人の応対を行った場所は、こども部屋が普及していない1968年頃まで比較的多様な場所に広がっていた。

しかし、1978年頃から、こどもの居場所は、家族の集まる部屋とこども部屋に集中し始め、和室や縁側などが大きく減少。家族が集まる部屋でのあそびや、友人の応対は、1978年頃までは増加傾向にあったが、その後は減少していく。こども部屋は、まず勉強、就寝といった個人的な行為の場所であったのが、あそびや友人との応対などをする場所に変化している。

1978年頃は、自分の居場所としては、自分の部屋と居間とは同じぐらいだったが、1998年頃に逆転、居間は自分の居場所ではなく、自分の部屋だけが自分の居場所となってしまった。また、好きな場所も居間や茶の間であったが、それも自分の部屋に置き換わっている。

「家の中心の場所はどこですか」という質問に対しては、居間、茶の間が1968年頃から増加している。しかし、その答えの中で、「テレビがあるから」という答えに注目しなければならない。

この調査で明らかになったのは、我が国の住まいの形式の中で、1970年代にかけてこども部屋が多くつくられ始め、それによって住宅全体が、佐野えんねさん（ドイツ出身の日本のドイツ語学者）が指摘されたように、日本の伝統的な住宅における「家全体がこどものため」というものではなくなり、こども部屋にこどもが押しこまれてしまう傾向になったともいえる。

こどもの空間が、こども部屋へと集約化されたため、住まいはこどもの空間としての広がりと多様性を失ってしまったといえる。各室の機能分化により、こどもの空間と家族の空間が重層的になっていた関係は希薄になり、こどもと家族はお互いに独立した居場所を形成する傾向となった。かつての廊下や縁側、屋根裏、和室など、付属的な空間、特定の機能をもたない空間は、こどもの空間として再評価される必要がある。こども部屋という独立した個室でなく、こどもの成長に合わせ、家族とのほどよい関係をもつ空間計画を用意するべきではないだろうか。

環境か行動様式か

建築家は、新しい建築環境をつくることによって、住宅に新しい生活行動を促せると考えるふしがある。しかし、それは失敗することが多い。

20世紀の偉大な建築家ル・コルビュジエが都市計画を進めたインド・チャンディーガルでは、インドの住まいの形式を無視したヨーロッパ型の住まいが受け入れられなかったことが報告されている。例えばキッチンやダイニングテーブルは使用されない。料理は床の上でなされ、朝食も床の上でとる。リビングダイニングの真ん中にカーテンがつりさげられているなど、妻の働く領域を隠す必要があるからだと指摘されている。

これは我々が住宅を設計するときも同じだ。その家族のもっている生活様式、ライフスタイルを尊重しなければ、うまく機能しない。建築家が住宅建築家として成功するには、住む人のライフスタイルをよく理解しなければならない。掃除が好き、あるいは苦手という習慣はなかなか変えられない。新しいライフスタイルを獲得したいという人もいる。そのあたりの見極めが住宅建築家の腕の見せどころである。

しかし、こどもはまだそのような生活形式、スタイルを獲得していない。生まれ育つ環境に応じて、そのライフスタイルが確立されるのである。そういう意味ではこどもが安心してあそべ、居心地が良く、そして落ち着ける環境にしてあげ、よい習慣、よいライフスタイルを身につけさせようとすることが大切だ。

不登校やひきこもりのこどもは、こどものテリトリーが確立していない場合が多いという報告が外山知徳氏の研究でなされている。当然のことながら、住宅の設計注文者は大人である。こどもが最もその住宅からの影響を受けるにもかかわらず、こどもはその住宅の空間に注文をつけることはできない。設計者はこどもの生活、成長を考えた住宅を提案しなければならない。すべての建築家はこどもの生活や成長に対する深い理解をもつ必要がある。また、住宅の依頼者はこどもに対しての理解をもつ設計者を選ばねばならない。

こどもが孤立しない住まい

今、日本のこどもは孤独感が強い。2008年6月に起こった秋葉原通り魔事件でも、犯人は「自分は孤独だった。誰もかまってくれなかった」と述べていた。その孤独感が裏返しとなって、大騒ぎをして注目されたいという願望に変わったのではないか。

こどもだけでなく、親もまた孤独である。虐待や親の子育て不安も、孤独との関係が指摘されている。OECDの2005年の調査によれば、15歳のこどもが「自分が孤独だ」と思っている割合は先進25カ国中、日本のみが突出しており30％近い。他の国はほぼ10％以下である。なぜこのように日本のこどもは孤独なのだろうか。それは筆者の専門である日本の建築、特に住空間のありようにも関係があると考えられる。

日本は戦後ずっと戸建て住宅を中心とする住宅政策を推進してきた。そのため住宅地は郊外へ拡大していった。1960年、70年、80年代につくられた住宅地は高齢化が進み、活力が失われている。一方、都心地区では超高層マンションが多く建てられているが、そこにコミュニティは少ない。少子化は家族そのものを解体させ、職住分離は地域コミュニティを失わせている。

核家族化の中で、こどもも、子育ての母親たちも孤立している。本来的にこどもは多くの大人に見守られながら家でも地域でも育てられねばならない。これからの日本の住宅政策そのものを見直す必要がある。多くの大人によって見守られ、こどもが群れてあそべる環境を中心としてつくられる方向に向かわねばならない。

北欧では1960年代からコレクティブハウスという住宅形式がつくられてきた。数家族（30ファミリー程度が多い）が共同の居間、食堂、図書室などを共有しながら住む集合住宅の形式である。日本でも近年民間でこのような形式をもつ集合住宅が生まれつつある。

ここでは、こどもが単身者や高齢の家族など、自分の親以外の大人とふれあいながら育っている。パブリックミールという共同炊事を月に何回か担当し、菜園作業に参加するなど、多様な体験が得られる。3世代居住など、おじいさん・おばあさんと一緒に住む形式も良いが、全く血のつながりのない多様

コレクティブハウス　かんかん森

コモンミール
共同の食堂。住民が毎週当番制で夕食をつくる

コモン
共同利用の菜園

コレクティブハウス　かんかん森　２階平面図

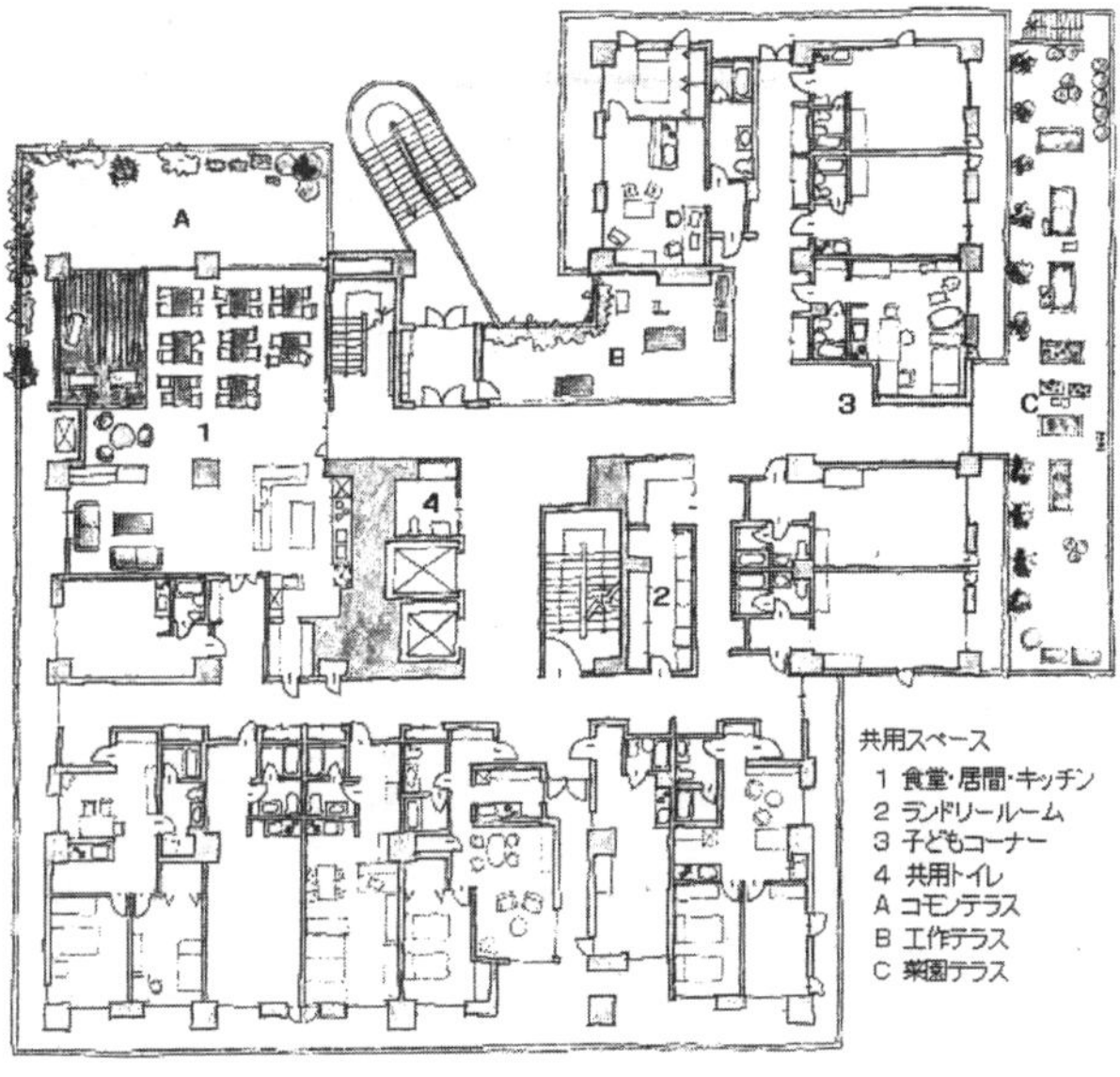

なファミリーの中でコミュニティを形成し、その中で育っていく形式は、こどもや子育ての孤独感を解消する社会システムである。

1950年代の日本の町は、こどもにやさしく、地域の中でこどもが育てられてきた。社会環境、生活環境が変化しても、こどもの望ましい育ちの環境は変わらない。ちなみに、コレクティブハウスは高齢化にも対応している。高齢者も助け合いながら生活できるシステムとして有望である。

高齢者とこどもが一緒に、あるいは身近に生活することは両者にとって、とてもメリットがあることが多くの研究で明らかにされている。高齢者にとって、こどもは何よりも希望であり、活力となる。こどもにとって、高齢者は多くのあそびの経験をもつメンターなのだ。育ちが見守られる環境を用意するのは親の責任であるが、その責任を果たせるような住まいづくり、そして住まい方づくりが望まれる。

わが国でコレクティブハウスをいち早く紹介したのは故・小谷部育子・日本女子大学教授であった。また、日本初のコレクティブハウスである「かんかん森」を建築家として設計監修した。もっともっとこのような共助型の共同住宅が普及してほしい。

日本の将来を担うこどもや、子育て中の人、親身となる先輩が欲しい若者、老後に向かう人々のためにも、助け合いながら生き、孤独感が生まれない住空間を整備するよう、日本は早急に住宅政策を転換する必要がある。

閉じこもらないこども部屋

明治後期から大正初期にかけて富裕層にこども部屋をつくる傾向がみられ始めた。こども部屋についての本も当時出版されている。東大教授で、我が国の耐震構造研究を開拓したといわれる建築学者・佐野利器《としかた》は、自宅をつくるにあたって「家はこどもたちのものだ。こども部屋という限られた場所を与えるのではなく、そもそも家全体をこどもが健全に育つようにつくるべきだ」と主張していた。

佐野は山形県白鷹町の生まれで、それほど裕福な家庭ではなかったが、しっかりと育てられた経験と、建築学者としての意志が、その主張の基礎になっている。彼と同世代の建築家たちが、こどもに対するそのような意識をもっていなかった点でも、佐野の卓越した建築観は際立っている。

筆者も若い頃、数多くの住宅の設計をした。こども部屋だけで、こどもの生活が完結しないよう、着替え、勉強、テレビを見る、寝るなどの行為の場所がバラバラになることが重要だと主張した。本来、こども部屋は寝るだけでも良いと考えている。こどもが閉じこもらないように配慮することは、住宅の設計において、とても大切な課題である。その代わり、佐野が言うように、家のすべてがこどもに配慮されることが大切なことなのである。

今、筆者の家を、孫のために改装している。以前、岩波新書『子どもとあそび―環境建築家の眼―』の中でも紹介した、神奈川県に建てた屋上にプールのある家である。

以前、居間、キッチンは2階にあった。当時、自分のこどもが小学生になっていたので、それでよかった。こどもが大きくなり、生活の拠点を東京の事務所の近所に移し、息子にこどもが生まれて再び、息子家族が住むことになった。

0歳の孫にとっては2階に居間があると、さまざまな意味で生活しにくい。息子は孫の事故にもつながりやすいという。そのため、1階の寝室であったところを改造し、新しいキッチンとダイニングをつくっている。いうなれば2世帯住宅に改造というところであろうか。

住宅はこどもの成長と共に変化して良いと考え、屋上にプールのある鉄筋コンクリート打ち放しの住宅をつくった。しかしこの家は乳児が住むには不向きであることに孫ができて気づかされた。そして近年、木造の保育園を数々つくっていると、小さなこどものためにはやはり木造が良いと思い直している。そのため、内部の壁もコンクリートの上から木の板を貼り、内壁をつくっている。

40年前に筆者がつくった家は、こどもにとっては懐かしい思い出の家なのだが、必ずしも小さなこども用ではなかった。佐野が主張したような、こどものための家の改造が進んでいる。

乳児と畳

日本の伝統的な家はもともと、こどものためにつくられていた。戦前、ドイツから日本にやってきて、日本人と結婚し、帰化した1901年生まれの佐野えんねさんは、日本の伝統的な住まいの良さを『日本に住むと日本のくらし』という本の中で解説している。当時の朝日新聞に次のように語っている。「西洋の部屋を見てごらんなさい。家具も床もこどもの敵ですよ。どこにぶつかってもあぶない。日本の畳はどうでしょう。広い畳の家具のない家はこどものあそび場ですよ。うちの孫はそこで逆立ちしたり、寝転んだり、日本の家はこどもと一緒に暮らすために創られています」(1978年11月11日付)

家の中で人は、床の上に立ち、歩き、走る。乳児はハイハイする。よちよち歩きする。建築空間の中で何が一番大事かというと床だ。人間は空中に止まることはできないから、床の上に存在する。だから床が最も大切な建築の要素だということができる。

日本の乳児の死亡率は世界で最低の水準だが、先進国の中で見ると事故は多い。そこから見ても床の安全性が重要である。床のやわらかさがこどもの行動に大きな影響を与える。

こどもの事故の多くは転倒だ。頭や顔を打ったりする。このときに床の硬度が高いと大きなダメージを与える。床の硬度には、〝G値〟という指標がある。コンクリートの床がG値150、体育館の木組の床が100〜110、畳の弾力性はだいたい55のやわらかさだ。

畳は、もともと古代の貴人たちの敷物としてつくられていた。それが13世紀頃から〝敷きまわし〟といって、高貴な人の室の床すべてに敷かれるようになってきた。畳はそもそも持ち運びのできるものだったのだ。厚さは3〜4㎝程度で、表面はイグサという草を編んでつくられた。

この畳表は数年に一度張り替えられる。畳は清潔でやわらかく、クッション性の高いマットといえる。かつて日本の家は床の素材のほとんどがこの畳だった。しかし、現在は板張りが多くなっている。板張りのすべすべ感は、小さなこどもにとっては必ずしも良いものではない。

平滑な板張りの床で飼われて骨折する室内犬が増えている。すべすべの床は、小さなこどもが自分の体重を保持するのが難しい。床の温度も重要である。温度の低い、冷たい床は夏には気持ちが良いが、冬には居心地が悪くなる。しかし、床暖房をすることで、小さなこどもにとっても過ごしやすくなり、

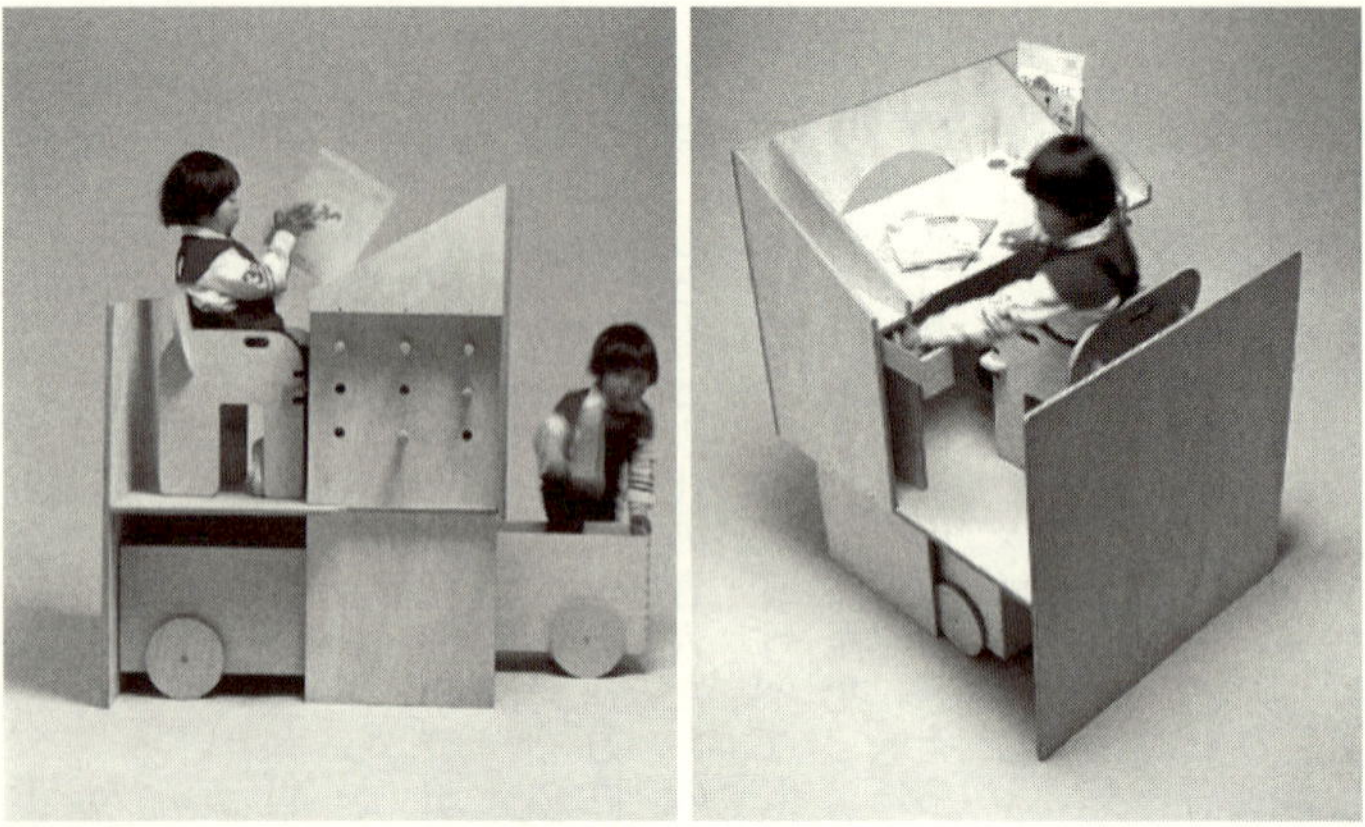

キシャコゾウ（デザイン：仙田満）

行動が活発になる。やわらかさ、清潔さ、適度な温度、そして弾力性などを備えた畳が小さなこどものために適した床材として見直されるべきだと考えている。

幼児のためのイス

建築家にとって、イスという存在はとても重要である。建築空間には、必ずイスがある。よくデザインされたイスはそれだけで空間が引き締まる。しかし歳をとると、イスのデザインよりも、座り心地が大切であることを体で知る。

孫がもうすぐ1歳となり、イスが必要になってきたので、40年以上前にデザインしたイスを持ち出して、座らせている。そのイスは筆者の息子が2歳の時に、筆者がデザインしたもので、小象の形に似ているので、〝コゾウ〟と名づけた。まだ孫には少し座が高く、足が床に届かない。

デザインした当時には、高さを3段階調節できるようにしたが、素材の木に強度をもたせるために少し重くなってしまった。その後、こどもが持って歩くことができるように、軽

ベーチェアー（デザイン：仙田満　製作：岡村製作所）

くて丈夫なものに改良していった。高さを調節できるようにするとイスの背に切り込みを入れなくてはいけないため、そこの強度が弱くなってしまう。そこでイスの高さを固定し、1歳用、3歳用、5歳用と高さの違う3つのイスとなった。今、孫が使っているのは、3歳用のイスである。

この〝コゾウ〟は手すりがついていて、座ると安定感がある。しかし、手すりがあると積み重ねることができない。この20年ぐらい、多くの保育園や幼稚園の設計に携わり、その中で、こどもが一緒に行動し、生活するためのイスが要望された。イスを積み重ねられるようにしないと保育室の使い勝手が悪くなる。そこでスタッキングという、積み重ねられるようにしたイスも開発した。アカンベーのベーに似ているので、〝ベーチェアー〟と名づけた。3歳以上のこどもが使うイスとして、多くの幼稚園で使っていただいている。この〝ベーチェアー〟も〝コゾウ〟同様、木製である。

かつてドイツの幼稚園を訪れたとき、大きなソファーが置かれていることに感心した。こどもにとって体が沈みそうな、ふわふわしたソファーは特別なイスである。こどもの心と体を解放してくれるのだ。

幼稚園は学校というより、家庭に近い空間だから、さまざまな形、硬さのイスが置かれる必要がある。イスはこどもにとってただ座るだけの場所でなく、その上に立てば高い場所だし、あるときは跳び箱、あるときはテーブルにもなる。一つのイスからさまざまな行動が広がっていく。いろいろなイスがあれば、自分のお気に入りのイスを選ぶこともできる。イスは小さな個性を発揮できる場でもある。小さなイスはある意味で、それを使うことで元気で創造的なこどもに育ってほしいと願う最初の家具かもしれない。

最近、恩師であり、建築評論家の川添登氏が愛用していたイスとテーブルを形見としていただいた。そのイスに座って、スケッチをしたり、文章を書いたりしていると、恩師が「仙田君、僕も若い頃、セツルメントの活動でこどもと遊んだんだよ。今でいうプレーリーダー。こどもと一緒に座ることは大切なんだ」とか「小川信子さんたちと児童施設の研究をしていたんだよ」とか「仙田君、デザインは研究と抑制が大切だよ」と話していたことを時々思い出す。

4階建ての校舎はこどもを閉じ込める

2000年頃、千葉県のある小学校の副校長先生から手紙をもらった。「創立50周年を機に校庭改善を行いたい」とのことだった。岩波新書の『子どもとあそび』を読んで、筆者に相談してくださった。それまで筆者は校庭改善の仕事をしたことはなかった。初めてのことはいつも楽しい。発見がある。「喜んでお手伝いしましょう」と返事をした。

東京工業大学の仙田研究室が中心となって、こどもがどのように校庭を使っているかをまず調査した。4、5、6年生にアンケート調査を行い、具体的に運動場や裏庭のどのようなところで遊んでいるのかを実際に追跡調査してみた。そしてその生徒たちに「もし校庭を改造するとしたら、どんな風に変えたら良いか」というアイディアを募集した。いわゆる生徒のワークショップである。

その時に、6年生の女の子が4階の教室の窓から校庭に向けた長い滑り台の絵を描いて、「こういうのをつくってくれませんか」と言う。これには本当に驚いた。その学校の校庭は2・5haと広く、都心の学校の倍くらいの大きさがある。裏庭や小山、林もある。あそびの環境としては比較的恵まれている。

しかし4階建ての校舎で、職員室は2階にあり、5、6年生は4階に教室がある。こどもとの会話でわかったことは、休み時間に教室から運動場に下りて遊び、時間になったらまた4階の教室まで上るのは移動だけで多くの時間を費やしてしまうから、大変だということだ。だからその女の子が教室の窓から長い滑り台を運動場に伸ばした絵を描いたのだと理解できた。

運動場にあそびに行くためには、近い階が良いことは誰でもわかる。その小学校が建てられた当時、その市の小学校は、市の中心部でも、比較的田園の多い場所でも、どこの立地でもすべて4階建てでつくっていたのだろう。こどもが少なくなってもまだ4階を教室にしているという。早速、副校長先生に「教室は3階以下にしたほうが良いのではないでしょうか」と提案した。こどもにとって高さはある種の行動のバリアである。4階にある教室は逃げ場がなくなってしまっているのだ。

かつて筆者の友人の、こどもの研究者仲間である放送大学の住田正樹教授と議論して「いじめは閉鎖空間のあそび」ではないかと仮説を立てた。4階にある教室はそういう意味では逃げ場のない、いじめが起こりやすい空間になっているのかもしれない。私たちは知らず知らずのうちに、こどもを逃げ場のない空間、孤立する空間に追いやっていないだろうか。4階の教室から運動場に伸びた滑り台の絵は、そのように追い詰められているこどもの叫びだったのかもしれない。

体力・運動能力と園舎・園庭の環境の関係

体育学の小林寛道《かんどう》・東大名誉教授によれば、3歳のこどもは1日に1万3000歩ぐらい歩かなければ

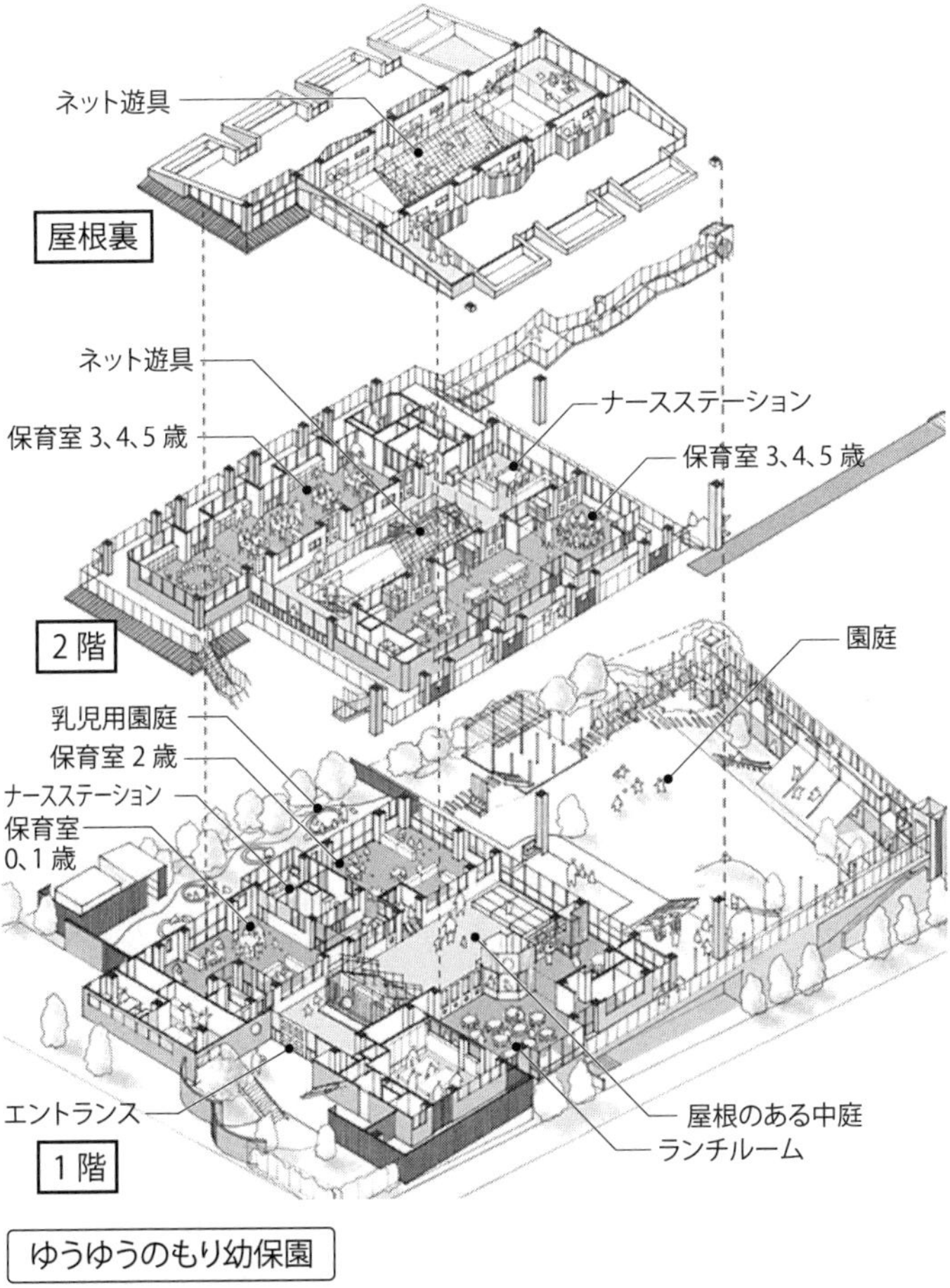

ゆうゆうのもり幼保園

我が国のこども園のさきがけとして、横浜につくられた。1階に0〜2歳、2階に3〜5歳の保育室、屋根のある中庭には、巨大ネット遊具、園の中央にナースステーションが配されている。3〜5歳のこどもたちは、2階の外回廊からアプローチするばいけないとのことである。近年、運動をしていないこどもも多い。

筆者の調査によれば、小さなこどもは歩くことと走ることが未分化であって、平均歩行速度は小学生に比べ、3歳児のほうが実は速い。こどもがいつも元気にあそんでいる状態というのは、体力・運動能力が磨かれ、開発されているということだといえる。そういう点でも幼稚園・保育園・こども園において、園舎や園庭の構造、構成、そして広さが十分であるかどうかはきわめて大きな問題である。

多くの幼稚園の場合、こども一人当たりの園庭面積の最低基準を3倍ほど上回っている。しかしながら、その空間的構成が、こどもが元気に走り回り、〝遊び回れる構造〟になっているかはきわめて重要な点である。

駆け回れる空間とは、隠れたり、もぐったりしながら一巡できる環境で、そのような集団あそびゲームが発生しやすい空間の構造を筆者は「遊環構造」と名づけている。

遊環構造をもつ園舎・園庭がこどもの体力・運動能力を向上させると考え、いくつかの園で実践している。横浜で設計した「ゆうゆうのもり幼保園」は平面的にも断面的にも遊環構造をもった園舎の構造で、しかも園舎と園庭の遊具が連係して、こどものあそびが途切れないように計画されている（前ページ図参照）。その最も大きな遊環装置（遊環構造をもつ仕掛け）は園舎内にある2階と屋根裏をつなぐ大きなネット遊具である。

千葉県四街道市にある「四街道さつき幼稚園」では、平屋建て既存園舎を残しながら、全体を遊環構造のある平面構成としている。こどもたちは毎日走り回ってその運動量は確実に増えていると園の方々から聞いている。「この園の卒園生は小学校の運動会でいつも活躍しているのですよ」と園長先生は言う。園の環境が、こどもの体力・運動能力を向上させるのだ。

中庭のある空間とナースステーション

幼稚園・保育園は病院に似ている。

かつて、フィレンツェにある世界最古の幼稚園を訪ねた。ルネッサンスの建築家ブルネッレスキが設計した孤児院である。アントニオ・マネッティの『ブルネッレスキ伝』によれば、彼は孤児院のアーケードの設計を依頼され、1419年から1426年に携わったとされている。そのアーケードにはこどもをテーマとした意匠が施されている。この建物は600年も経た現在も幼稚園として使われている。それは中庭をもつ回廊型の建物で、病院のようにも見えた。

当時は修道院を含めて、すべての建物がそのような中庭回廊型の建物の空間構成をもっていたのだろう。そしてこの形式はこどもにとって、いかにも心地よい空間を提供している。

30年以上も前に中国北京の幼稚園を見学したことがあるが、そこも中庭回廊型の空間様式をもっていた。そして、この北京の幼稚園は宿泊保育といって、月曜日から木曜日まで幼稚園でお泊りするというものであった。そんな幼稚園で育った中国の留学生に聞いたところ、こども心に「親と離れてとても寂しかった」と答えてくれた。

この中庭回廊型の空間形式はそもそも、ヨーロッパ、イスラム世界、中国と大陸に共通した、組積造の建築様式の原型なのかもしれない。

　小さな中庭のある空間は、幼稚園にしろ、住宅にしろ、病院にしろ、こどもの生活という面では共通点がある。中庭は、ある意味で廊空間と同様、内部空間と外部空間の中間的な空間なのだ。しかも中庭は廊空間よりも、より内部空間、すなわち屋根のない内部空間に見られる。

　逆に廊空間は屋根のある外部空間に近いといえるだろう。こどもの動きを考えると、中庭は屋根のない保育として安全で、こどものあそびが展開する空間だということができる。幼稚園が中庭をもつときは多くは平屋かせいぜい2階建て程度の園舎になるのだが、この時に建築家としては先生の場所をどこに設けるのかというのが重要である。

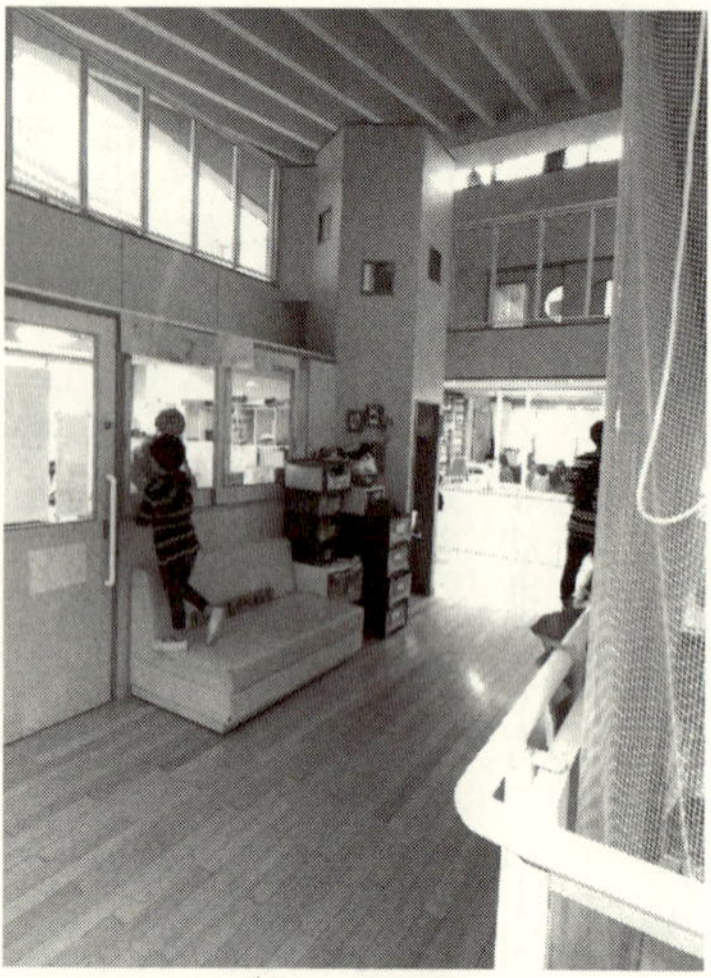
横浜・ゆうゆうのもり幼保園
室内のネット遊具、保育室と園庭を眺めることができる2階のナースステーション

　病院には病室があるが、病棟の中心はナースセンターやナースステーションである。幼稚園が学校ではなく病院のようなものと考えると、保育室に先生の場所を設けるのではなく、ナースステーションのように先生方のステーションを設けるというのも一つの方法である。

　筆者が設計した横浜の「ゆうゆうのもり幼保園」は、職員室という、どちらかというと閉鎖的な空間形式ではなく、ナースステーションのようなオープンな空間を設けた。この幼保園は屋根のある中庭があって、そこが幼保園のパブリックな場所なのだが、それに面した場所でかつ運動場を眺められる場所に職員室が設けられている。その隣には、遊具的な階段があって、2階の職員室は1階と3階をつないでいる。中庭という建物形式は古くからきわめて展開性にすぐれた形式だ。変化にも対応しやすい。アトリウムという言葉もまた、中庭型の建物形式の屋根のある中庭を指している。屋根のある中庭であるアトリウムを中心として保育室が連結され、そこに職員室が配されるという形式は、今後の新しい幼保園の建築形式として十分に展開される可能性をもっている。

3種類のこどもの居場所

幼稚園や保育園でのこどもの行動を見ていると、歩き回り、走り回っているときと、滞留しているときがあるが、こどもが長い時間とどまり、休み、あそぶ場所がある。それは、こどもの好きな場所であることが多い。

筆者が設計した保育園で、こどもの滞留する場所を観察調査してみると、「別所」、「高所」、「閉所」ともいうべき場所が、こどもが好んで滞留する場となっているようである。

こどもが滞留する具体的な位置を調べると、室内遊具、敷物のある床、机上、畳、高い床、高所をもつ遊具などが挙げられ、すなわち高い所で、こどもの視点が変わるところが一つの拠点として挙げられる。また、平面的であっても区画され、他の部分から差別化された、畳、マット、カーペットなど別所と呼ぶようなところも滞留が多い。そして、囲われて閉鎖的な場所、こどもが隠れることのできる場所、すなわち閉所的な場だ。

高所、別所は、多人数の幼児による同時的な滞留が発生し、閉所は少人数ながら長時間の滞留があった。高所、別所は人数の変動が大きく、幼児の入れ替わりの滞留があったが、閉所では同一幼児が占拠する場合が多かった。

規模について検討してみると、別所は6~7㎡、閉所は4㎡程度の広さが必要と思われた。ちなみに閉所は、全方位を閉鎖するのではなく、格子や隙間があるところが望ましい。

高所にこどもが乗ることを考える場合、崩れたり、落下したりすることを防ぎ、安全に配慮しなければならない。こどもは高いところが好きなのである。満足感を得られるのだろう。

また、こどもは隠れられる場所が好きだ。こどもだけが入ることのできる小さな場所、こどもが隠れている場所が大人からは少し見えづらいが、こどもからは全体を見渡すことができるような隅っこ、はじっことというような物陰。それはまるで景観地理学者アプルトンが「生物の生息地は相手からは見られず、こちらから見える場所」と指摘する場に似ている。

別所、高所、閉所という3つの場所が、幼児の好きな居場所といえる。そのようなコーナーが多くある空間を提案し、幼稚園、保育園、住宅の設計に応用している。

職員室は中央に

京都という伝統的な歴史都市に、〝4年制〟の新しい高校ができた。3年で卒業しなくてもいい、単位制の京都府立清明高等学校だ。筆者がこの設計を行った。切妻型の屋根をもち、町並みに配慮した高校で、その空間構成は先進的だ。

周囲の2階建ての住宅街に合わせて、高校なのに2階建て。京都の格子状の町並みに合わせて廊下も格子状に配されている。その中央2階に職員室がある。室というよりも廊下と一体となっているため、生徒たちが何気なく相談にきやすい。廊下から中が見える職員室だから、生徒も先生も互いが見られている。近づきやすさという点では抜群だ。校長室や事務室は1階に置いた。どちらかというと用事があるときにしか行かない感じである。

京都府立清明高等学校　町並みに配慮した切妻型の屋根

職員室に、3つの重要な空間を隣接させた。図書館、階段とホール、テラスである。図書館は生徒たちが集中して学ぶ場である。学校の中で一番気持ちよく本を読める場所とした。ここから階段・ホールが見える。

この階段・ホールは、1階と2階をつなぐ大きな階段状の広場だ。発表会や催事、そして記念撮影も行われる。この学校のシンボル的な空間となった。

そして、運動場越しに、京都の北の地域の山並み、愛宕《あたご》山を眺められるテラスがある。生徒がぼんやりしたり、本を読んだりすることができる憩いの場だ。職員室の周りにそのような集中したり、交流したり、憩えたりする空間があることが大切だと考えた。

高校は、素晴らしい先生と出会えたり、新しい友だちをつくれたりすることが最も楽しいし、校舎はその思い出をつくる背景であり、大切な舞台なのだ。職員室が中央にあるこの校舎が、先生と生徒の多くの良き出会いを生む場所になってくれることを心から願っている。

テラス型昇降口

校舎の4階に教室のあるこどもは、休み時間に運動場に出たがらないという調査結果から、学校は低層にすべきであると考え、岐阜県の多治見市立滝呂小学校改築にあたり、幼稚園のように教室ごとに上下足の履き替えができる玄関を設けた2階建ての校舎を提案したら採用された。

完成して、すでに5年が過ぎた頃、実際にこどもが休み時間に外あそびをしているか調査した。既存の中央昇降口を設けた同じ市内の小学校のこどもが休み時間にどのくらい外に出ているか、同じ方法で調査して比較するというものであった。

筆者の計画設計した小学校のほうが外あそびの頻度がずっと高いものになるだろうと予想していた。なぜならその小学校は南側に幅の広いテラスがあり、そして各教室に玄関を設けているからである。いわゆる中央昇降口がない。登下校時、こどもはそれぞれの教室へ直接登校し、下校していく。だから、すぐに運動場にも菜園にも行ける。

ところが調査してみると、筆者の予想はものの見事に外れた。その原因は校長先生の意識にあった。中央昇降口型の小学校の校長先生は「休み時間には外に出て遊びなさい」と強く指導していたが、筆者が設計した小学校の校長先生は強くは指導せず、こどもの自由にさせていた。

このことから、指導の力がこどもの行動に与える影響が大きいことがわかった。それは当然ともいえる。空間的な力が、教育的な力を上回ることはなかなか難しい。また、筆者が設計した小学校は、教室以外のオープンスペースなどの空間を、他の小学校と比べてとても豊かにつくっている。その内部の空間の豊かさも、意外とこどもを外に向かわせなかった理由かもしれない。

滝呂小学校　外部テラス

同じような条件、すなわち校長先生が休み時間は外に出なさいと強く指導しない2つの学校の比較であったならば、明確に差は出たのかもしれない。調査の仕方が問題だった。いつか再検討したい。しかし、中央昇降口型よりもこの小学校のほうが、こどもの成育環境として優れていると筆者は信じている。

階をつなぐこどもエレベーター

〝こどもエレベーター〟とは、こども用のエレベーターではない。こどものための〝昇降遊具〟を指し、さらに簡単にいえば、こどもが階段を使わず立体的な空間を上下する装置である。

このアイディアを考えついたのはずいぶんと昔の1968年。筆者が26歳で独立し、こどものための遊具のデザインをまだ仕事として頼まれもしないときにプロジェクトとして考えた。こどもは高いところまで移動するのに、あそびながら移動できる。大人は階段を使えばよいが、こどもにとって、自分で昇り、くぐり、同時に上下することができる立体遊具を考案したのである。そして、それを1970年に建築雑誌『都市住宅』に発表した。

こどもにとっての上下移動の装置としては、すべり棒やはしごがあった。筆者が設計した最初の保育園である「野中保育園」では、保育室の中のバルコニーから保育室の床にすべり棒でこどもがすっと滑り降りられるように設置していた。

筆者が『都市住宅』で発表した〝こどもエレベーター〟は、4、5階建ての住宅の階段の横に設置するものだった。同時に、歩道橋であそびながら道を渡れるようなブリッジ遊具も提案した。歩道橋のブリッジ遊具は2001年に石川県七尾市で実現させた。〝こどもエレベーター〟と名づけられた遊具が最初につくられたのは1980年の「秋田県立児童会館」である。回り階段の中央を、〝こどもエレベーター〟という遊具が1階から4階まで貫いている。その後、1985年の「浜松科学館」でも同様に設置し、その後も筆者の設計した児童施設で数多く試みられた。

ハイライトは1996年の「愛知県児童総合センター」の〝こどもエレベーター〟だ。ここでは合計6つの〝こどもエレベーター〟が設置された。筆者は上下のこどものあそび行動をとても重要と考えて

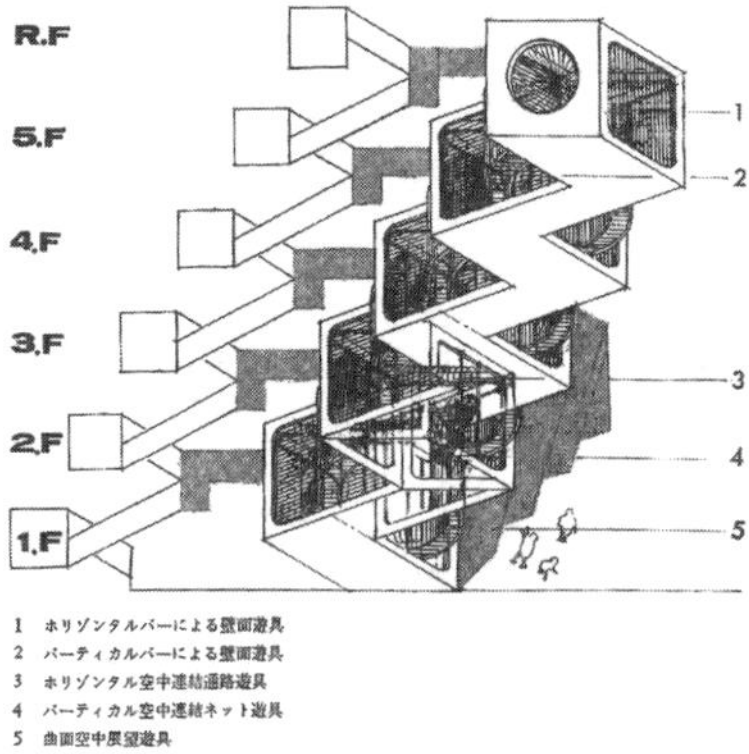

こどもエレベーターのスケッチ
(『都市住宅』1970)

秋田県立児童会館で実現した最初のこどもエレベーター(1980)

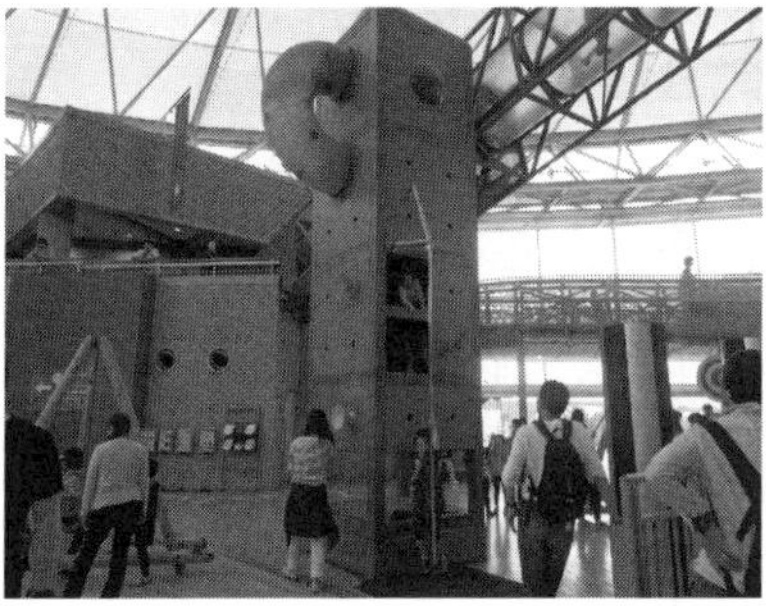

こどもエレベーター　愛知県児童総合センター(1996)

いる。その中間に絵本のコーナーを入れたり、カーペットを敷いてやわらかな空間を挿入したりと、ただの上下の空間だけでなく、多様性を取り入れたものとなっている。

　最近は保育園・幼稚園での展開も多く、木造の〝こどもエレベーター〟が増えている。さらにスポーツ施設に付属させ、お父さん、お母さんはフィットネスやスポーツの練習、小さなこどもは〝こどもエレベーター〟とネット遊具の複合空間で遊びながら、運動能力を高める体験をするコーナーを設置している。地域のプールやアリーナなど、

ホッパー型のネット遊具（スカイネット）

さまざまなスポーツ施設にも、そのようなこどもの運動遊具施設を提案している。これによってファミリーでの利用も大変多くなっていると報告されている。

バランス感覚を育むネット（網）遊具

筆者がネット遊具を初めてつくったのは１９６９年のこと。「宮城県中央児童館モデル児童遊園」の〝道の巨大遊具〟という遊具にもネット遊具をつくったが、その1年前、大阪の夕凪公園で、４本の円形の柱に支えられたホッパー型で、真ん中が低く、外に抜けられるようなネット遊具を設計した。

これはとても人気があった。１９７０年代に入って、スウェーデンに遊具の視察に行った際、ポリプレイ社という遊具メーカーから「ぜひデザインを売ってくれ」と申しこまれたが、それにより筆者自身がさらにおもしろいネット遊具がつくれなくなることを恐れて、お断りした。その後、数多くの場所でネット遊具をデザインし、つくってきた。

40年前のネット素材はクレモナで手にさわる感触はよいのだが、強度が低く、長持ちしないものだった。しかし、現在主流のビニロンネットは強度も耐久性もきわめて高い。ネット遊具のおもしろさは、やわらかさ、不安定性、そして体を包みこんでくれる点にある。体を投げ出しても許容される力である。ハンモックのように寝ることもできるし、車座になることもできる。

ネットの格子は7~10㎝なので、こどもはよく何かを落とす。そのため大きなネットの下に、さらに目の細かいネットを張って、小さな落とし物を拾える構造とした。生後数カ月の0歳児でも、首が据わっていればネットは登ることができる。ネットはしっかりとこどもの手でつかめるので、見ているほど危なくない。かなり安全な遊具といえる。そして、こどもの四肢の開発、バランス感覚の開発にはきわめて有効だ。

「ネット遊具であそぶ適正な人数はどのくらいですか」と問われることが多い。2㎡に1人の密度が良いのだが、1㎡に1人でももちろん利用できる。こどもにとって密度が高いことは必ずしもストレスにはならない。

教育業界では、筆者が設計した、横浜市にある「ゆうゆうのもり幼保園」の中央広場の吹き抜けのネットが有名だ。全面的にネット遊具を張って、2階の保育室と屋根裏部屋を結んでいる。雨の日には絶好のあそび場になる。ここのネット遊具は1階にはつながっていないが、下の階の乳児たちは年上の幼児たちのネットでの動きをうらやましそうに見ている。

2000年頃、いわき市の「ほうとく幼稚園」では、1階と2階をつないだホッパー型のネット遊具の変形を設計した。一種の〝昇り降り装置〟として現在も機能している。ネットは、そこであそぶこどもたちの動きが下から見える。逆に、上から下の様子も見える。下にいる小さなこどもが上のネットで

ゆうゆうのもり幼保園　ネット遊具

ほうとく幼稚園　ネット遊具

あそんでいる年長のこどもを見て、いつか自分があそんでみたいと思って憧れているのだ。そういう年長・年少のこどもの気持ちを促進する意味でも、ネット遊具は優れていると思われる。

多様化する幼児教育とその環境

幼児教育の方法が多様化している。英語、ダンス、音楽、水泳、サッカー、陶芸など、特色ある教育アイテムによる個性ある教育を目標にしているように見える。幼児教育が塾化しているとは、批判されているところでもある。そうなってしまった理由は、大きく2つあると考えられる。

一つは、少子化によって幼稚園経営が競争の時代に入ったことである。日本の特殊出生率は戦後どんどん下がり続けている。東京では、現在1・2をようやく確保しているに過ぎない。幼稚園が存続の危機にさらされているため、保護者に教育の特長を訴えていくことは、存続するためにはきわめて有効な手段である。

もう一つの理由は、才能教育の低年齢化である。才能は、早ければ早いほど鍛えられるという〝神話〟は、保護者を早期才能教育に向かわせている。

その考え方は間違っていないかもしれない。しかし、現在のような多様な幼児教育の方向は、こどもにとっては多様とはいえないと思える。小さなこどもにとって多様な環境とは、多様な体験ができる環境である。

第5章でも述べたように、8歳までに人間の脳は90％完成するといわれ、その頃までに多様な体験をしておくことが重要だといわれている。そういう点から見た場合、多くの時間を〝特殊教育〟に消費させることは、こどもの多様な個性を引き出し、伸ばすことになっているとは思えない。すなわち多様な体験を多様な幼児教育が奪ってしまっているのではないかと心配しているのだ。ただし、優れた指導者、優れた教育者に接することによって、こどもの才能や可能性が広がることはある。その点では、特殊な技術、技能をもった人たちとの触れ合いは幼児教育でもきわめて重要だと思う。

こどもは家をつくるということにとても興味を示す。昨今、こどものなりたい職業ランキングの10位以内に、建築士が入っていることは筆者にとってとても嬉しいことである。

木の香りの中で、木を削り、組み立て、柱をつくり、壁をつくり、床をつくるということはとても楽しく見えるのだろう。こどもにとって、自分で家をつくる、小屋を建てる、秘密基地をつくるということはとてもやってみたいことなのだ。こどもは土をいじっている時間も好きだ。種をまき、小さな芽が出て、それが育ち、そして実がついたらそれを食べてみたいと考える。

こどものあそびの中の重要な要素として、「まねる」ということがある。「まねる」は「学ぶ」に通ずる言葉であるが、大人の行為をまねすることによって学び、体験することは多い。

「キッザニア」という職業を体験するこどものテーマパークが人気であるが、その理由は、大人の仕事をまねられる環境を提供しているからだろう。小さなこどもであればあるほど、環境が重要なのだ。多様化する幼児教育の中で、英語もダンスもサッカーもいいのだが、一点だけにしないでほしい。小さなこどもには、自然の中でのあそびをはじめ、多様な体験をさせることが大切なのだから。

先生とこどもの空間関係

幼稚園ですごす時間が、先生とこどもの空間関係を決定してしまうことがある。先生の見守りの中で、先生が通れる範囲内で、こどもが自分だけで楽しめる場所があってよいのではないかと考えている。実際、筆者が設計する幼稚園は、先生はかがまなければならないが、こどもはすんなり進める狭いところ、天井の低いところを、いたるところに設けている。

こどもにとって探索できたり、冒険できたりする、こどもだけの場所が必要だ。そういう場所を見つけると、そこがお気に入りになったりする。お昼寝時間にわざわざ布団を運んでそこで寝たりする。そうすることがこどもにとってとても楽しいことなのである。

先生しか手が届かない、高いところというのも幼稚園では大事な場所だ。危ないところやドアの鍵は上の方にあって、先生しか使うことができない。

先生だってたまには一人になりたいときもある。静かに考え事をしたいこともあるかもしれない。それはこどもであっても同じだ。だから先生の室も必要だし、先生しか入れない室も必要だ。こどもと先生が一緒にあそぶところと、それぞれが自分を見つめるところが必要だ。

こどもでも大人でも、居心地のいい空間の大きさというのがあって、大人だと直径3m、小さなこどもでは直径1・5mの円というのがそのような空間ではないかと見ている。

こどもの行動は空間によって変わる。天井の高さ、幅、感触も大きく影響する。小さな空間ばかりでなく、大きな空間との組み合わせが重要だ。できれば周りに小さな空間があって、中央に大きな空間がある構成が良いと思われる。壁が透明か不透明か、穴が開いているかなどによってももちろんこどもの行為は異なる。

保育空間での「先生の空間」と「こどもの空間」の関係は、大きな空間と小さな空間の関係のように、大きな空間の周りに小さな空間が取り付いているのが良いと考えている。往々にして先生の空間ははじっこに設けられている例が多いが、たまには先生のコーナーを保育室の真ん中にもってきてみてはどうだろう。こどもの一日の生活はだいぶ変わるかもしれない。先生とこどもの空間関係がこどもの行動を刺激することになるはずだ。

集団あそびの空間構造

こどものあそびで重要なのは、集団あそび、自然あそび、創作あそびの3つだと筆者は考えている。あそびの原風景調査と称して、多くの方々からこども時代の思い出や体験が、現在どのように影響しているかをヒアリングした結果、こどものときに重要なあそびはこの3つのあそびに収斂《しゅうれん》された。

集団あそびは、第5章でも紹介した、1990年代に全世界で読まれたアメリカの作家ロバート・フルガムによる『人生にとって必要な知恵はすべて幼稚園の砂場で学んだ』という本のタイトルに、その意義が明確に示されている。

群れてあそぶことによって、こどもは人間関係を学んでいく。仲良くあそぶ、ケンカをしても仲直りをする、相手を認める、独占するのではなく分け与えるなど、人間社会の中での基本的な行動は、すべて幼稚園の砂場であそびながら学ぶのである。

自然あそびでは自然の中で生物と出会い、生命と出会い、生と死に出会う。自然にある美しさも気持ち悪さも感じ、自然の不思議さに戸惑う。

こどもにとって自然は採集のあそびが基本である。虫を採る、魚を捕まえる、タンポポを摘む、カブトムシを捕まえる、柿を食べる。すべてが採集から始まる。

ダンボール秘密基地あそび（日吉・プリンス幼稚園）

自然は危険も内包している。だからその自然の中での危険を知り、そして避ける術《すべ》を学ぶのは、年長のこどもからだ。こどもは自然あそびを通して、感性を磨く。感受性を高め、情緒性を育む。豊かな感情も自然との触れ合いによって育まれるのである。

もう一つの重要なあそびは創作あそびである。ものをつくる、絵を描く、物語をつくる、折り紙を折るなど、こどもがつくることのおもしろさを味わうこと、それをあそびとすることが重要だ。

アジトあそびも創作あそびの一つだ。砂場は創作あそびの場としても無限の可能性をもっている。この3つのあそびを通して、こどもは基本的な能力が開発され、身体性、社会性、感性、創造性を育んでいくと筆者は考えている。

そして、これら3つのあそびを支える人と空間がこどもには必要だ。あそび方を教えてくれる人、一緒にあそんでくれる仲間、そして、それらを可能とする材料と空間が必要である。自然あそびには自然が、そこには生物が豊富に存在していることが不可欠。創作あそびには材料としての砂場、積み木、紙、木、粘土、そして創造力を喚起する空間が必要である。

アトリエのような空間は、こどもの創作意欲を刺激する。集団あそびでもそれを喚起する空間がある。仲間でかくれんぼ、鬼ごっこをしたときの空間を思い出してみよう。ある人は適当な広場とその周りに隠れる場、木や電柱、小さな植え込み、階段等が配されている空間だったと思い出すだろう。

集団あそびのためには、どちらにしろ安全な広場が必要だ。それは道でも良い。そしてその周りに変化に富んだ小さなスペースが取り巻き、回遊でき、近道もできることが必要となる。

こどものあそびやすい「遊環構造」は、集団あそびを発生させやすい空間の構造である。こどもにとって集団あそびが発生しやすい空間が生活の身近なところに存在することがとても重要となる。幼稚園・保育園でも園庭・園舎を集団あそびの発生しやすい空間として見直すことが大事だ。

廊空間の重要性

幼稚園や保育園では、保育室と園庭を結ぶところにいわゆるテラスという空間が多く存在する。

港北幼稚園の廊空間

テラスで上下足の履き替えをするところも多い。日本のようにテラス状の出入口を持っている例は外国ではほとんどない。テラスは日本の幼稚園・保育園に特有なものといえるだろう。

もともと幼稚園・保育園は、学校というよりは家に近い存在であり、住宅的な空間要素で構成されている。そのため日本住宅の特徴である庇《ひさし》、縁、縁側、廊下、廊などと呼ぶ、内部空間と外部空間の中間的な領域である廊空間がテラスに継承されていると考えるべきだと思われる。そして日本ではヨーロッパや中国と異なり、上下足の履き替えの習慣があり、廊空間がその行為の場として成立しているのである。

園庭に向かって広々と広がる保育室、テラスの形態は日本独特のものといえるだろう。レンガや石を積み重ねて住まいをつくってきた伝統を持つヨーロッパや中国では開口部は小さく、外部に向かって開放的ではない。それに対し、木造文化の日本では柱梁構造によって開放的な空間をつくってきたのである。こどもの成育環境を明るく、開放的な空間構成としてつくってきた伝統を私たちは大切にしなければならない。

筆者の調査によれば、テラスと呼ぶ廊空間は幅３ｍあると、こどもの上下足の履き替えや通行だけでなく、滞留的なあそびが発生する。２ｍの幅では通行のみが多い。屋根のかかったテラス空間を3m以上の幅にすることにより、こどものあそび行動を一層豊かなものにすることができると思われる。

その際、庇の材料と高さの選択がきわめて重要である。幅3m以上の庇にすると、保育室そのものが暗くなる可能性が高い。したがって庇の高さを高くするか、庇の材料を半透明状のものにする必要がある。庇が高すぎると雨が吹き込みやすい。テラスの端で庇の高さの最低2分の1ぐらい出ているのが良いと考えている。

テラスなどの半外部的空間の平面形状は大切で、直線型にするだけでなく、回遊性のある形にすることによって、よりこどもの行動を活性化させることができる。園舎・園庭というこどもの生活空間の中で、テラスのような半外部的空間である廊空間をうまく計画することによって、魅力的な保育環境を形成することが良いと思われる。

優れた園環境はほとんど廊空間によって決まるといっても良いだろう。そのパターンは多様であるが、それを構成する幅、高さ、材料に大きく影響されることを理解する必要がある。廊空間は現存の園舎に付け加えるだけでも可能であり、廊空間を改変することによって新しい園舎イメージをつくることができる。大げさにいえば保育室よりも廊空間が重要なのだ。

絵本のスペース

こどもにとって学びの素材はさまざまだが、その中で絵本というものがもつ力は大変大きいと思われ

こばと幼稚園絵本館の絵本スペース

る。

日本語では「創造力」と「想像力」は発音が同じで、そこに共通した力があると考えている。こどもの「創造力」と「想像力」は絵本という素材によって大きくなる。

アメリカの小児医学会は「乳児においては、テレビなどとの接触時間を少なくすべきだ」という提言を出している。小さなこどものテレビからの情報摂取の早さが、こどもの「創造力」と「想像力」を蓄える能力を破壊してしまうと指摘しているのだ。

小さなこどもにとって、絵本というツールによる読み聞かせ、話しかける形の情報の応答こそが重要で、巨大なテレビ的情報にさらされることにより、こどもの多くの能力の成長の可能性がつぶされる危険性を警告していると思われる。

筆者はこどもの頃、絵本をなぞって写すことが大好きだった。それぞれの人に絵本の思い出はあるはずだ。絵本はこどもの頃の一つの原風景になっている。

幼稚園・保育園における絵本のスペースは、小学校や上級学校の図書館や情報スペースと同じ役割をもつといっても良い。しかし、幼稚園では読む、あるいは聞かせることがとても大事だ。だから、こどもの創造性を拡張し、拡大する空間が必要である。

体育館のような大きなスペースではなく、小さな絵本がつまった洞穴のような空間、やわらかく、温かい空間でなければならない。こどもはいろいろな場であそびたいように、いろいろな姿勢で本を楽しみたい。着席し、読むだけでなく、寝ながら、指でなぞりながら、こどもの夢がどんどん広がる空間が必要だ。

最近、筆者は幼稚園内に2つの絵本スペースをつくった。一つは園長先生がこどもの頃に2畳間で、おばあさんに絵本を読んでもらったという「思い出の空間のイメージ」を再現した。2畳の小さな畳の間を中心に、2つの広がりのある絵本の閲覧室とカーテンで仕切られた小さな読み聞かせのコーナーを設置。聖堂的な落ち着いた空間であるが、全体の床、壁、天井の内装を桐で仕上げ、やさしさと温かさをもつ絵本スペースが完成した。

もう一つは幼稚園の絵本の部屋ともいうべき小さなスペースであるが、カーペットと板貼りを使い分け、紙芝居もできるコーナーも。園の一つの特徴的なスペースとなった。

どちらのスペースもこどもの新しい学びと読み聞かせの場となり、先生やお母さんとこどものやさしい交流の機会をつくれたのではないかと思える。

園と地域

園が地域の子育てセンターの役割を果たすことが期待されている。

児童と住民が共同管理する秋津小学校の校庭

小学校と住民活動が一体化した学社融合型小学校が注目されている。千葉県の習志野市立秋津小学校は、その先進校として大きな実績をあげている。

空き教室が地域住民に利用、活用され、校庭も住民と小学生の共同制作の場となっている。ビオトープや動物舎、野菜園、花畑などでは、こどもと住民たちの共同管理が行われている。図書館での読み聞かせも行われており、さまざまな教育と住民活動がリンクしている。

そのようなこどもと住民、そして教師、保護者の関係が良好で親密になることによって、秋津小学校のこどもは、自尊感情やコミュニケーション能力を向上させていることが報告されている。

小学校だけではなく、園においても地域との連携をもっと積極的に進めていく必要がある。ドイツのフランクフルトなどでは、幼稚園と学童保育が一体となった活動が行われている。それによって多年齢のこどものつながりも生まれている。

幼稚園児の保護者の多くは、こどもを通してのコミュニティを形成する以外、コミュニティを形成するチャンスをなかなかもてない。そういう意味において、園が子育てや地域活動のセンターとしての役割を果たすことが、こどもの成育環境としてもきわめて望ましい形となると思われる。

利用できる空き教室や、あるいは保護者のための活動センターを設けている園も数多くあるが、それを地域に広げた形で園社融合型幼稚園、保育園、こども園ができるだけ多く構想され、実現されることが望ましい。

園児の保護者でない地域の方々においても、園児と関わりたい、園児のために働きたい、あるいは園で地域活動をしたいという人たちが潜在的に多くいる。今は、それが見えないだけなのだ。卒園生の保護者の方々を中心として、徐々に広げていくことは可能だ。

現在、こどもの成育環境の問題の多くは、保護者もこどもも孤立しているところに原因がある。こどもが多くの大人のまなざしを受けて成長していくことが、こどもの成育環境として最も重要であると思われる。

少子化の傾向はなかなか改善できない。こどもの数は少なくなる。一方、今後は小学生の学童保育の問題が大きくなると考えられる。こどもの行き場所がないことが危惧される。

これからの地域の発展はこどもにかかっていると言っても過言ではない。イタリアのレッジョ・エミリヤ市では、幼児の美術教育が市をあげての重要な政策になり、全世界的にも影響を与えている。自治体、地域がこどもの成育に対して、高い関心をもち、十分な予算をつけ、将来の地域発展の展望をもたねばならない。

園は、地域センターとしての活動を広げること、そして卒園生を含めた学童保育的活動に広げていくことがこれからの大きな課題と思われる。21世紀、これからの日本の園児が、笑顔で心身ともに豊かに育つ環境を地域の皆で、ぜひとも創っていってほしい。

園から出発する町散歩

近年、待機児童の増加によって、園庭のない保育園の新設が、公園などの代替施設がある場合には認可されるようになった。「園庭は広ければ広いほど良い。最低でも５０００㎡ぐらい欲しい」と主張している筆者としては、正直なところ認めたくない規制緩和である。

しかし、実際には園庭のない園でも、保育士の努力により、園児たちを連れ、頻繁に公園に出かけたりしている。そのような園児は、園庭のある園に通う園児と成長発達に差異はほとんど見られないという報告もある。

『まち保育のススメ』（萌文社、三輪律江・尾木まり編著）が、２０１7年5月に出版された。小さなこどもに「まちに出かけ、まちであそび、まちから学ぼう」と呼びかけた本だ。園児の散歩というプログラムを、公園にとどまらず、町に広げた活動が「まち保育」だ。

後で詳しく述べるが、「森のようちえん」も、園庭という限られた敷地から脱し、森に出かけるという活動だ。そもそもこどもは、いろいろなところに出かけていき、その中で刺激を受け、気づき、成長していく。小さなこどもが町を散歩することは町の人々にとっても刺激的だ。かわいらしい行列を見るだけで笑顔になる。お店の人も笑いかける、話しかける。

こどもの散歩はまちを明るくする。町の活気を生む。またこどもが元気よく散歩できるよう、安全な歩道の整備が必要だと気づかされる。安全に横断歩道を渡れるように協力する。段差や、急勾配等、つまずきそう、転びそう、滑りそうな危険なところも気になる。

ある保育園では、町の散歩での学習から、大規模なお店屋さんごっこをイベントとして企画し、町のお店屋さんたちも参加して大変盛り上がったという。自分たちでお店、カウンター、提供する飲み物、食べ物まで用意するのだからすごい。

小さなこどもにとって、自然の中からの学びだけでなく、町、社会からの学びも実はたくさんある。町からこどもが多くの学びを得られるように、こどもにやさしい町にしていく必要がある。それが町づくりにも大いに反映されるはずだ。

ずいぶん前から、幼稚園、保育園、小学校の先生方からの依頼で講演するときには、いつもこう言っている。「こどもの代わりに町づくりの発言をしてください。こどもによって町は変わるのです。こどもたちがあそびやすい町に変えていくのは先生方の言葉と行動です」と。

園における父親、母親の場所

筆者は長年、児童施設、特に児童館や児童センター、児童会館の設計を続けており、その主なターゲットは小学校中学年、高学年であった。

1992年、「富山県こどもみらい館」を設計したとき、学齢期のこどもはもちろん満足してくれたが、予想以上に多くの学齢以前のこどもをもつファミリーの利用があって、それに見合う空間的な手当てができていないと感じた。

その後、設計を担当した「愛知県児童総合センター」では、低年齢児を視野に入れて設計を行ったところ、公共交通機関がなく、有料であるにもかかわらず年間50万人という児童会館では破格の利用者があった。このことを見ても、学齢前のこどもが集う場所、特にお母さん方が集まり、学び、情報交換ができる場が必要だと感じ、子育て支援機能をもつ空間の必要性を多くの場で説いた。

筆者は近年、園はこどもの教育・保育の場であるばかりでなく、父親、母親の子育て教育、そして子育て活動の場としての機能をもたねばならないと考えている。

園において母親がもっと子育てを学ぶ場所が、あるいは母親同士が情報交換し、お互いに協力して園の活動にも積極的に参加できる空間が求められている。また「母親だけでなく、父親もこどもの保育、教育に積極的に関わらねばならない」と言っていたところ、お父さん方の会である「おやじの会」をつくり、園の環境整備に成功しているいくつかの園を見る機会があった。

父親は、遊具や小屋をつくるというような工作、大工仕事のような形で参加する傾向が強く、園が作業場をもつことが父親たちの参加を刺激する場合もあると感じた。幼稚園・保育園では保護者の積極的な園の運営への参加が必要だ。

父親はどちらかというと施設・環境づくりというハードな支援、母親はイベントなどのソフトな支援というところが多い。それを可能にするためには、園の中に作業場や集会室が必要である。そこに新しいネットワークを生み出すこともできる。園では常に新しい環境が形成され、開発されていくことが求められる。場や空間をつくることの喜びをこどもと共有する必要があるのだ。

外国の博物館や劇場では、さまざまなディスプレイや装置の設置作業を外部の専門業者に頼まず、自分たちの制作部門が担当している。だから、その館独自の演出が可能なのだ。

筆者は常々、公共施設はその空間利用を改変できるような作業場（ワークスペース）をもつことが必要だと訴えてきた。本来的に園や小学校では、保護者や地域の人がこどもと一緒に環境をつくり変えられるよう、作業場、倉庫があることが望ましい。材料として使える廃材が、建て直しの現場でいくらでもある。それらを利用すればよい。必要なのは材料と人であり、そこで活動が生み出される。

園は、こどもにとって多様な生活体験の場でなければならないが、こどもは自分たちの空間を自分たちでつくることを、多くの大人の活動を通して学ぶことができる。そのためにも父親、母親が参加できる空間が不可欠である。

少子化傾向で園児が少なくなった園で、余った教室や空間をそのような保護者、地域の人たちの居場所にすることは、こどもの成長にとっても、大人の子育て支援のためにも有効なことであるはずだ。

こどもにとってのトイレ

古い友人で、小学校のトイレの設計ばかりを引き受けている、小林純子さんという建築家がいる。また、松永はつ子さんは、トイレに壁画を描いているデザイナーだ。建築家にとっても、デザイナーにと

おおわだ保育園のトイレ（アクトウェア研究所 HP）

っても、こどものトイレという空間には、創造性を発揮する大きな可能性があると思われる。

園、小学校のトイレ空間は、健康だけでなく、コミュニティスペースという点からも考えるべきだ。ＮＰＯ法人日本トイレ研究所が２０１７年３月に、全国47都道府県の小学生４７７７名の保護者を対象とした、「小学生の排便と生活習慣に関する調査」を実施したところ、「学校で排便をほとんどしない、全くしない」こどもが51・３％にのぼったという。

学校で排便しづらいと答えた理由の第1位は「友だちに知られたくないから」で57％、「友だちにからかわれるから」が34・９％となっている。そのため小学生の6人に1人が便秘状態で、そうでないこどもに比べ、睡眠時間が短く、朝食を食べない、運動時間が短い傾向にあると報告されている。排便そのものをタブーにしないことは教育現場として必要なことだが、多くの小学校のトイレがまだまだ〝汚い〟〝くさい〟という場であることも原因である。

水洗便所になっているため、本来、それほどにおいの問題はないはずだが、それでも古い園や学校に行くと、美しくないトイレ、特別なにおいのするトイレが少なくない。トイレはどこよりも美しい空間である必要がある。

かつて、ある地方の統合中学校の設計を依頼され、生徒に集まってもらってワークショップをひらいた際、「トイレと更衣室が近いといい。トイレはおしゃべりの場だ」という発言を聞いて、すんなり納得してしまった。中学生にとってトイレは、生理的な欲求を処理する場所だけでなく、コミュニケーションの場でもあるのだ。

トイレの空間をもっとリッチにして、ラウンジ的な機能をつけたりすることも大切だ。2006年に、こども環境学会のデザイン賞を受賞した「おおわだ保育園」（大阪府門真《かどま》市）のトイレは、一切のドアがなく、まるであそび場のようだ。こんなトイレだったら、こどもは行くこと自体が楽しくなる。トイレに行くことをタブーとしないようにすることは当然のことで、〝トイレに行きたい〟と思うようなトイレをつくることが重要なのである。

第11章　こどもと自然

森の学校を

科学者、芸術家をはじめ、多くの創造者たちは自然豊かな場所をそのこども時代の原風景としている。原風景という言葉を文学において最初に取り上げたのは、奥野健男氏であるが、文学者とそのこども時代との関係性に焦点をあてた評論はきわめて大きな影響をこども研究の場にも与えた。

今、日本では、こどもの理数系離れ、科学離れが危惧されている。物づくりを得意としてきた日本にとって、その人材が将来枯渇してしまうのではないかという話である。それはもちろん教育の問題でもあるのだが、小中学校で理科の時間を増やすという形では解決しないと筆者は考えている。

一番の問題は、こどもが自然を体験しなくなったことなのだ。そのことによって、理科や数学や歴史を学ぶきっかけを失っているのである。

こども時代、自然の不思議さ、自然の変化、自然の美しさに感動したことにより、知的、美的好奇心をかきたてられたこどもが科学者を目指したのである。しかし今、こどもは生の自然を身近に体験できないでいる。知的好奇心を育てる機会を失っている。

アメリカのイディス・コップは『イマジネーションの生態学――子供時代における自然との詩的共感』（思索社、1986年）という著書の中で、「創造力豊かな人々の創造性やイマジネーションはほぼすべての場合、幼い頃の自然体験に根ざしている」と結論づけている。現代日本では、都市から自然が失われ、こどもが自然から学ぶべきだった多くの機会を喪失している。

都市ばかりではない。田舎のこどもの多くも「川に行ってはいけません」「山に行ってはいけません」と自然でのあそびを禁止されている。危ないからだ。自然は確かに危険もある。おぼれる、木から落ちる、毒ヘビもいる。かぶれる、刺される、崖から落ちる等々、リスクが沢山ある。

しかし、かつては年長から年少にこどものあそび集団によってそのリスクを回避する方法が伝えられてきた。今、こどものあそび集団の解体によって、田舎のこどもも自然が身近にあってもあそべない。そういう意味では日本の至るところで自然に触れる機会が失われている。

こどもにとって、自宅の次に身近な場所は学校だろう。日本の校庭はこれまで体力を向上するための運動場としてつくられてきた。運動場という機能も重要だが、校庭を運動だけでなく自然体験の場にしていく必要がある。

校舎の周辺は特に厚い緑のゾーン、林や農地として作り変える必要がある。それは地球環境的にも強い日差しや熱を防ぎ、ヒートアイランド化の緩和にも機能する。創造的なこどものためにも、こどもにやさしい町づくりのために学校を森の学校につくり直し、身近な自然体験の場とすることを提案したい。

山に登る

「園庭には山が必要だ」と、筆者は常日頃から主張している。高さ1・5mほどの小山でも小さなこどもにとっては大きな山だ。できれば高さ3mぐらい、直径10mぐらいの山が園庭にドンとあるといい。山があると足腰が鍛えられる。運動が活発になる。山は高さにより位置エネルギーが異なるから、下る際に加速がつく。少々、危険を伴うが、土の山がいい。遊び込めば込むほどすり減り、山の高さも削られていき、年々低くなったりする。高さが変わるところもおもしろい。

大学時代、ワンダーフォーゲルをやっていた。ワンダーフォーゲルといっても、もっぱら山歩きである。こどもの頃から近くの山や防空壕であそんだ経験が思い出として大きい。筆者は、こどもの頃やせっぽちで、あそびも下手で、走りも遅く、運動会ではいつもビリ。中学生の時の運動会での三段跳びは砂場まで届かなかった。

体力はなかったが、ただ山を歩くのは好きだった。しかしワンダーフォーゲルでは時々バテてしまい、先輩によく迷惑をかけた。そんな時、よき先輩が山の歩き方を教えてくれた。

それは山歩きのエネルギーの3分割である。「3分の1のエネルギーは山を登るのに使いなさい。3分の1は周りの景色や植物等を観察するのに使いなさい。そして3分の1は残しておきなさい」。山は天候が変わりやすい。急に雪が降ることもある。だからその変化に対応するエネルギーを残すことが生き延びるために必要だと教えてもらった。とても重要な人生の生き方の基本を学んだような気がする。

保育園、幼稚園の小さな山は、それほど急激な変化に見舞われることはないが、登ったときの征服感は味わえる。視点がずっと高くなって、大きな広がりを感じられる。登るときよりも、降りるときのほうがこわいこと、滑ること、転がることに気をつけなくてはならないこと、雨や雪が降ったときには、またとてもおもしろい場所に変化することに気づく。青年になって山に登ることで学ぶこととは異なる、小さなこどもの時に山で学ぶことは多い。困難を乗り越える人として成長するためには、こどもが遊ぶ園庭に山が必要だ。少年、青年の時代には山歩き、ワンダーフォーゲルを薦めたい。

生物と遊ぶ

自然あそびの重要性は、いくら繰り返しても言い過ぎることはない。自然が他のあそび空間要素と決定的に異なるのは生物がいるということである。筆者は第4章ですでに述べたが、こどもに必要な6つの原空間というものを主張している。自然スペース、道スペース、オープンスペース、アナーキースペース、アジトスペース、遊具のスペースである。この6つのあそびの原空間でも、生物と出会えるのは自然スペースしかない。自然あそびの基本は〝採集のあそび〟だ。

かつて外国人の大学教授にこの話をしたところ、「基本的に虫や花は採るべきではない、そこに存在することを楽しむべきだ」と叱られた。しかし、日本はモンスーン気候の地域デザイン、生物の生命力が高い。小さなこどもがあそびで虫をつかまえるぐらいは許してほしいと考えている。

植物にしろ、動物にしろ、そこに四季の変化、生命の輝きがあることが重要である。その変化、美しさ、やさしさに触れることによって、多くの気づき、安らぎ、愛を獲得していく。筆者もこどもの頃、決して農家ではなく普通の町屋だったが、小さな自宅の庭に、にわとり、うさぎ、ネコ、ハトを飼っていた。園や学校という空間の中で、飼育という形であっても生物と触れ合うことは大事だ。ヨーロッパでは、馬や牛という大型家畜もふれあいの対象として、地域のこども農園等で飼われているのを見ることができる。

筆者が園舎とその環境デザインを担当した相模原市にある大野村いつき保育園だ。そこでは、こどもが集めたヘビやセミが脱皮した抜け殻を見せてくれる。

大野村いつきの保育園　森の中の保育園

生物と触れ合うことによって、感受性や情緒性が開発される。自然に棲息している生物を発見する。虫の声、鳴き声に耳を澄ます。時に刺されたり、かぶれたりすることもある。柿やイチジクを採って食べた思い出は大人になっても忘れない。五感のすべてを磨くことができるのは、自然あそびだけだと思われる。

秋、土を掘って落ち葉を入れ、そこに潜り込んで暖かかったことも、春、下校途中の満開の桜の木に登ったこともいい思い出だ。自然は悲しいこと、うれしいこと、楽しいこと、多くの思い出を与えてくれる。

森の幼稚園

ドイツ発祥の「森の幼稚園」が日本では有名であるが、もともとはデンマークで始められたといわれている。ドイツの「森の幼稚園」も、デンマークの「森の幼稚園」を紹介した論文「或《あ》るドアも壁もない幼稚園」に刺激され1991年に設立されたというから、歴史はそれほど古くない。25年ぐらいの歴史だ。

ドイツの社団法人「ドイツの自然と森の幼稚園連盟」のデータによれば、ドイツの「森の幼稚園」は2018年現在1500園を超えているといわれている。日本では2005年から毎年「森のようちえん全国交流フォーラム」が開催されている。2008年11月には、「森のようちえん全国ネットワーク」が設立され、2017年12月現在、そのネットワークに加盟しているのは202園である。

ドイツでも固定した建物をもたず、森で半日保育を行うタイプと、午前中は森や自然の中であそび、午後は従来の幼稚園と同様、建物の中で保育を行う形式がある。

森の中の広場に保護者がこどもを送り、広場で朝の会を行い、輪になってあそぶ。その後、リュックを背負い、森の中へ散歩と探索。一日当たり1～2㎞移動する。

どんぐり、樹皮、虫を発見する。脱皮の抜け殻、木っ片、石、花、こけ、卵、実などを拾い、集め、それらを飾り、あそぶ。こどもの探索力を発揮し、さまざまなあそびを展開していく。

木の枝でトンネルをつくったり、洞穴を体験したり、大きな岩に登ったり、そして樹林の中の小さな森の円形劇場でお話の時間が始まる。こどもが小人になって、木の舞台で演じたりする。筆者が知る軽井沢にある「森のようちえん　ぴっぴ」でも、同じようなスケジュールで行われていて、こどものたくましさに驚く。

森の幼稚園は、こどもの自然体験を通じた「全体的な教育」が目標とされている。小さなこどもから学童まで、自然の中で日常的な時間を過ごすことはとても重要だ。自然での変化、多様性をこどもの時に感じることによって、こどもにとって想像的で、創造的なあそびと学習ができるからである。

清里聖ヨハネ保育園

全く建物のない森の幼稚園も素晴らしいが、参加するこどもの体力も問われる。多くのこどもが参加できるにはどちらかといえば基地がある森の幼稚園としての園舎があり、森へいつも探索していく形が望ましいのではないかと考えている。そういう意味では八ヶ岳山麓の「清里聖ヨハネ保育園」では、すぐれた自然学習、自然あそびの保育がなされているように思える。何といっても２００ｈａという広大な自然が園庭となっている。

都市においても、大きな総合公園や、近隣公園、緑地の周りに幼稚園、保育園、こども園を隣接して配置する、あるいは公園の中に建設するという形で、小さなこどもが日常的に自然に接する形を推進すべきである。

第4部　こどもの体験と環境

第12章　こどものための思い出づくり

旅行、祭り

こども時代の旅行や、祭りの時の心の高まりは、非日常的な体験、こどもの頃の原風景として、大人になっても楽しい記憶として残っている。そのような心に残る体験は、こどもの成長の過程での重要な体験に位置づけられる。

日本の家族旅行の回数は、比較的少ない。フランス、韓国と比較すると、就学前、小学生、中学生、高校生とも半分（5割）ほどだ。フランスでは、こどもの年齢にかかわらず、家族旅行の回数が多く、習慣として国民生活に根付いている（日本では平均で1年に1回、韓国は2回、フランスは2回以上）。

また、近年の日本の傾向を見ると、1年間に一回も旅行に行かない割合は28％で、この5年間にさらに15％増加しており、旅行実施率が低下している。

こども時代に、家族旅行を体験した親は、家族旅行をより多く実施する傾向がある。そういう点でも、もっとその実施を高めていく必要がある。具体的にいえば、こどもの公共交通機関の利用料を無料とするなど、家族旅行の費用を少なくするための施策的サポートが必要である。

また、地域コミュニティの縮小によって、伝統的な地域の祭りは近年少なくなり、参加者も減っている。一方、町おこしの一環として、都市的、地域的イベントが新しく行われているところも見られる。祭りが行われる地域では、約7割の地元民が参加している。その参加の形態は観客が最も多い。そして誰と楽しむかという問いでは、配偶者、こどもというように、家族がほとんどで、みこしや踊りに参加する人は11％程度であると報告されている。

もっと新たな祭りの創出や伝統的な祭りの復活も考えるべきではないだろうか。こどもが成長過程で人々との交流、祭りを体験する必要があると思う。これらのこども時代の体験は、感情の高まり、驚きを経験し、協同するというとても大切なものである。

現代は時間がフラット化し、季節の変化に応じた節句やお参り、祭りや神仏への祈りという体験が全体に薄れている。しかし、こどもの成長にとって、これらの体験の時間はきわめて重要と言わざるを得ない。こどもの時間をもっと豊かなものにするためにも、地域の祭りへの積極的な関わりが求められていると思われる。

家庭、保育園、幼稚園、学校などで、そのような季節ごとの行事の大切さを見直さなければならない。それがこどもの生活にメリハリをつけていく。こどもと大人がそのような楽しい、非日常的な体験を共有することが重要なのだ。家族旅行も、多くの人と出会う楽しさを感じるために公共交通機関の利用を推奨すべきである。小旅行でもいい、歩き回ることを推奨する。歩くことによって多くの学習が図られるからだ。公共交通機関からの景色、景観という視点も重要だ。鉄道や道路沿いの景観をもっと演出する都市デザインがなされる必要がある。

こどものための小さな遊園地

東京ディズニーランドは１９８３年に千葉県浦安市につくられ、その後２００１年に東京ディズニーシーがオープン。面積は、ランドが51ha、シーが49ha、合計１００ha、年間来園者数はランド、シーを合わせて３１３７万７０００人（２０１４年）という巨大な遊園地に成長した。

その集客力は本場のアメリカをしのぎ、他のアジア諸国からも多くの観光客を呼び込んでいる。ディズニーはアメリカのハリウッド映画産業と手を組み、巨大なこども向けの産業として、世界中にそのコンテンツを販売している。我が国の手塚治虫のキャラクターも決してディズニーに負けていないと思われるが、そのエンターテインメントのビジネス化というところでは、大きな差があることは否めない。

日本には戦後、数多くのテーマパークがつくられたが、東京周辺のテーマパークはディズニーランドの進出の影響を受け、かなりの数が閉園に追い込まれた。大阪でもアメリカ資本のユニバーサル・スタジオ・ジャパンがオープンしたことによって、エキスポランドなど、従来からあった遊園地はほぼ閉園してしまった。

遊園地は毎日出かける場所ではないが、こども時代に何度か訪れ、その夢とめまいの世界を楽しんだ経験を誰もがもっている。こどもの頃の体験としての遊園地と旅行は、こども時代の記憶としてしっかりと刻まれる。そういう意味では、筆者は遊園地はきわめて重要だと考える。

後述するが、我が国においてもディズニーランドに対抗する小さくてもユニークな遊園地がいくつかあり、それらは東南アジア等にも輸出されている。我が国は手塚マンガのように、マンガ・アニメの伝統と技術があり、それらがこども時代のあそびの重要なキーワードとなっている。そういう意味で、童話やこどものためのグッズを含めた特別な場所の開発がなされ、こどもにその体験の幅を拡大していく遊園地が創造されることを期待したい。

現在、日本で人気のある小さな遊園地は、共通してそのメインの年齢層をしぼって、大きさもコンパクトで、高い満足度を与えているところがおもしろい。遊園地における日本らしさが発揮されている。

キッザニアからキャリアパークへ

第6章で紹介したが、ロジェ・カイヨワはあそび論の中で、あそびには4つの要素があると言っている。競争、賭け、模倣、めまいである。この模倣という要素を遊園地化したものがキッザニアである。カイヨワは、ごっこあそびは芝居や映画という形の娯楽や芸術に昇華すると位置づけたが、キッザニアは遊園地化をして成功した新しい型といえる。

１９９９年にメキシコに最初のキッザニアがオープンし、それを見た日本の会社が日本への導入を図り、豊洲での都市開発に組み入れて２００６年にオープンした。アーバンドックららぽーと豊洲にあり、延床面積は約６０００㎡、投資は50億円、年間利用者数は約80万人と発表されている。施設のすべてが実際の３分の２のスケールでつくられている。仕事体験は３〜15歳のこどもに限られる。

「キッゾ」というキッザニアだけの通貨があり、仕事体験が終わったあと給料として支払われる。大人は連れて来たこどもの同伴のみが可能である。予約利用と当日利用が設けられ、事業的にもきわめて成功している。国内第2号施設は西宮のららぽーと甲子園内にあるキッザニア甲子園。2009年にオープンした。バンコクやシンガポールには日本で開発したノウハウが輸出されているという。

ここでの職業体験アイテムは約100種類ある。パン職人は大手ベーカリー（DONQ）がスポンサーとなり、実際の職人がパン作りを教える等、運営に携わっている。そのようなスポンサーシップにこの事業が成功しているカギがある。企業の宣伝、広報の場であると同時に、将来の顧客になりうる人へのサービスでもあり、またこどもの職業選択の一助という社会貢献の意味もある。

こどもがごっこあそびを社会的活動として学ぶ場としている点では、ドイツのミニ・ミュンヘンが有名である。

ミニ・ミュンヘンはこどものイベント的、自立的活動、キッザニアは通常的、教育的で商業的という違いはあるが、こどもが社会的活動や職業を体験するというところは共通している。建築家、教師、医者、弁護士、政治家等の職能団体が人を出し、できればキャリアパークのように、有料でも低額でこどもが楽しみながら職業を体験できたら良い。ごっこあそびをより社会的活動に広げるシステムや機会を与えよう。

アンパンマンこどもミュージアム

「アンパンマンこどもミュージアム」は、やなせたかしさんの漫画『それいけ！アンパンマン』をテーマとし０～３歳のこどもとそのファミリーを対象とした小さなテーマパークだ。横浜みなとみらい21に開業した、当該施設の建物は、UR都市機構横浜中央都市整備事務所として使用されていた「ブルーマリーナMM21」（１９９６年６月竣工）を改装利用している。

日本テレビが、アンパンマンの番組を放送、イベントを行って人気を確かめ、アンパンマンこどもミュージアムを始めたという。最初に開業した横浜では当初、22者によって組成された有限責任事業組合（LLP）が運営していたところが新しい。対象を乳児と低年齢の幼児にしぼった施設であることもユニークである。

横浜アンパンマンこどもミュージアム　０～３歳児を中心とした小さなテーマパーク

目標としたのは、アメリカのチルドレンズ・ミュージアムだそうだが、チルドレンズ・ミュージアムのメインターゲットはもう少し年齢が高く、科学博物館的な色彩が強い。そういう意味で、ここは低年齢のこどもを対象にしたお話、舞台、小さな滑り台などの体験、そしてお食事というようにきわめてフレンドリーかつファミリアで、小さなこどもとそのファミリーのための都市というような雰囲気である。小さなこどもをもつお父さん、お母さん方が集まる場所として人気が高く、事業的にも成功し、現在では、名古屋、仙台、神戸、福岡に展開されている。

この領域は、保護者への対応がきわめて重要である。そういう点では公共と民間が共同して子育て支援的な活動、医療施設などを含めて、同じようなファミリーの交流の場となったり、子育て支援を受けられたりするような総合的な園地として成立する可能性が十分にあることを示している。

確かに公共が加わると有料という点が問題になるが、大人は500円以下で、こどもは無料というような形であれば、公共と民間が連携して0・5〜1haの狭い敷地でも事業として十分に成り立つ施設が可能であると思える。

こどもの成長を支援する企業を集めながら、若い家族たちを支援する施設を公民共同で開発する取り組みに、他の行政も挑戦すべきだ。

サンリオピューロランドと三鷹の森ジブリ美術館

「サンリオピューロランド」は1990年12月、東京都多摩市に開園した室内型、劇場型遊園地である。サンリオはキャラクターにより世界的に有名になったブランドだ。それを徹底した演出がおもしろい。「宝塚歌劇団」に類するものが海外になく、日本にしかないところと共通している。

2001年10月に開館した「三鷹の森ジブリ美術館」（正式名称：三鷹市立アニメーション美術館）は、宮崎駿氏のアニメーションの世界を美術館とした施設である。映画を遊園地に応用した例は、ディズニーが先行し、成功しているが、延床面積3500㎡という比較的小さな建築的世界に凝縮し、何よりも映像的世界を固定化、建築化したところがユニークだ。

井の頭公園西園内に建てられ、公園と一体化した環境構成も優れている。建設はジブリが行い、それを三鷹市に寄附した公共美術館とし、指定管理者として公益財団法人徳間記念アニメーション文化財団（理事長・宮崎駿）が運営を行っている。この形式は民間の美術館、博物館のつくり方、運営の仕方に影響を与えた。入場は原則事前予約制というスタイルも新しい。

ジブリ美術館　こどもの心をもつ大人までを対象とした小さなテーマパーク

ピューロランドも、ジブリ美術館も、それほど大きな施設ではないが、それぞれ毎年約180万人、60万人と多数の入場者を得ている。コンパクトな運営をしているところが、日本的ともいえる。

他の地域に展開せず、「ここにしかない」というものをしっかりとつくり、環境形成していく手法、きめ細やかなサービスという点でもすぐれている。スターバックスのように一つのすぐれた形式を全世界に広げていく手法の対極にある。地域に限定されるこども施設、ある意味で聖地的なこども施設という点がおもしろく、多くのこどもにとって、良い思い出の場所となるであろう。

第13章　こどもを育むコミュニティづくり

建築家の役割

１９８０年頃から「日本の最大の環境問題はこどものあそび環境の劣化だ」と筆者は言い続けてきた。あそびの空間も、時間も、集団も小さくなり、あそび方法はテレビやテレビゲームが主体となり、外あそびの方法を知らない。そもそも、こどもが自分で自分の環境をつくる力が減少しているのではないかと心配している。

21世紀の我が国は、今のこどもがつくり上げる。こどもに空間をつくる力がなくなってしまったら、都市も建築も美しく安全で快適な環境であり続けられない。東京を含め、現在の日本の大都市はこどもの視点からつくられていない。これは建築家の責任でもある。建築家はそれぞれの地域で、こどもと一緒にこどものための空間づくりに尽力せねばならない。

筆者の心配を払拭するような希望もある。ひとつは幼稚園、保育園で「おやじの会」と呼ばれる組織の大人たちがこどものための環境整備に参加している例が最近多く見られることである。自分の時間を割くことに躊躇《ちゅうちょ》しない。これは明るい兆しだと思っている。

小学校教育の中でも、美術の先生を中心にこどもの空間形成能力向上への試みがなされている。当時品川区立第三日野小学校教諭の内野務氏が行った、使用済みの選挙用ポスター掲示板を再利用して、生徒が校庭に木造のアジトをつくる「カーペンターズ」というプロジェクト授業はとてもユニークだった。それはテレビで紹介され映画にもなった。20年ほど前に内野氏の活動を実際に見学し、感激した。図工の時間でこれだけのことが可能になるのだと驚いた。こどもが活き活きと自分たちの空間づくりに挑戦している。こどもが自分の空間をただ与えられるだけではいけない。自分たちでつくる力をもつことの大切さを証明する取組だった。

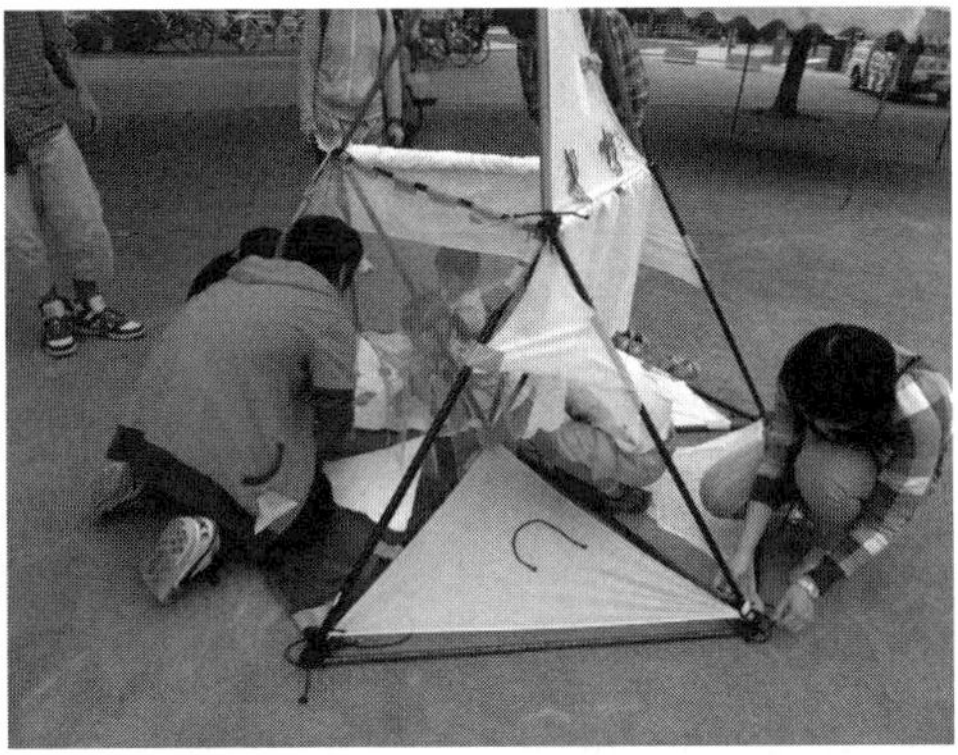

日本建築学会　楽々建築・楽々都市　http://kodomo.aij.or.jp/

　こどもと建築家グループによる空間づくりワークショップの活動も１９９０年頃から行われている。建築家は、家をつくる技術、設計から具体的な工法までを身につけた大人だ。もともと手を動かし、材料を触り、加工し、組み合わせ、力仕事をすることが好きな人たちなのだ。筆者も勉強はそれほどでもなかったが、工作は得意だった。大工さんを尊敬していた。こどもと建築家のワークショップはこどもに空間をつくる力を伝える意味でとても有意義なことだと思われる。

　このワークショップを通して、こどもが建築や都市づくりに興味をもってくれれば素晴らしいと思う。そうでなくても自分の空間を、自分でつくることの楽しさを味わってくれるだけでもいい。建築家は都市という大きな領域の中で、こどもが元気にこども時代を過ごせるよう、緑の多い、安全な空間をより多く用意するとともに、こどもと一緒に次の時代の環境をつくっていく努力が必要である。

こどもの声は騒音か

「こどもの声がうるさい。公園の噴水を止めろ」という住民訴訟が起こされ、司法判断により、公園の噴水が止められた。この件が話題になったのは2007年のことである。

しかし、筆者にはそれ以前にも八王子市で、公園の遊具を設置しようとしたら、近所に住む、かつて校長先生だった男性からクレームがつけられ、使いやすい位置ではなく、不便な場所での設置を余儀なくされた経験がある。1990年代初めだったと思う。こどもの教育にたずさわっていた人がそんなクレームをつけたことに腹立たしい思いをした。

2014年には、保育園の庭であそぶこどもの声がうるさいと、周辺の住民によって園庭を2・5m内側に下げ、周囲に高い防音壁を設けたという事例が紹介されていた。

筆者自身、公園の隣地に位置する保育所の建設の設計に関わった。既存の児童センターを廃止して保育園をつくるというもので、公園機能は十分に考慮されるものだったが、近隣住民の反対に遭い、一時建設があやぶまれてしまった。

これらのように、こどもの声が騒音とみなされるようになったのは、コミュニティとしての関係性が失われたからだといわれる。新しい保育園ができ、年の暮れに近所のお年寄りを招いて餅つき大会を開催したら、それまでの反対運動がぴたっと止まったという話や、保育園・幼稚園の近隣の住民に対するさまざまな活動によって、こどもの声が町の元気に変わったという実例も多い。

こどもの声が町に響くぐらいが活気のある町だ。静かな町もそれなりに良いが、こどもが笑う声が聞こえ、挨拶する声が響く町は懐かしく、温かい。保育園も幼稚園も地域とともに存在しなければならない。地域に対する積極的な働きかけをしていくことが必要である。

一方、住民にとってこどもが近くにいることが、町に活気を与えると考える余裕と優しさが欲しい。渡辺京二氏の名著『逝きし世の面影』によれば、150年前の日本は「こどもの楽園」だったという。150年前の日本人は、世界一こどもにやさしい国民だったのだ。こどもに寛容な社会でなければ、こどもが元気に育つ社会にはならない。

小・中・高校生に赤ちゃんを抱いてもらう

東京成徳短期大学の寺田清美教授は、小・中・高校生の赤ちゃんふれあい授業を長年行っている。こどもに赤ちゃんを抱いてもらう、おぶってもらうというプログラムによって、こどもの赤ちゃんに対する意識が大きく変わるという。この活動プログラムは、我が国のすべての小・中・高校生の授業の中で行われるべきである。赤ちゃんはかわいい。それはすべての生物にいえる。トラやライオンの赤ちゃんもかわいい。人は女性でなくても母性本能をもっているといわれている。

筆者がこどもの頃は、子守りは少し大きくなったこどもの仕事であった。兄や姉は小さな弟、妹をおぶって、よく世話をしたものだ。筆者は4人兄弟で上に兄が、下に2人の妹がいた。近所にも小さなこどもがたくさんいて、その小さなこどもたちとあそぶこともとても好きだった。

何歳になっても身近なところに赤ちゃんという存在がいるということは、とても重要なことだ。少子化に陥ってしまった原因の一つに、赤ちゃんという未来の存在が、身近なところから見えなくなってしまったことがあると思われる。小・中・高校生だけでなく、多くの若い人が、成育の場でも、地域でも、職場でも、赤ちゃんと触れ合う機会がつくれないだろうか。そのような活動が、多くの学校、地域で広まることを望みたい。

子より親を優先する珍しい国

世界価値観調査によれば、「子のために親が犠牲になるのはやむを得ない」と答えた国別ランキングで、日本は73カ国中72番。なんとも嘆かわしい結果である。

2003年から、筆者は最高裁判所の「裁判の迅速化に係る検証に関する検討会」委員を務めていた。専門訴訟から家事裁判まで、さまざまな法的紛争期間を検討する委員会であった。その活動の中で、我が国では、こどもの立場がほとんど認められていないことに気が付いた。

日本は世界的に離婚率が低いといわれていたが、近年は30%となり、アメリカの50%には及ばないまでも、ヨーロッパ諸国と同等の状態となっている。熟年離婚が多くなっているとはいえ、全体の60％は10代に結婚した夫婦の若年離婚といわれている。

年間25万人のこどもが、離婚によって単親家族になっているといわれ、現在125万世帯の母子家庭が存在している。そんな状況の中、月収5万円というきわめて貧困な家庭のこども、朝食を食べさせてもらえないこども、高校に行けないこどもが増えている。

日本には協議離婚があり、法的紛争になったときには裁判所が関与するが、そうでないときは当事者間で決めることができる。その時に、最も被害を受けるこどもの意見や意思がほとんど考慮されないことが多い。家事事件手続法65条に「こどもの意思の確認」がうたわれているが、「こどもの権利」はほとんど考慮されていない。まだ自分の意思を言えない乳児や幼児の権利を誰が守るのだろうか。本来、それは両親ではなく、国や裁判所が見守らねばならないのではなかろうか。

アメリカでは離婚に際して、こどもの養育費や面会規定を細かく決め、裁判所に提出しなければならない。筆者の友人であるアメリカ国籍の日本人建築家は、離婚した相手が育てているこどもたちのために、懸命に働いている。「養育費を払わないと監獄行きなんだ」「アメリカに入国できなくなってしまう」とよく言っていた。こどもがいて離婚する場合、共同養育のプログラム学習を受けなければならず、また、離婚後の共同養育や面会交流が実行されないときは、親は法的に罰せられるのだ。その当然のことが我が国では行われていない。

日本の民法では、離婚した場合の共同親権は認められていない。単独親権だ。それは、こども主体のルールではない。親が離婚しても共同で育てることは、当然の義務だ。こども側からすれば当然の権利である。

多くの場合、こどもが望んで離婚が行われるわけではない。親たちは早く別れたいために共同養育の協議などをせず、それが原因となって貧困な家庭に陥る例も多い。こどもの幸せを考えるシステムを社会が考えていかねばならないが、そのシステムとして我が国の法制度的整備は不十分である。ここでもこどもが第一という考えが優先されねばならない。こどもの成育環境は親だけでなく、国や社会が守らねばならない。

老人よ、車とテレビを捨て、町に出て、こどもとあそぼう

現代の医療技術の進歩は目覚ましく、寿命100年が珍しくなくなりつつある。我が国の平均寿命は世界の先端を行っている。企業の定年も、年金支給開始年齢も延び、少子化、人口減少の時代、70歳近くまで現役で働く人も多くなった。老人が元気で政治的な力をもち、〝シルバー民主主義〟と言われているが、筆者は未来をつくるこどものために、老人がこどもたちによりそう人としてメンターとしての役割を果たすべきではないかと考えている。

そのためには、家の中に閉じこもらず、地域や町に出て活動すべきである。困難な状況に置かれ、孤独になりがちな我が国のこどものために、人生の先輩として一緒にあそび、相談に乗り、話を聞き、アドバイスをするのだ。まず、テレビを見て過ごすことをやめ、家の前に座り、町や地域を見て、多くの

見守りの眼をつくることから始めようではないか。

首都大学東京の星旦二《たんじ》名誉教授は、「高齢者が社会的活動をやめると、その3年後の要介護度が高くなり、6年以内に約5割が死亡している。反対に、外出し社会的活動を続けている人は生存率が高い」ということを各種の調査で証明している。

公園のプレーリーダー、学童保育の指導員などが不足しており、安心できるこどもの居場所がどんどん減少している。ここでいうこどもの居場所とは、人と空間の両方である。町の安全、車に対する制限など、老人がこどものためにできることはたくさんある。

団塊の世代の人たちは今、60代後半から70代前半である。彼らこそ、こどもたちのメンターとしてふさわしい。こどもの頃にあそびが得意だった、あそびに対して実績のある老人が、こどもを元気にして日本を救わねばならない。町のあらゆる場所で老人が、こどもを見守ることができるよう、道や住居前にイスやベンチを置き、町の空間を変えていくのだ。町や街路を、こどもと老人の居間、交流の場にしよう。

第14章　成育環境としてのＩＴメディア

ＩＴメディアの力はこどものコミュニティを破壊

戦後70年のこどもの成育環境の変化の中で、成育方法の要素として最も影響を与えたのはＩＴメディアといえる。１９６５年頃にそれまでの外あそび中心の成育環境から、内あそびに変化したとすでに述べた。それをもたらしたのは多くのあそび空間をつないでいた道空間が車によって奪われたことと、テレビの出現である。ＩＴメディアは１９８０年代のテレビゲーム、１９９０年代のパソコン、２０００年代のケイタイ、２０１０年代のスマホと進化し続け、個別的なあそびのツールとして、ますますこどものあそび環境の大きな領域を占めるようになっている。

ＩＴメディアの初期は、ラジオといえる。１９３５年頃、日本の家庭にほぼいきわたった。テレビが筆者の身近になったのは中学生の頃で、１９５３年にテレビの公共放送が始まった。力道山のプロレスを見るために、テレビがある家によく見に行ったものである。１９５９年頃には筆者の自宅にもテレビが入り、皇太子殿下ご成婚のパレードを見たことを鮮明に覚えている。ご成婚を機に一気に日本の家庭にテレビが普及したといわれている。

テレビは1950年代～1960年代にこどものあそびに大きな影響を与えた。プロレスをはじめ、テレビに映し出されるヒーローが、こどものごっこあそびの中に大きく反映したものである。我が国でテレビが最も遅く入ったのは八丈島といわれている。八丈島では地域コミュニティが健在で、しかもあそび場が豊富にありながら、テレビが放映されたことによってこどものあそびが大きく衰退していったことが、日本母親大会で八丈島の教師から報告された。

この事例は、筆者がすでに挙げたような道の喪失によってテレビのある室内でのあそびへ移行したというよりも、テレビがあそび集団を破壊するほど、こどもに魅力的な存在だったことを示している。こども集団から仲間はずれにされることは、当時のこどもにとってあそべない、生活していけないということであり、恐ろしい刑罰であったに違いない。それはかつてあそびがこども集団という地域の組織を通じてしか行われなかったからである。

しかし、テレビが出現したことによって、次から次へと新しいあそびのヒントが与えられ、また一人で見ていても退屈せずに何時間でも過ごすことができるようになった。もう仲間外れにされても怖くない。引っ込み思案なこどもにとって、テレビはこども集団よりもずっとおもしろいものだったのであろう。

だが、かつてこどもはこども集団の中でコミュニケーション力を磨いていったものである。確かに組織内での人との関わりはいさかいや、トラブルがつきものである。そういう摩擦の体験もこどもの成長発達には不可欠だと思われるのだが、気の弱いこどもは組織に背を向け、一人でテレビの前に座ることを選んだのだろう。

先の八丈島の報告を載せた『子ども・教育とテレビ黒書』(中村博ほか、労働旬報社)は1976年に発刊されている。すでにテレビによる自然あそび、集中力、積極性の喪失がテーマに掲げられている。テレビを受動的に見ることの問題を指摘し、親子がテレビの内容を選択して、その内容を変えていこうという運動「視聴者の力でテレビを変えよう」を提案している。

1976年に『テレビに子守りをさせないで』(岩佐京子、水曜社)が出版されたが、臨床心理学者が3歳児健診に立ち会っている中で、こどもの言葉の発達遅延とテレビとの関係を分析した研究に基づいた著作である。またこの著書の中で岩佐氏はテレビの普及率と自閉症のこどもの増え方の相関を示している。

しかし、1983年にファミコンと呼ばれるテレビゲーム機が出現し、参加性が強く、より双方向性(インタラクティブ性)をもち、エンターテインメント性も向上したITツールはさらにこどもを虜《とりこ》にした。さらに、1990年代後半からのケイタイ、さらに2000年代後半からのより機能性がアップしたスマホは、こどもの生活に浸透しつつあり、低年齢化の傾向もある。テレビ、テレビゲームも含めた多様な機能を搭載するケイタイ、スマホはこどもの身近な生活ツールとして進化し、影響力を増大しつつある。私たちはそれをこどもの成育環境として適切な接し方を考えねばならない。

テレビを見る時間が長い

この20年間のこどもの成育環境の変化の中で、最も大きな影響を与えているのはテレビ、テレビゲーム、パソコン、スマホ等のＩＴ機器との接触である。確かに教育の中で電子黒板、あるいはタブレットを一人一人に持たせて情報教育を行うことは、現代社会を生きていくためには必要である。しかし情報だけで、こどもの成育環境が覆われていることは問題である。こどもが学ぶべき、身につけなくてはならないことは多い。体を動かし、群れて友だちと自然の中で遊ぶことによる学びは、ＩＴメディアでは学べない。

特に乳児、幼児の段階のＩＴメディアとの接触はきわめて慎重になるべきである。１９９９年にアメリカの小児科学会は2歳未満のこどもにテレビをなるべく見せないようにという勧告を出した。それに続いて日本の小児科学会も２００４年に同様の声明を出し、我が国でも乳児、幼児の段階でテレビを見すぎると、言語発達が遅れるという研究論文が発表されている。２０１６年、アメリカの小児科学会は長年の見解に修正を加え、年齢ごとのガイドラインを発表した。新たなガイドラインでも1歳半未満のこどもはデジタルメディアから遠ざけるべきだとしている。ただし、ビデオチャットを使った祖父母などとの会話がこどもの発育に役立つとの研究を反映したガイドラインは、現実的な視聴計画づくりをすべきだとしており、年齢別の対処方法を提示している。また、親が視聴計画をつくることのサポートのためのオンラインサービスを始めている。

さらに明らかになったのは、子育てをしているお母さん方に対するアンケート調査で、4時間以上こどもにテレビを見せ、まさにテレビに子育てをさせている家庭が多いことである。ベネッセ教育総合研究所は、2017年3月、東京・神奈川・千葉・埼玉に在住の0歳6カ月〜6歳までの乳幼児をもつ母親3400名を対象に「第2回　乳幼児の親子のメディア活用調査」を実施し、乳幼児の約20%がほとんど毎日スマートフォンと接触しているという調査結果を発表した。また、テレビをつけていればこどもはおとなしいと考え、テレビを見続けさせている。

しかし、その光や刺激はこどもにどのような影響を与えるのだろうか。テレビの長時間視聴の影響についての研究は、さまざまな形で行っているが、その結果はそれほど明確ではない。ITメディアの進歩が速く、その影響の研究のスピードが追いついていないからだ。

アメリカでも日本でも小児科学会は明確なエビデンスがなくても、さまざまなこどもの発達障害の事例の中で、ITメディアの影響を考えているのに違いない。情報機器の発達の速度が速いため、エビデンスはなかなかつかめない。しかし結果が明確に出てからでは遅い。学者や専門家はさまざまな仮説の中で、その危険性を国民に知らせる義務がある。

我が国ではITメディア、自動車、超高層住居に対する問題提起はなかなかストレートに出しにくい。大きな産業になっているからだ。しかし、そこで生活し、発達するこどものことを考えねば、国や地域の健全な発達も阻害されてしまう。特に乳児、幼児、学童期のITメディアとの長時間接触の影響は大きい。生活習慣として、親、家族、学校、地域全体がその適切な接触を図るべきである。それを国民運動として起こそう。

ＩＴメディアがこどもに与える影響

ＩＴメディアとの長時間の接触は、さまざまな点でこどもの成長・発育に影響を与えると考えられる。我が国の小学校５年生（11歳ぐらい）の生活調査をさかのぼってみると、１９４１年には一日当たり外あそび１時間46分、家の手伝い１時間25分、本やラジオなどのメディアとの接触は30分であった。テレビが普及した１９６７年ではテレビ視聴が一日平均２時間21分、日曜日４時間、平日４時間以上のこどもは１割に達したという。２００７年の調査では３時間以上の視聴が41・６％、２〜３時間が24％、１〜２時間が24・６％で、平均２時間半を上回っていると報告されている。この数字は海外と比較しても多い。ドイツでは３時間以上は12・８％、２〜３時間が20・９％、１〜２時間が28・４％、１時間未満が32％である。平均１時間弱という。日本の半分以下である。

きわめて問題なのは幼児期である。現在の乳幼児のテレビとの接触時間は０歳で３時間47分、１歳で４時間２分と報告されている。また３歳６カ月児の半数が２時間以上テレビを見ており、そのうち８％が４時間以上見ていると報告されている。このような長時間のテレビ視聴はさまざまな発育・成長に影響を与えると報告されている。就学前幼児のテレビ３時間以上視聴群は「会話が一方的になる」「気に入らないと物を投げたり、壊したりする」「落ち着きがない」「言葉が遅れている」等が有意に報告されている。

またテレビ等のＩＴメディアとの長時間の接触が受動的な生活姿勢、運動不足、肥満、情動的行動の増加、コミュニケーション能力の低下、発語の遅れなどを招くことが明らかにされている。さらに、生活時間が乱れ、就寝、起床のリズムが不規則になり、食生活や排便の習慣が悪化するなど、生活習慣にも悪影響を与えていると指摘されている。

ケイタイは小学生から高校生まで急激に普及している。ケイタイに関わる問題は通話マナーにとどまらず、メールやインターネットサイト利用、ネットいじめ、ネット詐欺、出会い系、ワイセツ画像、プライバシーの流出などに広がっている。ケイタイ用ゲーム機を含め、ゲームとの接触時間は年齢とともに急増し、こどもの生活に深く浸透している。

筆者らのこども時代は、ラジオのみで、まだテレビのない時代であった。この70年間、それぞれの世代はそれぞれの時代のＩＴメディアの進化に大きく影響されながら成長してきた。今生まれたときから、スマホをはじめ数多くのＩＴメディアに囲まれ、その影響を受けながら成長していく。親も社会もＩＴメディアが現代社会において必要なツールであることを理解しながら、乳幼児、学童に対する十分なケアをすることが必要であると思われる。

またＩＴメディアの進化が速く、その影響に関する学術的研究は追いついていない。その影響はますます深刻になると思われ、研究体制や基盤の確立が急がれる。こども、特に低年齢児に対する適切なメディア接触のガイドラインが作成され、毎年更新されることが望ましい。

第15章　成育環境としての学童保育

放課後の居場所はどこにあるのか

学童保育は、今我が国最大のこどもの課題と思える。学童の居場所がない。政府は保育所の建設と同じように、この問題に真剣に向き合う必要がある。学校に学童保育の場、学童クラブがある割合が、全体の50％近くを占めているが、こどもの立場になって考えると、同じ空間に長くいるということが、果たして良いことなのだろうか。

本来は学校という空間ではなく、別の居場所を設けるべきだと考える。学校に空き教室や、多くの空間があるのだから、それを利用しないともったいないという理由もわかる。その場合には学童保育の空間を、もっとこどもが「自分の場所だ」と感じるような居心地の良い空間にデザインすべきである。筆者も数多くの学校に設けられた学童保育の場を見学したが、どれも悲しくなる。殺風景で、こどもが自分の場所と感じられるような温かみがあるところは少なかった。

今、我が国では「学童保育難民」と呼ばれ、学童保育を受けられないこどもが実に1万7000人いるといわれている。潜在的にはもっといるのではないかと思える。プレーパークのようなあそびの場から、ドイツのスポーツクラブのような運動を主体とするもの等、もっと多様な形が用意されるべきである。女性の社会進出も一般的になる中、こどもの放課後の居場所について、私たちは真剣に考えねばならない。こどもが、コミュニケーション、友だちづくり等、多様な体験ができる学童保育の場の整備を早急に行わねばならない。

我が国におけるプレーパークの学童保育としての居場所

デンマークの造園学者、ソーレンセン教授が創始したアドベンチャープレイグラウンドは、廃材置き場から着想を得た冒険あそび場、こども自身がつくるあそび場である。それがスイス、イギリス、ドイツ等に影響を与え、1950年代、日本にもガラクタ公園として誕生した。

プレーパークは、1970年代、イギリスのアドベンチャープレイグラウンドの影響を受け、都市計画家の大村虔一《けんいち》、璋子夫妻が世田谷区で主導した住民運動から始まった。現在、国内には常設、仮設を含め200以上のプレーパークがあるといわれ、プレーリーダーによるあそびの支援が行われている。

ヨーロッパの冒険あそび場は1990年代に入り急速に衰退していく。多くの冒険あそび場が景観的なアナーキーさを隠すために塀で囲まれており、それがドラッグを始めとする犯罪の温床になったという批判的な意見が大きくなったためと考えられる。これに対し、我が国のプレーパークは市民運動から始まり、開放的で、塀で囲うことをせず視覚的にも開かれたものであったことによって、劣化を防ぐことができたといえる。世田谷だけでなく、川崎の子ども夢パーク、名古屋のてんぱくプレーパーク等、各地でプレーパーク活動が起こり、主に屋外のこどもの居場所として、その存在が世界的にも評価されるようになった。プレーパークの活動が学童保育とリンクしたものとなった例は多くはないが、アフタースクールの居場所としてはきわめて高く評価される。

学童保育の多様性と質

近年、学童保育問題が大きくとりあげられるようになった背景には少子化、核家族化とともに、女性の社会進出があると考えられる。学校以外のこどもの居場所には、コミュニティや大人とのふれあいの場所、気晴らし、学びの場があるべきで、かつて公園や地域児童館がその役割を担ってきた。現在も児童館が学童保育機能を有しているところもある。

学童保育の受け入れは、現在さまざまな形で行われている。学校の空き教室を利用するもの、学校内に学童保育のスペースを設けるもの、空き部屋・空き家を利用したもの、幼稚園を利用したもの、塾形式のもの、スポーツクラブ形式のもの、児童館を利用したもの、プレーパークを利用したもの等、多様である。

受け入れ年齢は小学校1年から3年生を中心とするところもあれば、6年生まで受け入れているところもある。児童福祉法改正によって6年生までの受け入れが可能になり、それに対応している自治体もあれば、そうでない自治体もある。

また、多様化する学童保育において、異年齢交流、学習、あそび、運動、多様な体験、地域との交流など、学童保育の質の問題は大きい。支援員の指導、支援レベルもただ単に安全管理のみを追求するのでなく、こどもの自主的な体験や学習を支援する能力が求められている。メンターとしてこどもに与える影響はきわめて大きい。支援員の質、および学童保育の質の保証が今後さらに図られる必要がある。

幼児施設に設けられた学童保育

民間の学童保育施設の設計を担当した経験からいえば、民間の幼稚園・保育園が学童保育を併設することはきわめて有効だと考えている。その一つは連続性である。幼稚園・保育園・こども園という幼児施設から小学校という環境につながることができる。こどもにとって卒園した園に帰ってくるという安心感がある。

①ちぐさこども園・学童クラブ（群馬県沼田市）

沼田の段丘の上に位置し、周辺は住宅地である。木造平屋建ての幼稚園舎の多目的室が学童保育に当てられている。敷地面積は２７００㎡。午前中は子育て支援室として使われている。玄関を入ったエントランスホールにたまご型の机がある。学童は必ずしも多目的室を使うわけではなく、この机を使って宿題をすることもある。

たまご型の机ではお互いに教えあうといったことが自然に行われ、通りがかりの先生が声をかけたりし、とても楽しそうに活動している。また隣のお寺の境内であそぶこどももいるという。園長はお祭りの出店など、さまざまな形で地域に関わり、こどもの生活を豊かにするさまざまなプログラムに取り組んでいきたいと意欲を見せている。

この園の学童保育の登録は69人（1年生20人、２・３年生30人、４・５年生19人）で、大半がこの幼稚園の卒園生とのことである。先生は幼稚園教師が２人、元保護者が２人。保育内容は屋外ではサッカー、バスケットボール、散歩、畑の体験学習、屋内では宿題・予習・復習、音楽、囲碁、料理を行っている。さらに課外教室としてピアノ、バレエ、体育、書道、英語、絵画等を有料で行っている（２０１６年現在）。

ちぐさこども園　学童保育
園全体に、小さなこどもから、大きなこどもまで、同居している。

２００４年から学童保育が始められた。空き教室の有効活用と保護者からの希望によるものだった。木造園舎と比較的広い園庭、近隣のお寺等がこどもの居場所として確実に機能していることが感じられる。

②石岡幼稚園・学童保育（茨城県石岡市）

この幼稚園は常磐線沿線、人口約7万４０００人の石岡市の住宅地にある。この園が学童保育を始めたのは２００９年で、少子化で先生が余ってきたことがきっかけである。現在では常時66人、准レギュラーで44人、主に卒園生である。先生は４人

石岡幼稚園　学童保育
静かな空間と活動的な空間、両方をもっている。

（2016年現在）。

近年職員室棟を改築し、その2階に学童保育室棟を設け、学童のこども専用の空間をもっている。その空間は木造で、エントランスに近く、親しみやすく、居心地のよい空間が形成されている。併せて旧園舎を再構成し、遊具棟、あそびのための内庭等がつくられた。敷地面積は8300㎡あり、かなり広い。また樅《もみ》の木を始めとする、緑も豊かである。広い園庭、中庭、遊具棟等、多様なあそび場が学童保育にも利用されている。学童専用の室があることにより、創立記念日や代休等の学校独自の休日にも対応でき、こどもがいつ来ても居場所を提供できると園長は話してくれた。午後5時以降は幼児と一緒におやつを食べる時間を設け、異年齢交流が自然に行われている。

この2園に共通している点はテレビ、ITメディア、携帯ゲームを原則禁止していることである。こどもの交流の場であることを大事にしているという。また学校との連携を強く要望している。現在は学校が放課後に全くコミットしていないため、学童保育の連携、情報伝達がなされていない。こどものために学童保育と教育委員会や学校との連携、関係強化がとても重要であると指摘されている。

我が国における学童保育の将来展望

学童保育は、放課後に親が仕事などで家にいない小学生が支援員の見守りの中で学び、あそぶなどして過ごすものであるが、近年のこどもの成育環境全体を考えると、少子化や地域のコミュニティの減少によって、親の就労如何に関わらず、放課後にこどもが孤立している場合が多くみられる。テレビやテレビゲーム等に多くの時間を費やし、こども時代に獲得しなければならないさまざまな発達成長の機会を失っている。そのため全児童が学校以外の居場所として、異年齢交流、学習、あそび、運動等が多様にできる場が必要であると考えられる。そういう点において、プレーパーク型の学童保育や、保育園・幼稚園・こども園が学童保育の受け皿としてその機能を拡大していくことは重要と思える。スポーツクラブ形式にしろ、学習塾形式にしろ、児童館を中心とするものにしろ、屋内屋外の両方の活動が組み合わさった学童保育の空間形成が望ましい。

多様化する学童保育の中で、質を保証するしっかりとしたガイドラインについて議論していくことが不可欠である。その中で、こどもが多様な体験と出会いを自主的に獲得できるように空間的、自然的な環境整備をすることが大切と思われる。

第16章　こどもと災害

大震災とこどもの成育環境

２０１１年3月11日に発生した東日本大震災は、我が国に未曽有の被害をもたらした。日本は本来、災害大国である。地球上で発生する地震の20～25％が日本で発生する。一方、日本の国土面積は地球全体の０・25％しかない。したがって世界の平均的な場所と比較して、日本は１００倍も地震被災率が高いといえる。

毎年、多くの台風が来る。筆者が建築家として修業していた50年前には、一時間当たり60㎜の雨量は大変な大雨だったが、近年では一時間当たり１００㎜でも驚くものではなくなった。地球規模の気候変動によるものと思われる。

日本の河川は大陸の大河に比べるときわめて勾配がきつく、大量の水が一気に河口に押し寄せる。ヨーロッパでは台風やハリケーンがもたらすような季節的な暴風雨はない。だからこそ日本人は古来このような環境を乗り越え、克服する、粘り強い力をもってきた。東日本大震災からの復興においても、緑、自然と共生する形で、優れたこどもの成育環境として再生することを望みたい。

この災害を機に、都市を緑にあふれ、自然を体験する場として、生活の場、学習の場、総合的なこどもの成育の場へと変えていくべきだ。こどもが元気に育つ環境でなければ、持続的な都市・地域を形成することはできない。

我が国はすでに人口減少の国になっている。少子化の流れを止める、すなわちこどもが元気にたくましく育ち、幸せなこども時代を過ごせるように変えていくのだ。国の意識を、こどもが元気に育つことを第一とするように転換していくことが、100年を超えて美しい、活力ある地域をつくる方向と思える。

①津波被害

今回の大震災できわめて重要な点は、大規模な津波による被害である。それが原発事故を誘発した。我が国は津波被害という点でも長い歴史をもっており、〝ツナミ〟という言葉は世界共通語にさえなっている。しかし、1000年に一度という今回のような巨大な〝ツナミ〟は、確かに想像を絶するものであった。被災範囲は沿岸500㎞に及び、関連市町村の数は40を超え、集落単位でいえば4000とも5000ともいわれる。

今回の大震災での行方不明者・死者合わせた数は約1万8000人である（2017年9月9日、警察庁発表）。そのうち20歳未満の数は約900人である。人口構成的にいえば行方不明者・死者は高齢者が多い。

被災した学校は6000校余り。小・中・高の内訳は3269校、1700校、981校である。被災した幼稚園は941園、保育園は無認可も入れると1613園である（内閣府　平成25年版少子化社会対策白書・文部科学省　平成23年文部科学白書）。

被災した学校、幼稚園、保育園の数に比し、こどもの不明数、死亡数は少ない。一般的には地震による被災者はこどもと高齢者が多いといわれているが、今回の災害では学校あるいは幼稚園、保育園にいたこどもはほぼ助かっている。低地で家にいたこどもと高齢者が津波の被害に遭っている。常日頃防災訓練等に取り組んできた保育士、教師の適切な指導によるものと思われる。しかし巨大な津波の恐怖は、多くのこどもの心を傷つけたに違いない。

②学校は丘の上にあった

明治時代、小学校はその地域のシンボル的な場所、例えば南斜面の地域を見下ろす小高い丘の上に多くつくられた。それはその町、地域の人々にとって学校が次の時代を担うこどもを育てる場所だったからである。

今回の大震災での津波被害を考えると、古い神社と並び、丘の上の学校が多く助かったのは象徴的である。学校という場所の重要性を都市計画的にも社会学的にも高めなければならない。

かつて筆者が携わった幼稚園は、その地域の都市開発デベロッパーがあまり日当たりの良くない北斜面の住宅地として売れそうもない土地を公共用地として差し出したと思える場所であった。集合マンションで小さなこどものためのキッズスペースと呼ばれる屋内空間が、やはり住戸としては売れない場所に往々にして設けられているのと同じ理由である。

このようなこどものスペースに対する場所の重要性の認識の欠如は、現代多くの都市・地域にも蔓延《まんえん》している。悲しむべきことである。

③学校は避難所で良いか

多くの被災地の小学校の体育館は避難所として当然のように使われている。しかし本来学校はこどもが被災後の気持ちを切り替える場所であるべきだ。その場所が避難場所として長く使われて良いのだろうか。

多くの校庭、運動場には仮設住宅がつくられる。本来こどもが走り回る場所が奪われてしまう。使われていない空き地や農地もあるのに、そこには仮設住宅がつくれない。学校は空き地のある公共用地としてしか見られないのだろうか。私たちの国は災害大国である。学校ではなく、避難所となりうるスポーツ施設、健康運動施設をもっと整備すべきだ。

④レジリエンスをどう獲得していくか

レジリエンス、すなわち困難を克服する力が人間にとってきわめて大切である。教育においても知識の集積よりも、困難に立ち向かう勇気を育てることこそが重要だ。さまざまな知識は困難を克服するためにある。我が国は多くの自然災害に見舞われてきた。だから古来より〝もののあわれ〟や無常観も存在したといえる。困難に遭い、失敗をし、そこから多くを学んでいく。

人間にはリスクが必要ともいえる。できれば小さなリスクから始め、体験し、時に失敗し、大きなリスクを避けなければならない。どうしたら困難に立ち向かう力を獲得することができるだろうか。それは自らの体験によるしかない。こども時代に、自然の中で先が予想できないあそびを体験するべきなのだ。

⑤自然体験から学ぶもの

自然には多くの危険が潜んでいる。とはいえ、大震災や災害にめったに遭うわけではない。しかし、自然のさまざまな側面を体験することによって、美しさだけでなく、恐怖も、その恐ろしいときに助け合うことの大切さも、学べる。困難や恐ろしさを学ぶ場に最適なのが自然である。そこで助け合いながら乗り越える力を共有しなければならない。

学校教育の中から野外活動施設、野外体験施設が近年外されていく傾向にあると思われる。少年自然の家や青年の家、学校などがどんどん廃止されている。維持が難しいというのが、地方自治体の本音のようだ。しかし、これからの時代こそ、学童期、青年期に宿泊体験、自然体験、共同生活体験をすることが大切と思える。

本来、そのような体験は自然あそびやプログラムの中で楽しみながらしたいものである。そのような場も機会も増やすべきだ。少年自然の家や青年の家などの再活用、あるいは廃校となった学校の再利用を検討すべきである。

こどもにとって、日常的に体験する小自然と、特別に体験する大自然や田舎のような田園地域が必要だ。体験は少なくとも1週間、できれば自然の変化を知れるほどの長期間の体験が望ましい。季節の変化、それに伴う自然の変化、美しさ、恐ろしさにも出会える。

キャンプ体験も重要だ。テントで寝て、美しい夜明けを見る感動、夕暮れの楽しいキャンプファイヤー、一方、雨降りの中で素早く身支度をしなくてはならない朝、予測しても予測しきれない天候の変化に対応しながら、みんなが安全に互いに気を付けながら、大きなリュックをかついで進んでいく思い出は忘れがたい。楽しい思い出、怖い思い出、様々な思い出が自然の中でつくられる。そして、それを友だちと共有することが、さまざまな困難を乗り越えていくための知恵を知らず知らずのうちに身につけていくことになると考える。

⑥こどもの疎開体験のススメ

今回の災害で特に深刻なのは津波によって大規模な原発事故が起きたことである。放射能汚染の問題は福島県沿岸部を中心に、こどもの生活環境に大きな影響を及ぼした。現在も災害は進行中である。

当初、計画的避難区域に指定された地区は5市町村、緊急時避難準備区域に指定された地区も5市町村に及んだ。きわめて短時間に、その地域ごとの避難は非常に難しい選択を迫られたに違いない。

福島第一原子力発電所1～4号機がある大熊町は、会津若松市への避難を選択した。同じ県内、町の人口1・1万人を、12万人を擁する会津若松市が抱えることは、最盛期に会津若松市の人口が13万人余りだったことを考えれば可能だ。

多くの日本の都市は人口減少期を迎え、空き家も多い。ある東北の都市では実に20%の建物が空き家になっていると報告されている。小中学校の廃校、幼稚園、保育園の廃園も多い。したがって小さな市町村ごと避難者を受け入れることは可能である。

大熊町は会津若松市の廃校となった中学校に役場を置き、廃校になった小学校を町の学校とした。また幼稚園も会津若松市の廃園を活用している。そして会津若松市周辺にある温泉旅館を町民の避難場所として活用し、その間に仮設住宅を建設した。会津若松市の小学校を大熊町の小学校として開校すると、全国各地に避難していた町民が戻ってきた。

町長は「ここでの生活がどのくらいになるかわからないが、こどもにとって良い体験になれば救いだ」と語っていた。困難は人間を成長させる。この経験によってこどもの人生の困難を乗り越える力が喚起されることを願った。

避難という状況も含め、思い切って第二次世界大戦中のように大規模な学童疎開が行われる必要があるかもしれない。東京でこども時代を過ごした現在80歳前後の人の多くが、疎開を経験している。もちろんいじめなど不当な体験をしている人もいたが、多くの人は「疎開したことは人生の体験として良かった」と言っている。今、多くの地域で空き教室や廃校が増えている。そのような場所を疎開のための学校として利用していくこともあってよいのではないだろうか。

被災地のこどもだけでなく、我が国のこどもは、半年、1年という期間、都市のこどもは田舎へ、田舎のこどもは都市へという形で、疎開させる。これは、こども時代の体験として良いことであると思われる。我が国のこどもは誰もがふるさとを2つ持つべきなのである。こどもが疎開をし、多様な場所で一時期を過ごすことは人生にとって大事なことと思える。

⑦こどもにやさしい都市、地域としての復興

今回の大震災で被災した地域は、この10年間で平均して10％ほど人口減少した地域でもある。特にこどもの減少率は大きい。このことは日本全体に起こっている事実でもある。こどもを育てにくい町や地域に将来の発展は考えられない。被災地に物理的な復興がなされても、こどもがいない町に将来はあるだろうか。そういう意味では、こどもにやさしい都市、地域が実現されねばサステイナブルな都市、地域にはならない。

こどもにやさしい町とは、こどもが大事にされる、こどもが第一の町である。そこではこどもの声が尊重される。さらにいえばこどもが町づくりに参加する町である。復興は、物理的な道路・建物をつくることが目的化してしまいがちである。そうではなく、こどもが希望をもって育つ町にしなければならない。そのためにはこどもの声を聞き、こどもが元気に育つ町にしなければならない。

「こどもの声なんて」という気持ちをもっている大人は多い。しかし小学生や中学生になればこどもは自分の町のことを心配し、しっかりと考える。被災はこどもが住みやすい町をつくる絶好のチャンスな

のだ。それを一歩間違えば、こどもが住みにくい、育ちにくい町になってしまう恐れもある。

こどもの意見を聞き、こどもに自分の町はどうなるべきなのかを考えてもらい、優れた専門家との協同によって、持続可能な都市はつくられる。こどもにやさしい都市、地域として被災地が復興することを願いたい。

災害とこどもの力の再生

日本のこどもにとって、身近なあそび場が失われているが、被災地ではさらにこどもの空間、特にあそび場が減っている。公園や広場は仮設住宅や駐車場に占領され、復興計画の中で、こどものあそび場の再建は後回しになる傾向にある。

そのため、筆者が代表理事を務めるこども環境学会は、2011年に「こどもにやさしい都市復興コンペ」を行った。このコンペには〝こどもに焦点をあてた復興〟と、〝災害を受ける前にも増した豊かな環境に復興するための世界中からのアイディア募集〟という2つのメッセージを掲げた。

このコンペには数多くの応募があり、こどもの視点に立った復興という点で注目された。結果、こどもが復興計画に参加・参画するシステムを提案した案が最優秀賞を受賞し、各地で具体的なこども参画の復興プログラムが実現した。

その中の1つはUIA（国際建築家協会）のこども国際コンペにも出品された。復興プロジェクトとして失われがちなこどもの視点に注目させたという点ではそれなりの成果を上げ、国の復興プログラムの中で「こどもに対するケア」という項目が入ったことは大きい。また、そのための復興活動のプログラムの審査にも、こども環境学会は関わったが、このこどもにやさしい都市復興コンペを開催した影響かと思われる。

特に放射能汚染が起こった福島では、約2年間、園児や小学生たちが外であそべない状況となった。そのため肥満や体力低下が危惧され、それに対応した室内あそびの活性化プログラムが実行された。ここでは具体的に保育園、幼稚園でのあそび環境改善プログラムが示された。

保育園などにおいて、園庭の除染はほとんどの園で行われている。福島市内の保育園で、年長は1時間、年少は30分、園庭であそんでいるだけだ。しかし道路や家の周りの除染は進んでいないため、園庭以外でのあそび時間は内あそびとなってしまう。

中央に広場があるタイプの保育園園舎ではあそびが行われているが、片側廊下型の保育園園舎では意図的に保育士さんたちが働きかけねばあそべないという印象である。まして自然体験など遠くまで出かけなければ不可能である。そこで屋内遊園地ともいうべきあそび場の設置が県内各地で進んでおり、多くのファミリーが訪れている。

園舎そのものがあそびの構造をもっている園か、そうでないかによって、こどものあそびの量が大きく異なっていくことが予想され、福島県のこどもの運動能力の低下が憂慮される。早急に園外保育としてて除染をした安全な公園を保育園ネットワークの中に設けていくことが必要だ。保護者、管理者が安心してあそばせられる屋外のスペースの確保が求められている。

屋外での自然ふれあい体験は本当に難しい。運動的、体力的な問題だけでなく、そこで育まれるべき感性や創造性を刺激する機会を失っているといえる。

室内植栽、温室、水槽、ペット飼育等の環境整備によってある程度代替することはできる。こども時代は二度と来ない。被災地のこどもが総合的な体験ができるような政策が早急にとられる必要がある。そのためのさまざまな支援やアドバイスが求められている。

2016年に起きた熊本地震では、余震が長く続いた。家に戻ることができず、避難所や自動車の中で長い避難生活を送ることを余儀なくされ、乳児のいる家庭は、その泣き声に気を使い、避難所に入れないというような問題も明らかにされた。学校、公民館だけでなく、小さなこどものための保育園、幼稚園が第1次避難所となるような制度設計がなされる必要がある。

我が国では大震災が起こっても、小学校などの教育、保育施設が崩壊する事例が少ないことは、誇るべきことだと思われる。熊本地震の際には、熊本学園大学は身障者の避難場所として、留学生の多い熊本大学では外国籍の方々の避難場所として提供された。小さなこどもがいる家庭にとっては、幼稚園、保育園が第1次避難所になることは、さまざまな点でサポート体制も整いやすいのではないかと考えられる。

こどもという視点で、災害対応、復興を今後も継続的に考えていく必要がある。東日本大震災は今までの災害に比し、桁外れの被害があった。一時は34万7000人もの避難者が全国に散らばっていた。7年近く経った2018年2月時点でもまだ7万3000人の避難者がいる。復興にはさらに時間がかかる。
その中でこどもは成長していく。2016年12月に避難しているこどもがひどいいじめに遭い、刑事事件にまで発展した。災害のストレスだけでなく、いじめまで受けるこどもの心を考えるとやるせない。しかし、中高生たちが小さなこどもの支援や町づくり、復興に積極的に参加している、参加したという報告が多く聞かれた。これは救いだ。こどもが中心の復興プログラムが東日本大震災の教訓を得て、次に備えたプログラムに反映されることを期待したい。

人的災害とこども

①紛争、戦争

こどもはいつも大人の争いの犠牲者となる。世界中で、紛争、戦争、内戦が起きている。そこに巻き込まれるこどもの数がなんと多いことか。歴史的にも地球規模の争いはあったが、現代のように、こんなにもこどもが巻き込まれる時代があったのだろうか。そして、その悲惨な状況はテレビやインターネットで瞬時にこどもの目に入ってしまう。

残酷な映像、見たくもない悲しい現実を見せられ、それだけでこどもの心は傷つけられてしまう。イスラム国に支配されたシリア・ラッカが解放されたが、そこで生き延びたこどもは、イスラム国の兵士たちの残虐な行為に心を深く傷つけられ、この先の人生に大きな障害を残すといわれている。

こどもに必要なのは平和なのである。平和な社会を築くことが、大人の最大の仕事と言っても良い。筆者は1941年12月8日に生まれた。太平洋戦争が始まった日だ。横浜大空襲の日、母におぶわれて、山の向こうが真っ赤に染まった夜空を見ながら、防空壕に逃げこんだことを覚えている。B29が来ると言って、祖母が風呂敷をかぶせた電燈を消した。病弱な母は「防空壕には行きたくない、ここで死んでもいい」と叫んだ。家の庭に小さな防空壕をつくり、そこに潜り込んで横たわった。

フラッシュのように、恐ろしくて悲しい思い出の断片だけがよみがえる。父は徴兵され、戦争に行ったが、負傷したため早くに帰還していて、終戦は勤務していた造船所で迎えた。1945年9月、横浜に上陸したアメリカ兵が、筆者の家の前の東海道を東京へ戦車で進軍していくのを見た。母の背中にくくりつけられて、野菜の闇市に買い物に行った。

小学生になると草履もゲタもなく、母が縫ってくれた布製の靴のようなものを履いて学校に行ったが、すぐになくしてしまい、ひどく怒られた。10歳頃には防空壕に溜められた水で泳いだり、いつも馬跳びをしていた小さな空き地の近くに住むきれいなお姉さんの家でごちそうになったりした。そのお姉さんの彼は米兵で、彼女は〝パンパン〟と呼ばれていた。

小学校時代、1950年頃の日本は貧しかったが、平和で、こどもにとっては自由だった。今後、日本に戦争が起こらないとは断言できない。もし起こったらかなり悲惨なものになるに違いない。戦争のない世界を築くことは、次の時代を担うこどもに対する私たち大人の最も大きな責任である。

②いじめ、暴力、虐待

２０１７年10月26日、文部科学省より、いじめの事案件数が全国で32・３万件認定されたと報告された（平成28年度「児童生徒の問題行動・不登校等生徒指導上の諸問題に関する調査」）。この数字は、小さないさかいやけんかなども含まれていて、１人が４人をいじめた場合は４件と数えているようだ。この数年は激増しており、報告が多くなっただけでいじめそのものが極端に増加しているわけではないと思われるが、こどもの数が少なくなっているのに増えていることが心配だ。

児童虐待によるこどもの死亡は２０１７年８月の報告で、年間48件、52人と国が公式発表している。日本小児科学会の調査によれば、こどもの全死亡者数のうち７・３％が虐待の疑いがあり、３・０％は虐待が濃厚としている。我が国のこどもの年間死亡者数は約５０００人といわれているので、約３６５人は虐待の疑いがあり、１５０人は虐待が濃厚ということになる。

日本小児科学会のこどもの死亡登録・検証委員会委員長の溝口史剛氏によれば、虐待の疑い７・３％、虐待が濃厚３・０％という数字は、アメリカとあまり変わらないという。

また、小中高生の自殺の数は、２０１６年に２４４人。過去30年で最多といわれている。都市的な困難として、閉鎖的なコミュニティ、あるいは閉鎖的な空間のあそびとして、いじめがもたらされると考えている。そういう意味では、環境建築家として、いじめは、開放的なコミュニティ、開放的な空間により改善できると考えている。

いじめ、暴力、虐待の行為には、空間的な因果関係がある。これらの行為の主たる要因は、親子・家族の人格的要因、環境・地域の社会的要因、文化的要因の3つがあるといわれているが、環境・地域の社会的要因の中に、住まいや地域の町という物理的環境も入ると考えられる。

いじめは閉鎖的空間のあそびとも考えられる。暴力は「割れ窓理論」が有名である。割れたまま、壊れたままのアナーキーな空間が暴力を生みやすい。虐待も、壁の多い孤立的な空間で生まれやすいと考えられ、空間的環境の改善が、必ずやこれらの逆境を改善するに違いない。

第17章　こどもが元気に育つ安全な環境

こどもに対する安全性の問題には、大きく2つの側面がある。犯罪者による事件と、遊具等による事故の問題である。両者は人と物がその原因だが、環境がそれに対して大きな要因になっていることを理解しなければならない。

こどもが安全な町は、こどもを閉じ込めるのではなく、活発に、元気に、生活できる町である。安全性という問題を、犯罪や危険から守るという対処的な視点ではなく、こどもが元気に育つ環境という視点で考えてみることが重要だ。

日本におけるこどもの安全性の問題

日本の乳幼児の死亡原因において、事故死は相対的に多い。日本は少子化傾向が進んでいる。大事なこどもを事故で失うことは当事者のみならず社会的にも大きな損失である。

日本の乳児の死亡率は世界一低いレベルで、実は4歳までの乳幼児の死亡率も出生1000人当たり3人（ｕｎｉｃｅｆ、世界子供白書、２０１６）と低いレベルではあるが、その中、事故によるものが

1〜4歳では先天性奇形等（22％）に次ぐ割合（12％）を占めているなど（厚生労働省、平成28年度人口動態統計）、死亡原因で見過ごすことのできないものとなっている。

また、5歳から14歳くらいまでの死亡率は低いが、こちらも死亡原因が事故である割合は、17％（5〜9歳）、15％（10〜14歳）と（出典前出と同じ）、小児医学の立場からも、乳幼児の事故死についての警告が数多く出されているが、こどもの環境という視点からも、有効な行動を起こさなくてはならない。

事故を起こさないための成育安全マニュアルのようなものもつくられている。生後6カ月未満の乳児については特に注意が必要だ。2004年10月に起きた新潟県中越地震の余震の最中に、車のベビーシートにくくりつけられた乳児が亡くなった事故があった。「揺さぶられっこ症候群」によるものではないかといわれているが、ベビーシートの構造、形態にも関係があった可能性がある。

乳児の長時間の車での移動は、きわめて危険という報告もなされている。乳児の脳が壊れやすいことを、どれだけ知られているだろうか。時代が変化し、生活様式、生活環境が変わってきて、子育ては昔の「知恵」だけでは足りなくなっている。小さなこどもへの危険が増えている。

乳幼児のおもちゃ、家の構造など、数多くの場所で事故が発生しているが、それをデザイン、素材、構造という点からももっと考える必要があり、常に安全への警告が必要である。すでに述べているが、こどもが転倒、転落する事故が多い。小さなこどもが育つ家の床は二重床としたり、あまり家具を置かず、かつての畳の和風の座敷の住まい方に学ぶ必要がある。

シックハウス症候群に対する法的な改良もなされてきている。省エネルギーには高密度・高断熱の家が良いが、十分な換気をし、清浄な空気を取り入れないとシックハウス症候群のような問題も出てくる。

建物や環境を構成する素材は変化している。さまざまな皮膜が塗布されている。小さなこどもはそれに触れたり、なめたりする。アレルギー症も多くなっているが、素材によるものも大きいのではないかと考えられる。こどもの成育環境の素材についても十分に吟味しなければならない。

現代のこどもにとって、家以外の主な外あそびの場は、公園か学校である。しかし、公園も学校も安全なあそび場ではなくなっている。公園では遊具の安全性についても指摘されているが、絶対安全な遊具など存在しない。鉄棒を例に挙げると、こどもが何かのはずみで落下する場合が考えられる。落下することを前提として床がクッション性をもっていることが重要だ。

こどものすべての行為に対し、安全な遊具はできない。それは怪我のないスポーツが存在しないのと同様である。しかし、致命的な事故となるような遊具であってはならない。

箱ブランコという遊具がよく危険な遊具の代表例として取り上げられる。箱ブランコの床の底部が地面から30㎝未満と低い場合では事故が起こる可能性が高い。こどもが転倒し、頭がブランコの下に来たとき、致命的な事故を引き起こす。ブランコの底部が30㎝以上あることが、絶対に必要である。それが何らかの原因で保てなくなったときに重大な事故が起きる。このように遊具もさまざまな安全性を検討しなければならない。

砂場の安全性も問題である。犬や猫の糞による汚染が指摘されている。幼稚園や保育園では、砂場にシートで蓋をする方法がとられているが、公園ではなかなかそこまで管理できない。そのため、砂場そのものを撤去してしまう公園も出てきている。それではこども主体の措置とはいえない。しかし、今後はそういう場所での安全管理という点でも、公園をサポートする人々が必要である。

学校での事故も多い。火事で死亡する例はほとんどないが、防火シャッターに挟まれて死亡する事故が時折報道されている。重すぎるのがその大きな原因だ。軽い防火シャッターを開発すべきである。

25年ほど前、筆者は愛知県下の小学校の廊下で、衝突事故の調査をした。廊下の曲角部でこどもはよくぶつかる。狭く見通しが悪いからだ。かつて全国で年に1人ぐらいの割合で致命的な事故が報告されていた。こどもは「廊下を走るな」と指導されている。しかし、調査によれば、こどもの60％は廊下を走る。

筆者たちの研究によれば廊下の隅角部に半径2・6ｍの隅切りをすれば事故がなくなる。見通しがよくなるからだ。これは実物大実験でも確認されている。元気なこどもに「走るな」とその行動を抑えるよりも、空間や装置をもっと安全な形にすべきなのである。

こどもに対する凶悪な犯罪や、公園遊具等における事故が大きく報じられると、公園や町で遊ぶことによって、事故や犯罪に遭うのではないかという心配が生じ、公園の利用率が低下している。特にかつて児童公園と言われ、現在は街区公園と呼ばれる都市域、住宅地域の小公園（1000～2500㎡）の利用率はきわめて低くなっている。

住宅地の少子高齢化も大きな要因として考えられるが、公園が犯罪や事故に遭う場所だという認識は高く、親はこどもを公園であそばせることに大変不安を感じている。

しかしながら、日本の公園・都市において犯罪に遭う確率は、アメリカ、ヨーロッパに比し、きわめて低い。1990年頃、アメリカのロスアンゼルスでこどものあそび環境の調査をしたが、その時すでにこどもにカメラを向けることさえも不審者に誤解されるおそれがあり、危険なことだと言われた。またこどもにヒアリング調査することもできなかった。

アメリカの場合、別れた夫婦が残したこどもを連れて行くというケースも多く、必ずしも犯罪となるものばかりではないが、「誘拐」という事件はきわめて多かった。現在でも日本の刑事犯罪の発生率は、アメリカ、ヨーロッパに比べると少ないといわれている。

しかし、日本においてもこどもの犯罪の報道は少なくない。コミュニティの崩壊によって隣近所の交流がない都市部はもちろん、田園地域においても、地域コミュニティはあっても、多くが自動車交通に頼っており、車を使った犯罪のチャンスが増えていると見られる。近年、こどもに対する凶悪犯罪が特に田園地区で起こっていることは、そのような田園地区のライフスタイルが一因とも思われる。

とにかく公園のみならず、町であそぶこどもの姿を見かけることが少なくなった。それは公園の利用率減少として数字にも現れているが、こどもが家の内をあそび場とすることが多くなっていることも憂慮すべきことである。

事故のメカニズムの3段階

事故が起こる経緯には3つの段階があると考えている。第1段階は、こども自身が原因となる行動をすることで。例えばマフラーをして滑り台を滑る、友だちを突き飛ばす、というような問題行動を起こす段階である。

第2段階は、遊具に問題がある場合。マフラーがからみやすい構造になっていたり、手すりが低く、突き飛ばされたこどもが落ちやすい構造になっているという段階である。

第3段階は、周囲の環境が問題となる段階である。滑り台が少し離れたところにあって、大人がこどもの異常に気づかないとか、落下したところにコンクリートが露出しているため、致命的な事故につながるという段階である。

すなわち人が問題の段階、遊具が問題の段階、環境が問題の段階とあって、この3つの段階が破られたとき、事故は発生すると考えられる。つまり、この段階の1つでもカバーされれば、致命的な事故にはならないといえる。致命的な事故はめったに起こるものではない。

不幸にもこの3つのバリアが外れたとき、大事故となる。筆者はこの中で環境の重要さを強調したい。こどもの事故には落下事故が多い。落下しそうな接地面が十分に弾力性のあるものであれば、多くの深刻な事故がなくなることは確かである。こどもにはふざける、おもしろがるという行為の特長がある。それを許容できるのは、最後は環境の安全性と思われる。

犯罪のメカニズムの3段階

犯罪が起こる経緯にも3つの段階がある。第1段階は人が「犯罪をしたい」という動機をもつこと。

である。第2段階はその対象がいること。第3段階は見つからない、逃げられるという環境があるということである。

経過的に考えると、やはり環境的側面がきわめて大きい。誰かによって〝見られている〟と感じるとき、犯罪は起きにくくなる。人の目がある環境が必要である。

ジェームズ・ウィルソンとジョージ・ケリングが唱えた「割れ窓理論」によるように、環境そのものがスラムのように無法の状況にあることは犯罪を起こさせる。窓が割れていなくても、かつてミノル・ヤマサキが1954年に設計した「プルーイット・アイゴー」（アメリカ・セントルイス）は、建設された空間に犯罪が起きやすい高層集合住宅となった。すなわち、誰かに見られにくいことによって犯罪が増加した。十数年後に取り壊されたが、アメリカにおいて犯罪を防止する環境の研究の契機にもなった。研究者オスカー・ニューマンは4つの観点を示している。

(1)領域の明確さ――私的な領域と公的な領域を明確にすること
(2)見通し――内部かつ外部が見通せる。異常があることに気づきやすい環境が重要だ。閉鎖的になりすぎないようにしないといけない。
(3)特異性――住民がお互いに愛着をもっていること
(4)周辺領域との連続性――隣接する施設による開放性

これら4つの観点から見ても開放的な住環境が犯罪を抑止することがわかる。

環境の在り方が犯罪を生む場合がある。環境の在り方は事故の場合も、犯罪を生む場合も、きわめてその力が大きいことを認識する必要がある。事故の場合も犯罪の場合も周辺環境が開放的であることが重要なのである。こどもが元気に育つ安全な環境とは、開放的で居心地がよく、住民みんなから愛される環境なのだということを確認したい。

第18章　こどもの成長に必要な「行動」

不安と探索

小学校5年生の頃から、中学、高校、大学、20歳代半ばまで、筆者は時々不安にさいなまれていた。小学校高学年になって、突如、とにかく不安になった。不安そのものが何に対するものなのか、あまりうまく説明できない不安だった。その不安を誰かに相談することができなかった。

こどもは、もともと不安な存在なのだといわれるが、筆者の場合、突然空が暗くなって、大粒の雨が降ってきたある日の天候の変化が不安のきっかけだったのか、隣の家のおばさんが精神病になって、筆者の家の壁を叩いて喚いたことがきっかけだったのかわからない。とにかく不安だった。そんな不安を誰にも相談できず、自分でなんとかしなくてはとこども心に思っていた。

特に閉ざされた室はとても怖かった。エレベーターに乗るのはすごくいやだったし、大学生になっても地下鉄はできるだけ乗らないようにし、社会人になっても飛行機がとても苦手だった。小さな頃、不安や胸の動悸（今でいうパニック障害）になってしまう状況が、自分でもどうしようもなく、とにかくそれから脱出する方法をいつも考えていた。

方法は3つあった。絵を描くこと。写生をしたりしていると、熱中するので不安から逃れられた。だからとにかく絵を描いていた。2番目は本を読むこと。物語が好きだった。本にのめり込むと、不安を忘れることができた。3つ目は歩き回ることだった。お使いはいつも走り、駆け回っていた。

筆者は横浜市保土ケ谷という昔の宿場町で育った。自宅は旧東海道に沿った町屋だったが、川を越えれば山や田んぼが広がっていた。その野山を歩き回るのが好きだった。4キロほど離れたところに第二次世界大戦の戦没兵士を祀《まつ》った英連邦戦死者墓地があって、それは夢のように美しい場所だった。田んぼのあぜ道や、新道という新しくできた幹線道路は車も通らない広い道だったが、そこでマラソンしたり、自転車で走り回ったりした。そういう時は不安が消えていた。

閉所恐怖症的なところは今もあるが、昔に比べれば飛行機に乗れるし、地下鉄も怖くない。エレベーターも大丈夫。歳をとるにしたがって、だんだん平気になってきた。時々は不安になるが、これはもって生まれたものとあきらめている。

しかし、こどもはそもそも不安な存在なのだという。イギリスの児童精神医学者ジョン・ボウルビィによると、母子の分離が不安を生み、また愛着によって新しい世界を探索し冒険できるという。そのアタッチメント理論を知ると、確かに筆者のこども時代も不安に満ちていたと思い出される。不安といっても、その対象さえ、はっきりわからないものだったのかもしれない。ボウルビィのアタッチメント理論は母や保育者とこどもとの関係を説いているが、私は空間においてもそのような不安をもたらす存在があるのではないかと考えている。筆者の場合は、それを乗り越えられる空間環境が幸運にも身近にあった。

今、こどもにそのような環境はあるのだろうか。集中できる環境、熱中できる環境、心を開放でき探索できる環境はあるのだろうかと自問せざるを得ない。そういう環境をこどもの身近なところに私たち大人は用意しなければならない。これも建築家の責任である。

こどもと安定・不安定

こどもの発達・発育については、さまざまな器官の発達を表したスキャモンの発育曲線が有名である。これによれば、中枢神経の発達は8歳頃までに90％、10歳頃には終わってしまう。すなわちバランス感覚や瞬発力という能力は、幼児期にほとんど出来上がってしまうことが示されている。

倒れそうになっても重心をうまく移動して倒れない、倒れたときには手が出るということは、幼児期に身につけないと、その後の長い歳月に大きな影響を及ぼすと考えられる。こどもはあそびながらその能力を開発していく。

筆者は園庭と幼児の運動能力、体力との関係の研究を続けている。園庭のさまざまな広さや、裏山、斜面をもつ等、形状の異なる園の環境と、こどもの運動能力、体力との関係を調査してみた。50m走や、跳力については、園庭の広さ、起伏の有無による差はほとんどない。しかし、バランス感覚、体を巧みに動かす能力については、大きな差が見られた。

バランス感覚を測る最も良い方法は、「片足けんけん跳びで、どのくらいの距離を飛んでいけるか」

という調査である。筆者と放送大学の体育学の臼井永男教授、国士舘大学の学生との共同研究によれば、小山や斜面がある、ある程度広い園庭であそんでいるこどもは、長い距離を飛んでいける。小さく、平面的な園庭であそんでいるこどもとの差は10倍以上に及ぶ例もあった。すなわちこどものあそび場は安定しているところばかりではだめで、不安定なところが必要なのだ。

前述の横浜の「ゆうゆうのもり幼保園」では、中央の吹き抜け広場の上に、大きなネットが張られている。3、4、5歳児にとってネット遊具は日常的な生活環境の一部になっている。不安定な場がこどもの身近なところにある。園庭にも小山があり、ネットがあり、斜面がある。ゆうゆうのもり幼保園のこどもはそのような環境で過ごしているため、バランス感覚がきわめて高い。運動能力という点でも優れているように思える。

不安定な場所はこどもだけでなく、そもそも人間を鍛える。それを乗り越えようと身も心も働くからであろう。ネット遊具を最初は怖がるこどももいる。しかし、少しずつマスターすることによって、ネットの上を自由自在に動き回れるような身のこなしを身につけていく。こどもにとって、不安定な場所が日常的にあることが必要だと思う。ネットはやわらかい。だから身を投げ出し、心も体も解放できる。不安定だからこそ得られる、休息の状態もあると考えられる。

揺れる体験も不安定な体験である。ロジェ・カイヨワの言う、めまい体験の一種と考えられる。しかし揺れることによって、揺れないことの意味にも気が付く。揺れる場所＝ブランコや吊り橋、ハンモック、ネット遊具等も、こどもの身近に欲しいものである。そして園庭は広く、できるだけ変化があるのが良く、斜面や小山は不可欠だ。

床の重要性

「建築空間はよく、床、壁、天井という要素によって構成されるというが、どこが一番重要だと考えますか」という質問が出されたら、どう答えるべきか。筆者は「床」と答える。人は床の上に立っている。人はいつも床に接している。だから床が一番重要だと思う。ましてこどもは床から1mぐらいの空間が生活の大部分の環境といえる。そういう意味でも床がとても重要なのである。床の材質、柔らかさ、音、暖かさがこどもの行動に大きく影響する。

床の冷たさ、暖かさについて我が国にはガイドラインのようなものはないが、体育館のようなスポーツ施設でも床が冷たいと事故が発生しやすいといわれ、ドイツでは床の表面温度を8度以上にしなくてはならないと規定している。特にこども施設では床の暖かさは重要である。

大人は体の表面積に対する足裏の面積は2%程度でしかないが、小さなこどもになるほどしゃがむ、這いずるというように床に接触する面積は15%にもなり、冷たい床は体温を奪いかねない。保育園でも低年齢児になればなるほど、床の温度は重要である。

空調方式も床暖房でなく、床下に温風や温水を流す方式を多く採用するようになってきている。床暖房は熱が直接的に伝わりやすい。それに比し、温風による床下空調は熱の伝わり方がこどもたちにやさしい。

愛知県児童総合センター　プレイステーション

そして、その触感も重要だ。特に〃滑る〃ことが事故をまねくことがある。あるマンションで犬が板貼りの上で滑って骨折をしてしまったという話があった。犬が骨折するほど滑りやすい床が、こどもに良いはずがない。人間にとってほどよい感触は、指紋ほどの凹凸感といえる。畳のようなイグサの感触も滑ることを防いでくれる。つるつる滑るフローリングではなく、しっかりと体重をのせることができる表面滑り度をもつ素材を選ぶことも大切である。

こどもの生活環境として、床の仕上げとその状態はきわめて重要である。筆者は「建築で最もお金をかけなければならない場所は床だ」といつも言う。人は床の上に立っている。こどもにとっては床がほとんど生活の場だからだ。

こどもの触れる力

こどもの触れる力は、母体の中で最初に現れるといわれる。触ることによって、こどもは〃これは何だ〃と認識をする。生まれた後、こどもは触り、口に入れ、そして見て、視覚と触覚を融合し、物を認識するという。

こどもの皮膚は薄い。微量なトゲもその皮膚を傷つける。皮膚が触る感性の先端を担う。だから小さいこどもも行動探索の中で、触りまくり、触れまくりながら、多様な感触を楽しみ、認識していく。

こどもの皮膚の状況、特に乳幼児の場合大変気をつけなければいけないと気づいたのは、ある保育園を設計し、デッキに南洋材を使用したときだ。南洋材はきわめて雨に強く、腐りに強い素材で、外部のデッキ等によく使われるのだが、そこに出た乳幼児の皮膚に小さなトゲが刺さり、傷つけてしまった。大事には至らなかったが、早急に完全にコーティングした材料に取り換えた。こどもの「なめる、なんでも口に入れる」という行為と皮膚等についての関係性については、まだまだそのガイドラインが確立していない。こどもの皮膚と脳の関係も多く指摘されており、保育者、養育者とのスキンシップの重要性も多く語られている。こども時代によく保育者、養育者と触れ合った人は、成長したときに、穏やかで精神的に安定した人に育ち、そうでないこども時代を過ごすと、攻撃的になるともいわれている。そういう意味ではこどもが日常生活を送る住まいの材料もきわめてこどもの成長と大きく関係しているのではないかと思われるが、空間の素材とのふれあいとこどもの行動の関係の研究は今後重要な課題として進めていかねばならない。

筆者はかつて愛知県児童総合センターで、小さなこどものための床の遊具――プレイステーション――をつくった。これは少し回遊ができ、素材の異なるさまざまな床を貼り合わせただけの単純なものだったが、小さなこどもに大変人気のある遊具となった。

こどもが元気に、ただ走り回り、駆け回るだけのものだったが、楽しそうにあそんでくれる。足の裏の感覚や、やわらかさ、温度、響きが違うところがおもしろかったのかもしれない。

とにかくこどもの「あそびたい」という意欲を拡大し、こどもが健康に育つ空間について〝触れる〟という視点で見直す必要がある。そういう意味では保育、小児医療、建築との連動した研究がもっと進められなければならない。

病気のこどもとあそび

こどもも病気にかかる。入院しなければならないときもある。療養中のこどもたちにも、あそびは必要だ。あそべる環境によって、回復力が増すというエビデンスも報告されている。そのため、近年、病院にはこども病棟や、小児科フロアにプレールームが設けられているところが多い。

筆者は、２００１年に東京都世田谷区にある国立成育医療研究センターの設計に関わり、チルドレンズ・ミュージアムのある楽しい病院にしたいと考えた。また、美しい緑のある中庭と、それを囲む天井の高いエントランスロビーとラウンジを設けた。不安を抱えるこどもたちが〝病院が身近で楽しい場〟と思えることが大切だ。

しかし、一番重要なのはこどもの院内の生活環境である。こどもはベッドの上にじっとしていられない。特に回復途中にあるこどもはプレールームに行って、プレースペシャリストと一緒にあそんだり、友だちをつくったり、看護師さんとあそびたがる。病室から抜けてさまざまなところに行きたがるのだ。

センターの設計時、そのような回復途中のこどものための運動路をつくることを提案した。国立成育医療研究センターは病棟と研究棟に分かれていて、その間に大きな緑の広場がある。病棟と研究棟の間

国立成育医療研究センター　メディカル・リング（模型）

には1本ブリッジをかけることが計画されていたが、それを2本にし、1周250m、幅3mのメディカル・リングという回復回遊路をつくることを提案した。

厚生労働省の建築担当官も賛成してくれ、大きな模型をつくった。その効果・予測等もまとめて提案したが、財務省の担当者の了解をとることができなかった。エビデンスがないという理由だった。今まで世界中のこども病院にそういうものがなかったので、どのくらい効果があるか示すことはできなかったが、こどもが「明日は、あそこに行って美しい中庭の緑をながめながら、あそびたい」と思う気持ちが、きっと病気からの回復力を高めると期待された。

そのものずばりではなかったが、傍証としてのエビデンスを示した。こどもの回復のための空中回廊という意味だけでなく、2本のブリッジがあることによって、病院と研究所で働くドクターや研究員の交流が活発になると、遊環構造を主張する筆者は考えた。しかし、病棟と研究棟をつなぐには1本のブリッジで十分なのに、なぜブリッジに2倍のお金をかけるのか、という財務担当者の疑問を払拭することができなかった。

結局、病棟と研究棟をつなぐ1本のブリッジはもっぱらドクターや研究者が使い、こどもの患者は使えていない。とても残念な結果になってしまったが、もう1本ブリッジをかけ、患者のこどものリハビリテーションスペースにする夢を捨てきれないでいる。

無駄と思われるところにも、交流や運動、学習の意欲を喚起する空間は存在すると思われる。それを証明していかねば、前進しないことを思い知らされた。その後、新広島市民球場で、回遊できることが、多くの人々の利用を促進することを証明できたが、今後もさまざまな場所で実証していきたい。

第19章　こどもの「意欲」を引き出す環境

精神的な困難と環境

筆者がこどもの頃はまだテレビはなかった。家でとる新聞が頼りで、ラジオだって民放はなかった。情報が少なかった。戦後の混乱から経済復興の中だったが、それでも朝鮮戦争が始まったというニュースは、こども心に不安をかきたてられた。

今、児童青年期の精神疾患において、外来の新患者数は１９９２年から２００２年で2倍に、さらに２０１２年には10倍に延びているという。不登校も2倍、肥満も2倍という。２０１７年、若者のひきこもりは全国で54万人と報告されている。このことが現代のこどもの心の困難さを示していると思われる。

社会恐怖（社会不安障害）、摂食障害、統合失調症、双極性障害、強迫性障害、パニック障害など、多くの症状がある。急激な社会的変化や暴力、戦争、大きな自然災害などの出来事が、すぐそばで起こっているような錯覚にとらわれてしまう時代を生きなければならない。

犯罪、病気、暴力、地球環境、ＡＩの脅威、こどもの不安をかきたてる映像が日常的にいたるところで目に触れる。筆者がこどもの頃の不安要因の何倍もの情報量だ。筆者は考える。もし自分がこどもだったら耐えられるだろうか。現代のこどもに対して同情してしまう。

筆者がこどもの頃には自由な時間と空間があった。あそびほうけられる環境があった。友だちみんなであそびに熱中することによって、不安から逃れることができた。今、そのようなあそび環境が少ない。いつの時代にもこどもが成長する過程で、困難に直面し、それを乗り越えるために、心と体を自由に解放することができるあそび環境が必要だと思う。

こどもを閉じこもらせない、追い詰めない空間や環境、こどもを解放する時間、空間、コミュニティ、生活方法といった成育環境を早急に整える必要がある。町も、学校も、家ももっとこどもの心や体を解放できるつくり方に変えていかねばならない。

学習意欲の低下と環境

神奈川県藤沢市教育委員会は、1965年から5年ごとに学習意欲の調査を行っている。このことを知ったのは友人の教育学者・高橋勝教授の著書『子どもの自己形成空間――教育哲学的アプローチ』(川島書店、1992年)によってである。

高橋教授は1965年から1990年までの25年間で〝バリバリ勉強したい〟という意欲のある生徒は25%減少していると指摘し、学校がパラダイム転換しなければならないのではないかと主張された。

目標達成型の学びではなく、目標探求型の学びに転換し、何かを実現するための学びではなく、それ自体が喜びであるような学び、すなわち労働への準備としての教育ではなく、意味ある生を生きるための教育、測定結果としての「学力」ではなく、生きたプロセスとしての「学力」を主張され、筆者も大いに共感した。

先生の本が出版されたのは1992年であるが、その後20年経って、藤沢市教育委員会の調査では学習意欲はさらに下がり、45年間で約40％も落ち込んでいる。我が国のこどもの学習意欲の低下は藤沢市の調査だけでなく、さまざまな調査機関のデータもそれを示している。

世界各国との比較においても、我が国のこどもの学習意欲は低い。このことは日本の将来にとってきわめて憂慮すべきことと思われる。

筆者は、あそび環境の研究者であるが、あそびは最も重要な学習の機会だと考えている。あそび意欲、学習意欲、運動意欲、交流意欲、創造意欲は共通していると思われる。今、我が国のこどもはあそび意欲も低下している。それは十分にあそんでいないからだ。おもしろいあそびを体験するとあそび意欲は高まる。生活の満足度のレベルが高まるからだ。

もっとおもしろいあそびをしたい。おもしろかったあそびをもう一度繰り返しあそぶ中で、より楽しさを発見していく。あそびがより楽しいあそびを創造していくからである。

学習意欲向上のメソッドとして、アメリカの教育学者ジョン・M・ケラーの唱えたARCS（Attention、Relevance、Confidence、Satisfaction）モデルが有名であるが、筆者はそれを3つの段階に転換して考えている。すなわち興味をもつ（Interest）、やってみる、解いてみる（Challenge）、そして成功する（Success）という3つの段階を繰り返す好循環によって学習意欲は向上すると思われる。これをＩＣＳ循環と呼んでいる。

また筆者は、ＩＣＳを空間的に置換することも試みている。「おもしろそうだ」「行ってみた・体験してみた」「良かった・感動した・楽しかった」という空間の3段階である。この3段階をクリアした空間は〝もう一度行ってみよう、やってみよう〟という気にさせてくれる。

学習意欲を向上させるためにはあそび意欲を向上させ、何度も繰り返し行くことが楽しみとなる楽しい環境を提供することも必要ではないかと考える。学校に行くのが苦痛となるのではなく、行くのが楽しくなる学校空間にすべきなのだ。

意欲を喚起する環境としての「遊環構造」

あそびやすい空間の構造としての「遊環構造」は、ＩＣＳ循環を伴うことによって、意欲を喚起する空間の構造に進化すると考え、数多くの児童施設、スポーツ施設、文化施設の設計に応用してきた。

そもそもあそびたいという意欲を喚起する遊環構造をつくり続けているのは、意欲としての学習、運動も同意であると考えたからである。第6章で述べた「遊環構造」の7つの条件のうち、回遊性と体験の多様性が中心的な柱であるのだが、ポーラス（多孔的）という、周囲の環境に対してきわめて開放的である状況も大きいと思われる。

もともと閉所恐怖症である筆者は、閉じられているクローズな空間は苦手で落ち着かない。開口がたくさんあることによって、多くの人を巻き込むことができると考えている。その場所の中心に、祈る空間、焦点となる空間、何もない空間を設置し、回遊に多様な体験空間をまとわりつかせるという空間構造が好ましい。人が集まる建築、人が集まる環境として、多くの遊環構造による集客力は実証済みである。

第20章　こどもが自然に「学習」する環境

こどもと「なぜ」

「なぜ」という言葉は、創造力の原点だ。ロンドンのノンフィクション作家イアン・レズリーは、さまざまな科学的知見を集めた著書『子どもは40000回質問する』（原題『CURIOUS』）の中で、人間が霊長類の中でサルと異なるのは「なぜ」と問いを発しながら「他者から学び、模倣し、共有し、改良する能力がある」からだと言っている。「赤ちゃんの好奇心の度合いは環境によって大きく左右される。物理的な環境はもとより、世話をしてくれる大人たちの影響が非常に大きい」とも述べている。

アメリカ・メリーランド州の国立小児保健発育研究所の科学者は、「自分が置かれた環境を積極的に調べようとするこどもほど、思春期を迎えたときの学校での成績が良いことが明らかになった」という。このことは赤ちゃんの環境が、赤ちゃんの好奇心を引き出す環境になっていることが重要だということを示唆している。「なぜ」と問いを発するような好奇心をかきたてる環境が重要である。

2007年に、心理学者のミシェル・シュイナードは、4人のこどもが、それぞれ普段面倒を見てくれる大人とやりとりをする様子を、1回につき2時間、合計200時間以上にわたって観察した記録を分析した。こどもは1時間に平均100回以上の問いかけをした。ハーバード大のポール・ハリス教授は、シュイナードの調査に基づいて計算し、こどもは2歳から5歳の間に「説明を求める」質問を計4万回行うと推定している。

同書によれば、こどもは好奇心の塊だが、4歳頃から衰え始めるという。幼児の脳は大人の脳より小さいが、大人よりはるかに多くの神経結合を形成している。ところが配線は混とんとしていて、大人の脳に比べ、神経細胞同士のつながりが非効率だ。したがって、幼児の外界を認識する能力は無限であると同時に、ひどく無秩序である。こどもは周囲の環境からさまざまな情報を集めながら、有効かつ信頼性の高い法則を見出し、それが強化され、知識や信念となる。

赤ちゃんは、こども時代を経ておとなになるまでに、探索によって獲得した知識を活用するようになる。ところが歳を重ねると、探索せず活用するばかりになる。

好奇心を持ち続けるには努力も必要だ。また「なぜ」は新たな気づきをもたらす。かつて筆者が30歳の頃、遊具のデザインを児童学会で発表した。その時、ある老学者が「仙田さん、遊具はあそびを規制してしまうのではないですか」と質問された。「遊具とは何か」その本質的な問いに筆者は何も答えられなかった。そのことを考えずに遊具をデザインしてきたのだ。

こどもの気持ちになっておもしろいと思われる遊具が良い遊具なのだろうと漠然と考えてデザインしていた。その質問をきっかけに筆者は「あそびとは何か」「遊具とは何か」「どうデザインすれば良いのか」という研究を始めた。筆者は今、若い人の研究やデザインに常に「なぜ」と質問する。かつて筆者に「なぜ」と質問してくれた老学者のように。それがきっかけとなって、本質的な研究やデザインを追求してくれるように変わることを望んでいる。

こどもと博物館

こどもと博物館との関係は、「こどものための博物館」と「博物館におけるこども」の2つの視点があると思われる。ここではまず、「こどものための博物館」について大まかに見て、次に「博物館におけるこども」という点から「こどものための学習支援、活動支援」について考えてみたい。

①アメリカにおけるこども博物館の隆盛

アメリカで、最初にこども博物館＝Children's Museumが創られたのは、1899年といわれている。1913年に創立された「ボストン・チルドレンズ・ミュージアム」は、ボストンの港湾地区の空き家となったレンガ倉庫をコンバージョン（機能変換）したものとして、そのデザイン・内容共に大きな注目を集めた。

設計は、ボストンの設計グループ〝ケンブリッジ・セブン〟である。ケンブリッジ・セブンはモントリオール国際博のアメリカ館を設計し、ボストンの「ニューイングランドアクアリウム（水族館）」、日本においても大阪市の「海遊館」を設計したユニークな設計事務所として有名である。

ケンブリッジ・セブンのユニークな点は、建築設計だけでなく、ディスプレイ、グラフィックなど、博物館の建築展示の両方から優れた業績を成したことにある。ボストン・チルドレンズ・ミュージアムは、古い倉庫の改装、空間等設備の露出をはじめ、建築そのものを博物展示とした最初の博物館といえる。

アメリカ全体で、こども博物館は300～400館あるといわれており、国内のこども向け施設としては最も身近なものである。ほとんどが民間の非営利団体により整備運営されており、各施設の理念や目的はさまざまである。ショッピングセンターに併設されている例もあり、都市的な環境の中で安全かつ、こどもの学習意欲を喚起するものとして機能している。

②アメリカのこども博物館の展示手法

多くのアメリカのこども博物館の展示は、大きく3つの博物館に影響を受けていると思われる。サンフランシスコの「エクスプロラトリアム」、カナダの「オンタリオサイエンスセンター」、そしてボストン・チルドレンズ・ミュージアムである。

この3つの博物館の展示は、「ハンズ・オン」と呼ばれる。それまでの見ることを通して学ぶ展示から、触る展示、体験する展示の重要性を示した。

エクスプロラトリアムは、物理学者オッペンハイマー博士によってつくられた科学博物館だ。サンフランシスコのパナマ太平洋博覧会が行われた跡地にある巨大な工場倉庫を改造してつくられた。以下3つの点でアメリカの博物館に影響を与えている。科学技術のブラックボックス化に対抗し、わかりやす

ボストン・チルドレンズ・ミュージアム（1980年撮影）

く、そしておもしろい体験展示を行っていること、それらのクリエイティブな展示物を創作している工房そのものを公開していること、そしてサイエンスとアートを結び付けていることである。

オンタリオサイエンスセンターは、科学展示ディレクターのミアケタイゾー氏と日系建築家レーモンド・モリヤマ氏のコラボレーションによって、五感の開発をテーマとした展示がつくられ、世界の科学館に大きな影響を与えた。

それまでの科学館、科学博物館は、ドイツミュージアムのように、本物志向の科学技術的成果を示す展示が中心であった。しかし、発明や発見という成果を十分持っていないカナダにおける科学学習センターは、科学に対する興味をいかに引き出すかということに集中した展示手法が明確に示されている。それがミアケタイゾー氏によって面白い興味を引く展示、体験する展示への提案となったと思われる。

そして3つ目が、科学者マイケル・スポック博士が「自発的に見て、触れて、試して、理解する」という展示を開発したボストン・チルドレンズ・ミュージアムである。

アメリカのチルドレンズ・ミュージアムは、日本的な「博物館」の機能ではなく、こどもが最初に社会・歴史・文化・自然などと出会う、体験の場としての機能を有している。こどもがここでの多様な体験を通じて、社会的、文化的、科学的に成長していくための場なのである。

多様な人種で構成されているアメリカにおいて、人種間あるいは民族間の理解というものも重要な教育課題だ。幼児期からの博物館体験によりそれらについての理解を深めるという点においても、チルドレンズ・ミュージアムの役割は重要である。

③日本におけるこども博物館

我が国のこども博物館は、教育施設、児童福祉施設・児童館の2つの方向があり、現在では大型児童館において、アメリカのチルドレンズ・ミュージアムの手法が多く導入されている。

青山の「こどもの城」(2015年2月1日閉館)、愛知県児童総合センター、富山県こども未来館、浜松こども館など、日本を代表するこども博物館は、行政的には児童福祉施設的位置づけである。

例えば、愛知県児童総合センターは、大型児童館といわれるもので、規模としては「こどもの城」に次ぐ大きさ、約7600㎡の延べ面積を有している。この館は、愛知県下の市町村の児童館のセンター機能的な役割をもつと同時に、200haにおよぶ県立青少年公園の一画にあり、公園利用施設となっている。青少年公園では、2005年に万国博覧会が開かれ、現在は愛・地球博記念公園に。地下鉄、モノレールも延伸され、児童総合センターもより市民県民に利用されやすい施設となった。

この館は、博覧会以前より年間50万人の利用者があり、多くのファミリーに利用されてきた。空間コ

愛知県児童総合センター（1996）

富山県こどもみらい館（1992）

ンセプトとしては、多様な体験による学習、あそびを通しての学習を中心に意欲を喚起する空間の構造として筆者が提唱している遊環構造が具現化されている。工芸スタジオ、絵画スタジオ、展示スタジオなど、こども博物館と同様の展示運営プログラムが含まれ、館全体がこどもの探索の空間となるよう計画されている。

また、愛知と同様、筆者が設計した富山県こどもみらい館も大型児童館で、４０００㎡の建築延べ面積を有し、約95haの太閤山ランドという県立公園の中央に位置している。ここでも遊環構造が適用され、小さなこども劇場とアトリエという2つの核を中心とし、あそびながら学べる空間構成とした。年間20~30万人の利用があるようだ。室内の空中には、プレーチューブというチューブ状の遊具を設置するなど、さまざまな探索空間が用意されている。

④こども博物館と博物館

アメリカでは、こども博物館、自然史博物館、科学館も、民間・公的を問わず教育機関として、同種のカテゴリーにくくられる。例えば、ボストン・チルドレンズ・ミュージアムは、学校（公的教育）や地域と一体となって活動する非公的教育機関と明確に位置づけられている。実際のプログラムにおいても、学校の教師との連携プログラムや、地域の人々の積極的なボランティア活動などによって、学校と地域との連携が図られている。

また、一般の自然史博物館や科学館との連携なども積極的で、自然史博物館や科学館の側においても、幼児のための発見体験コーナーなどを設け、小さなこどものための博物館体験も用意。アメリカでは、相互の活動の連携がきわめて高度に形成されているといってよい。

それに対し、日本では、こども博物館的施設は原則的に公的な機関であり、福祉施設として位置づけられ、教育施設としての博物館施設との連携を十分にしている所は少ない。これも行政的な縦割りの弊害である。

しかし、幼保一元化が叫ばれ、こども園などという形で幼児の教育と保育の一元化が実行されている現在、日本の児童館活動と博物館活動の連携が重要と思われる。博物館、美術館と、こども博物館的大型児童館とのさまざまな運営プログラム等の交流だけでなく、人事的な交流も進められるべきである。

⑤博物館におけるこどもの活動

博物館は本来的に、こどもの学習の場としての機能が最も重要視されるべき施設だ。そもそも、次世代の教育の場として、科学館・歴史館・自然博物館・美術館などすべての博物館を、もっと有効活用する必要があると考えられる。特に、こどもの学習意識を喚起する場として、次のような活動視点を提案したい。

(1)体験から学ぶ活動／体感を通して学ぶ活動

車イスに乗ってデコボコや坂の道を登り、下り、走り、止まる体験ができるコースに挑戦することによって、こどもはハンディキャップのある人々の困難さを知り、他者の身になって考えるようになる。この体験展示を初めてボストン・チルドレンズ・ミュージアムで見たのは、今から30年前のこと。優れた体験展示は、さまざまなことをこどもに伝えることができる。

(2)表現・制作から学ぶ活動

自然の変化、美しさ、それを体験して感じた気持ちを、素直に絵や造形として表現することによって、こどもはよりその感動を反芻《はんすう》する。ものをつくることを積み重ね、こども自身が表現し、制作する機会をふくらませることが博物館活動としてきわめて重要だ。

大洗水族館　キッズコーナー

茨城県自然博物館　探索する楽しさ

(3)探索を通して学ぶ活動

こどもの好奇心を育てることも博物館の大きな役割だ。さまざまな発見、不思議さを調べる活動、そして何よりも探索する楽しさを誘導していくことが重要である。そのためには、博物館は情報センター的な機能が必要だが、図書館としての機能ももたなければならない。

(4)あそびを通して学習する活動

以上の博物館における体験、表現、探索活動は、すべてこどもの自由かつ自主的な活動を通してなされることが望ましい。そのためには、あそびという要素が必要である。小さなこどもにとって、あそびは同時に学習でもある。あそび場としての要素はこども博物館だけでなく、博物館活動の中でも不可欠と思われる。筆者の設計した大洗水族館では、こどものコーナーが多くのファミリーに人気だが、小さなこどもの「おさかなごっこ」を通して、水族館を身近なものとする役割を果たしていると考えている。

⑥こどもの成育環境としての博物館の役割

筆者は、2007年から2008年にかけて、日本学術会議の課題別委員会、子どもの成育環境分科会を通じて2つの提言を出し、こどものための空間の総合性について言及している。成育環境を、こどもの心身の解放の場とするよう、あらゆる博物館が、こども博物館的機能をもち、体験、表現、探索、あそびを通して意欲が喚起されることが望ましいと思われる。

こどもの読書や学習環境について

①日本のこどもの成育環境としての本の環境

文部科学省の調査によれば、日本のこどものITメディアとの接触時間は世界でも最長に属している。このことは2つのこどもの生活活動に大きな影響を与えている。すなわち、こどもの外あそびで群れて遊ぶ体験と、本を読む体験がテレビに奪われているということだ。

テレビを見ることはきわめて受動的であり、暴力的な、あるいは恐怖を与えるシーンのこどもの精神的発達への影響は多く指摘されている。さらに、このテレビ視聴に多くの時間を浪費する日本のこどもの生活スタイルが、すべての面における意欲の減退につながっていると考えられる。

②日本のこどもは本を求めている

70年前、日本のこどもにとって身近に本を読む環境はなかった。本という存在そのものが戦後復興期にはきわめて不十分な状態であったのだ。しかし、1960年代、日野市立図書館が行った移動図書館活動において32万冊が貸し出され、そのうち23万冊が児童図書であったという例に見られるように、児童図書に注目が集まり、こどもの読書意欲が認識された。

その後、数多くの自治体が図書館建設を行う中で、着実に児童図書部門が整備されてきた。大正大学の中多泰子氏が発表した、現代のこどもの児童図書館利用データの「公共図書館を利用しているこどもには活字離れは当てはまらない」という指摘は私たちを安心させるものである。

しかし、その本の環境を身近にもっていないこどももまだ多く、ＯＥＣＤの調査にみられるように、日本のこどもは本を読むことを習慣とする環境にないのではないかと筆者は危惧する。この点、やはり親子で本を読む習慣がもたれ、また親子で図書館に行くことが習慣化されるような環境が重要だと思われる。

③本を読む習慣を育む環境デザイン

幼稚園においても、保育室の絵本コーナーはもちろん、特別な絵本の室の設置を念頭に空間形成することによって、こどもの本に対する興味を増幅させることができる。本を読むことを自由な活動の中での一つの行動として見た場合、いろいろな姿勢でも読めるようにしたい。あるいは、おはなしコーナーの中で、お母さんや保育士さんによって朗読される劇場的な空間も楽しい。

絵本館として独立させた本の空間を設ける場合もある。このときも大人の図書館と異なり、さまざまな空間、小さくて狭い空間、少し背の高い空間、カーペットの床、畳の床、フローリングの床など、い

上写真、中心部分が図書館

図書館内観

多治見市立滝呂小学校図書館
校舎の中央に図書館が位置している

ろいろな床の上で本を読める空間を用意すべきである。こどもはその日のお気に入りの場所で、お気に入りの姿勢で本を読む。

学校において、図書館は中心的な位置にレイアウトする必要がある。各学年の教室からも近く、かつ独自の空間性をもっていることが必要と考えている。図書室は教室と同じ空間ではない、特別性が重要だ。

岐阜県多治見市立滝呂小学校の図書館は、学校の中心的な位置にシンボリックに設けられ、登下校の際には必ず生徒が通る場所となっている。図書館がこどもの学校生活の中で楽しい空間的な思い出となる必要がある。

秋田にある国際教養大学中嶋記念図書館は、大学生のための図書館であるが、ここで本を読みたくなるというような空間・雰囲気をもつ図書館である。筆者が設計し「本のコロセウム」と名づけられているが、半円形の階段状の書架と、読書テーブル、本に囲まれ、本を読む幸せが実感できる。ここの利用率は高い。「空間が本を読みたいという気持ちにさせる」と利用者は言う。

本は知的好奇心をかきたてる。図書館は、こどもや大人の知的好奇心を喚起させてくれる。その空間と環境はまさにその媒介者なのである。良い料理が良い空間を求めるように、良い本は良い空間を求める。良い本を良い空間で読みたいという欲求をこどもも大人ももっていると考えている。

１５０年前に日本を訪れた外国人は、その日記や旅行記に、「日本はこどもの楽園であり、美しい庭園都市だ」と感想を書き、かつ識字率と文化度の高さに驚いていた。しかし、その後現在の地域も都市も、こどもの成育環境として望ましいものにはなっていない。

本は心の栄養素だ。もっと豊かな本の環境をつくり上げることが必要だ。こどもの心と体を解放する、こどもが群れてあそべる緑豊かな場と、豊かな本の環境をつくり上げていくことは、きわめて重要な課題だと考える。

国際教養大学　中嶋記念図書館（2008）

こども環境アドバイザーの役割

筆者が代表理事を務めるこども環境学会は、こどもの生活に寄り添う専門家の育成をテーマとし、こども環境アドバイザーという資格認定を行っている。こどもに関する専門家は多いが、分野別ではらばらに活動し、総合的な知識をもたないスペシャリストが多い。幼稚園や保育園の設計には、児童心理やリスクについての基本的な知識が必要だ。また、保育士には建築的、あるいは遊具的な知識が必要であり、このような学際融合的な資格が構想された。

日本のこどもの生活環境は、劣化と呼ぶべき、きわめて困難な状況にある。体力、運動能力の低水準、こどもの生活習慣病の増加、意欲の減退、ひきこもり、不登校、そしていじめをはじめとする深刻な事故、事件等々、新聞やテレビで話題にならない日は少ない。これには、こどもの成育環境全体における環境問題が大きく関わっているといえる。

いつの時代にあってもこどもの成育に寄り添い、サポートする大人が必要である。その大人はこども成育環境全体に対する理解と知識をもった人たちであることが望ましい。あそびにしろ、学習にしろ、こどもの同伴者、メンターが重要だと考えている。

こども環境アドバイザーは、広くこども環境を理解し、統合的知識と調和のとれた行動により、こどもの環境をよりよくする活動を促進する。こどもがよりよくあそび、学習できる機会を増やすことに参加することが期待され、創設された資格である。こども環境アドバイザーがお互いに連携し、切磋琢磨しながら、こどものよりよい環境形成と健やかな成長に寄与することを期待したい。

第21章　こどもの「健康」を守る環境

素材・温熱環境とこどもの行動

①室温の調整

気温28度以上の屋外、無風状態で湿度が高く（70～80％）、特に35度を超えると熱中症になる可能性が高いと指摘されている。室内でも室温28度以上の締め切った状態は危険で、また室内のほうが熱中症にかかる率が高い。室内でも注意する必要があるのだ。

小さなこどもは体の水分割合が大きく、水分が失われると影響が増大する。腎臓の働きが未熟なため、脱水の進行が早いのだ。25度以上の室温になったときは冷房も必要だが、通常のＦＦ式空調機などでは、室温に偏りが生じるのは一般的だ。扇風機などで攪拌《かくはん》する必要もある。

こどもには風通しが必要だ。窓にはいろいろな種類があり、床から立ち上がる窓を地窓という。あるいはゴミを掃きだしやすいので、掃きだし窓ともいう。すなわち床から窓が開く、床に近いところに窓があって、風が床を走ることが重要である。

その時、外から内に入る風の質が大切だ。外に池や林があると涼しい風となって入ってくるが、舗装された道や、日に焼けた土からの風は熱風になってしまう。外の環境のつくり方と、風の入れ方に注意しなければならない。

保育室等の小さなこどものいる室では、地窓や掃きだし窓はこどもが転落する危険があるため、木製の格子などのガードが必要だ。そしてできるだけ保育室の周囲は緑地で日陰をつくり、涼しい風を入れること。扇風機による風の流れも有効である。

〝室の中の空気がよどむ〟とよくいう。外の新鮮な空気が入ってこないとCO_2が多くなり、眠気を催させたり、集中力に悪さをしたりする。こどもの生活環境に新鮮な空気は実に重要なのだ。こどもが物事に集中できるためにも、新鮮な空気を適切に入れる必要があると環境工学の専門家も指摘している。保育室の場合、こども一人時間当たり10㎥程度の換気量が必要とされている。

床が暖かいと、こどもの行動が活発化することが指摘されている。慶應義塾大学の伊香賀俊治研究室によれば、床の温かさの滞留環境の改善は、こどもの身体活動に良い影響を与えるという。高断熱無垢《むく》フローリング（二重床）の園と、低断熱複合フローリング（床下地：コンクリート）の園では、低断熱の園のほうが床近くの温度が4～8度低く、こどもたちの歩数は高断熱の園が1・3～1・6倍多かった。肥満傾向、体力・運動能力の低下、骨折リスク指数の増加といった身体的問題の改善効果があるとしている。

直接肌に触れる床材の選択も重要で、無垢材フローリングが床で生活するこどもには良いといわれている。床暖房が好ましい。しかしホットカーペットなどを乳幼児に使用するのは好ましくない。温度が高くなりすぎる傾向があるためだ。

最も好ましいのは床下空調方式である。コンクリートの基盤と板貼りの床の間の空気層を暖めたり、冷やしたりする方式は輻射熱《ふくしゃねつ》の利用として、さまざまな温熱条件をつくる方法としては好ましい。あるいは温水循環のほうが低めの温度で長時間連続運転すると床暖房の良さを活かせるともいわれている。温水床暖房の時の問題は往々にしてコンクリートに直にフローリングを貼る床となることである。これは安全性という点では問題である。こどもにとって床の弾性はきわめて重要で、効率が少し悪くなっても直貼りは避けなければならない。

省エネルギー化を目指す形としては、今後は地中熱利用が最も効率が良いと推奨されている。コンクリートの床の上に根太組をして、木製の板貼りをし、その間に空調した空気を挿入する方法は柔らかい床をつくると同時に、冬は暖かく、夏は涼しい床をつくる上でも合理的である。

②こどもは床の上で生活する

人間は空中を飛ぶわけではない。床の上で生活する。大人は2本の足で立ち、行動するが、こども、特に乳幼児は地上1m以下のところで生活している。まだ歩けない乳児の場合にはほとんど体全体が床に接している時間が長くなる。幼児の場合も寝ころぶ、座るなど、床の上での生活が大人の状況とは異なる。大人の場合は足の裏のせいぜい200㎠〜400㎠程度しか床に接していない。それは体表面積の2%程度にしかならない。それが小さなこどもの場合には体表面積の15%以上が床に接していることが多い。

建築という空間は、床、壁、柱、天井、屋根によって構成されている。これを建築のエレメント(要素)というが、実は人間が接しているところは床しかない。すでに述べているが、したがって人間にとっては床が最も重要な建築的要素であるといえる。

一般的にこどもは床に近い高さ1m以下のところで行動する。大人が温度を感ずる高さは1・5~2mぐらいだが、こどもはもっと低く0・5m以下で感じていることに気づく必要がある。

外の場合、地表面の素材によって温度は異なる。アスファルトやコンクリート舗装の場合、45度近い高温になる場合がある。保育室に連続したデッキ材に人工木が使われることがあるが、天然木は断面が小さな穴があいているポーラスな状態なので、熱伝導率が低く、そのもの自体が高温になっても接触面にその温度を伝えにくいが、人工木のような固めたもの(密度の濃いもの)は熱伝導率が高く、高温になりやすい。そのため、日なたで高温になった人工木に触れると非常に熱く感じ、またやけどの危険性もある。100度のサウナの中で、熱伝導率の低い木のベンチには座れるが、熱伝導率の高い石の壁には熱くて触れられないのと同じ原理である。

特に地表面近くで生活するこどもは室内と異なり、天気の良い外では地表面温度の高い状態にさらされるという点に気をつけなければならない。緑地の多い園庭、日陰の多い園庭が重要なのである。熱中症になりやすい夏場は風通しの良い日陰であそばせる配慮が重要である。

③レジリエンスとリダンダンシー

四季の変化とともに、室内の気温環境も変わる。日本は四季の変化が豊かな国である。一方、自然災害も多い。地震だけをとりあげても、本書で何度もいうように世界中の平均的な場所に比し、地震で被災する可能性が100倍も高い。自然の変化、厳しさを体験するからこそ、〝レジリエントな国民〟〝耐性のある国民〟だと、2011年3月に起きた東日本大震災の際に世界中の人から言われた。

しかしこどもの生活も、ただ快適さを求めるだけではいけない。適度に風に当たり、寒さに耐えなければならない。その適切さは、保護者や保育士が判断することだ。北欧では幼稚園の休憩時間、氷点下でも外でこどもをあそばせる。困難さを乗り越える力をつけるためにはあまりに快適さを追求するのも問題なのである。あまりに機械的な温度、湿度調整に固執するのもどうかと思われる。こどもの育ちにはリダンダンシーという〝良い加減〟も必要であることを認識しておくべきであろう。

こどもと眠り

こどもにとって眠りはとても重要だ。眠ることによって脳の開発が行われる。健全な眠りがこどもの発育・発達にとって重要なのである。

新生児は、寝ている時間と起きている時間が交互かつ頻繁に変わる。〝ウルトラディアンリズム〟といわれる。それが生後1～2カ月になると、寝ている時間と起きている時間が徐々に塊となる。〝サーカディアンリズム〟といわれる。そして、4〜5歳になってやっと大人と同じリズムになっていく。そのような年齢とともに変化していくこどもの眠りのパターンの変化を、よく理解することが大切である。

建築家は、こどもがぐっすりと眠ることができる環境をしっかり用意しなくてはならない。小さなこどもが一日の中で眠る時間は長い。健全な眠りは、脳の働きを健全なものにするのだが、我が国のこどもの就寝時間は遅くなる傾向にある。昔に比べ、大人の生活が夜型になっていることもあり、こどもも夜遅くまで起きている。もっと早く寝るようにすべきである。

富山大学の神川康子教授によれば、沖縄県で全テレビ局が夜9時になると、「良い子は寝る時間ですよ」という放送をすることによって、小学生の学力テストの結果が全国最下位だったのが、中位に上がったという。よく眠ることが学ぶ力に大きな影響を与えていることを示していると報告されている。

環境的に考えると、よく眠れる環境をつくることが重要である。保育園などでも「静かな保育室」をデザインしている例は少ない。スウェーデンでは、保育室は30 dB以下にしなければならないと法律で決められているが、我が国にはそのような規定はないし、そのような静けさを目指す建物は少ない。生活の中でテレビをはじめ、空調やさまざまな音を発するものに囲まれ、外部からは車の騒音等が室内に侵入してくる。もっと遮音性の高い建築空間がつくられる必要がある。

また、光も明るすぎるきらいがある。小さなこどもの保育室は、やはり寝室として安心して眠れるよう、あまり大きすぎないほうが良い。保育園で、遊戯室をカーテンで暗くして、こどもたちが一斉に昼寝をしている光景を見かけるが、こどもの眠りのリズムは1日1時間もずれる。だからもっと小さな空間で、できるだけ少人数で眠る環境が望まれる。

考えてみれば眠るとき、生物は無防備になる。だから他者から気づかれにくい、小さな隠れたところが、最も眠るのにふさわしいに違いない。私たちは、こどもの眠りがもつ時間の重要性に気づき、よく眠れる環境を用意するべきである。

こどもと微量化学物質

近年、ＡＤＨＤなどの発達障害と、体内に組み込まれた微量化学物質との関係を示す論文が多く発表されている。現在、新生児の約６％がＡＤＨＤ、自閉症、その他の精神的障害をもっているといわれている。こどもと母体との関係から、母体が化学物質に汚染されないことが重要であるし、そのためにはこどもの頃から食材の安全性を管理することがきわめて重要である。

我が国は、耕作地単位面積当たりの農薬の使用可能量が世界の中で多い国に属している。安全な食材を確保することに対して、社会的なコンセンサスが必要である。

母親の喫煙が胎児に与える影響が指摘されて久しい。台湾では妊婦の喫煙が法律的に禁止されている。我が国においても喫煙の害についてかなり周知しているが、若い女性に喫煙者が多いことは問題である。

現代のこどものアレルギー問題と微量化学物質との関係について、数多くの論文が発表されている。生まれてくるこどもへの影響を考え、生活を律しなければならない。生活習慣として、飲食を含め、社会的ルールとして広く知らしめる必要がある。

こどもの能力や状況は、もちろん遺伝子レベルの影響もあるが、生まれた後の人的・物理的環境によるところもきわめて大きく、60〜75％が後者によるものといわれる。さらに母体からの影響という点も考えられる。

次世代への影響とは、まさに現代のこどもの成育環境そのものである。その認識が重要である。そのためにもフィンランドの「ネウボラ」のような、胎児から6歳まで継続的に助産師や保健師からのアドバイスが受けられる総合的な子育て拠点が望まれる。我が国でもネウボラに影響され、そのような子育て拠点が整備され始めている。孤独になりがちな母親に対し、とても安心できる場となる拠点の整備が少子化対策として有効だと思われる。

こどもと光

若い頃、初めて産婦人科の病院を設計した。筆者の2人の息子はその病院で生まれた。赤ん坊は暗い産道を通って、この世界に出てくる。こどもの視力は生後、徐々に獲得されるという。新生児室はとにかく明るい室だ。暗い世界から突然に明るい世界に出てきていいのだろうか。

新生児室を明るくするのは、赤ん坊に異変が起きたとき、ドクターがすぐにわかるようにするためということであった。しかし、昔、家で産婆さんに取り上げられた赤ん坊たちは、しっとりとした暗い空間の中に生まれてきた。

日本の住まいの伝統について谷崎潤一郎は『陰翳《いんえい》礼讃』の中で、我が国の住まいは薄明るい、薄暗い、陰影のある空間なのではなかろうかという趣旨を述べている。

確かに昔は障子や畳の照り返しによって生まれるやわらかな光があった。今、私たちの生活はどちらかといえば明るすぎる傾向にある。高齢化社会の中で、老人中心の住まいが基準になって、暗いと字が読めないということもあり、日常的に500luxもある居間も少なくない。

しかし、小さなこどもにとっては、白光色ではなく、やわらかい電燈色、暖かい色光で50luxぐらい、最大でも200luxで十分だ。

生体リズムを獲得するまで、眠ることと、起きて活動することは交互かつ頻繁に起きる。眠ることのほうがどちらかといえば時間的比重は高い。だから明るすぎず、よく眠れる光環境をつくってあげる必要がある。私たちはもう一度日本の伝統的な住まいの光環境を見直しても良いのではなかろうか。

こどもと空気質

こどもは日常の生活の中で、多くの化学物質にさらされ、化学製品のおもちゃや塗料など、多くの揮発性のある空気質に曝露《ばくろ》されている。特に小さなこどもは皮膚が薄く、敏感である。さまざまな皮膚障害を起こすこともある。床の塗布剤については慎重な選択が必要である。室内空気中の化学物質が原因で起こるシックハウス症候群は、1990年頃に顕在化したが、新建材の出現と気密性の向上が原因といわれる。

人は、食べ物や飲料、外気、室内空気などを摂取するが、体内に取り入れるものの総重量の6割を室内空気が占めるといわれている。シックハウス症候群や化学物質過敏症にかかると、不眠不安という精神障害、めまい等の内耳障害、気道障害、消化器・運動器・自律神経・眼・循環器・免疫障害などを起こすといわれており、きわめてその対応が重要である。

すでに建材については建物竣工時に空気質の検査が行われている。もちろん、建材、塗料、溶剤、樹脂原料、添加剤などそのものにも環境評価が与えられている。

換気も重要である。気密性の高い室ほど空気が汚染される恐れが高い。温熱環境的にいえば、新鮮な空気を入れず、循環していくほうが効率的であるが、空気質の汚染については問題があることを理解する必要がある。小さなこどものいる室は、高い気密性で温熱環境をコントロールするより、外気を積極的に入れ、その変化に対応しやすい体質をつくることが重要と思われる。

壁材料に対して、抗菌、除菌性のある貝殻セラミックや、消臭、分解、殺菌、イオン化などに効果のあるシラス（火山灰の一種）などを考慮するのも有効といわれている。近年、室内の機密性能が向上し、空気の汚染濃度が高まりやすくなっているので、熱交換換気システムを入れることによって、機械的に換気をコントロールするのも一つの方法だ。しかし、こどもの場合、室内、室外と自由に行き来する行動が重要で、自然通風による換気を主とするほうが良いと考えられる。

建物完成後、空気質の検査をして問題がなくても、家具が入ってから空気質が悪化する場合がある。こども向けの海外製の家具は、塗料などの規制がきわめてルーズな仕様で輸入されるため、空気質に悪影響を及ぼすことがある。家具、おもちゃなどの仕上げについては十分な注意・検査が必要である。

こどもと音——静けさと眠り、コミュニケーション

母親のお腹の中にいる胎児は、20週ぐらいになると音を聞くことができるという。胎児の感覚は触覚が第1で、聴覚は2番目であるというが、母親の胎内でこどもは、母親の体を流れる体液の音、母親の声、その他さまざまな音を聞いている。

我が国は、虫の音、風の音を愛でる、鑑賞する伝統がある。自然の変化の豊かな国で、自然の移り変わりの音を楽しむという風習をもっている。古来日本のこどもの生活環境は、とても静かなものだったはずだ。しかし、今、私たちの生活はさまざまな音に満ちている。家庭は生活機器にあふれ、その多くが電子的な音を発している。ある意味現代的騒音の時代ということができる。

こどもにとって眠ることが、脳の健全な発達にとってきわめて重要である。そういう点で静かな空間が用意される必要性は非常に高い。保育園のように0、1歳児が10人いたとすると、眠る時間、起きている時間はそれぞれに異なる。静かに眠ることができる室が用意される必要がある。

建築法規上、内装制限などがあり、吸音性の高い素材を床、壁、天井に用いなければならない。布を垂らす、吸音性の高いマットを置く、あるいは立てかけるだけでも残響時間は短くなる。数値的にいえば0・6秒以下にすることが望ましい。

あまりにうるさい空間で生活し続けると、こどもと保育士との会話、コミュニケーションがうまくとれず、発言能力にも影響が出るといわれている。0、1歳児の保育室においては、音による空間の分節

化、すなわち眠る室、動く室、食べる室というように、明確に空間を分離することも一つの方法である。

いのちを守るデザイン

いのちの大切さはここで論ずるまでもないが、小さなこどもは大人によっていのちを守られることも当然だが、こども自身がさまざまな体験を通して成長し、自らを守る方法もまた身につけていかねばならない。成長とは、自らのいのちを守ることができるようになることである。

筆者は多くの幼稚園、保育園の空間のデザインにおいて、こどもが挑戦することができる空間を用意している。こどもにとって探索し、発見し、挑戦することは、成長の過程として必要だと考えているからである。

こどもにとって、環境とは空間、時間、コミュニティ、方法という4つの要素によって構成されている。それらが適切に組み合わされてはじめて、健全な成育環境になると考えている。例えばこどもがあそびやすい遊具はみんなと一緒にあそべる遊具である。すなわちこどものコミュニティを開発する遊具なのである。そのためには、心理学とデザイン業が融合される必要がある。こどもの成育空間は単に形や格好を工夫するだけではいけない。例えば、こども園の建築もこどもらしいデザインに目を奪われがちになるが、そうではなく、本質的にこどもが元気に育つ材料、工法、設備になっているかもとても重要なのである。

本当のこどものための空間は、本章でも述べたような、こどもの生活と健康を支え、守るものでなければならない。触覚環境、温熱環境、音、光環境、空気質、色彩環境などが安全で豊かなものであることが必要である。近年、異分野間の統合的な研究が始まって成果を挙げているのは好ましい。このような傾向が加速されることを望みたい。

第5部　こどもと環境の戦略

第22章　貧困とこどもの居場所

こどもの貧困が特に話題になったのは、２０１０年のＯＥＣＤ諸国のうち我が国のこどもの貧困率が15・7％というレポートによるものであった。デンマークをはじめ北欧諸国は10％以下、ドイツ、フランス、イギリス等が約10％であるのに比べ、日本は思った以上に高いことが驚きだった。失われた20年、30年といわれる現代日本において格差が進行し、こどもをもつ貧困家庭が増え、貧困に陥っているこどもが7人に1人の割合でいると多くのメディアで取り上げられた。

世界的に見れば、我が国は産業界においてもトップと若い人の給与の差は大きくなく、一億総中流とまでは言えなくとも、欧米や中国に比べれば、階級社会とは遠い、比較的平均的な世帯が多いと思われていたが、さまざまなところで徐々にひずみができているともいえる。ここでもその社会的ひずみの被害者はこどもだ。地域社会の解体、核家族化や家族システムの崩壊もその要因として挙げられるが、すでに述べたように、若年離婚をきっかけに貧困に陥る母子家庭の多さなどからしても、我が国の社会システムにも多く問題があると思われる。ひとり親世帯の貧困はＯＥＣＤ平均で30％であるのに対して、日本は50％で、北欧諸国等は20％以下である。２０１６年のユニセフ・イノチェンティ研究所の「レポートカード13　子どもたちのための公平性：先進諸国における子どもたちの幸福度の格差に関する順位表」でも我が国はきわめて低位である。

都市のみならず、地方においても、かつての地域や家族というこどもを多くの大人が見守りながら育てるというシステムが崩壊したため、それに代わる社会システムの整備が速やかに立ち上げられなければならない。

OECD諸国のこどもの相対的貧困率
（2010年）

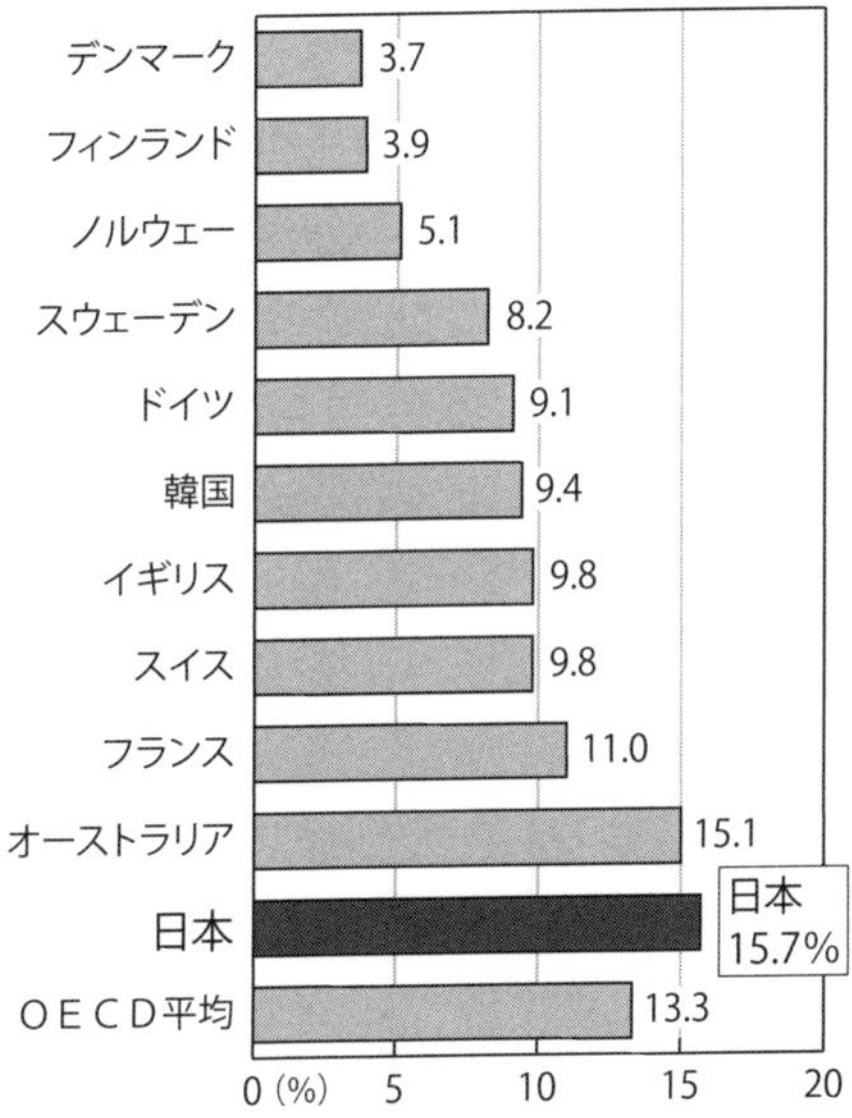

（内閣府、子ども・若者白書, 2014から作成）

従来、貧困によってもたらされるこどもの状況について多くの報告はあるが、空間的な関係性、環境的な側面における分析等の検討はまだまだ不十分である。また分析的な調査も少ない。今後のこどもの貧困に対する都市・建築・環境的対策、あるいは整備という点から、こどもの成育環境の空間・環境的側面より、現代日本のこどもの貧困問題を考え、その改善のための提案を行っていきたい。

各国の相対的所得ギャップ
(Inequality in income)

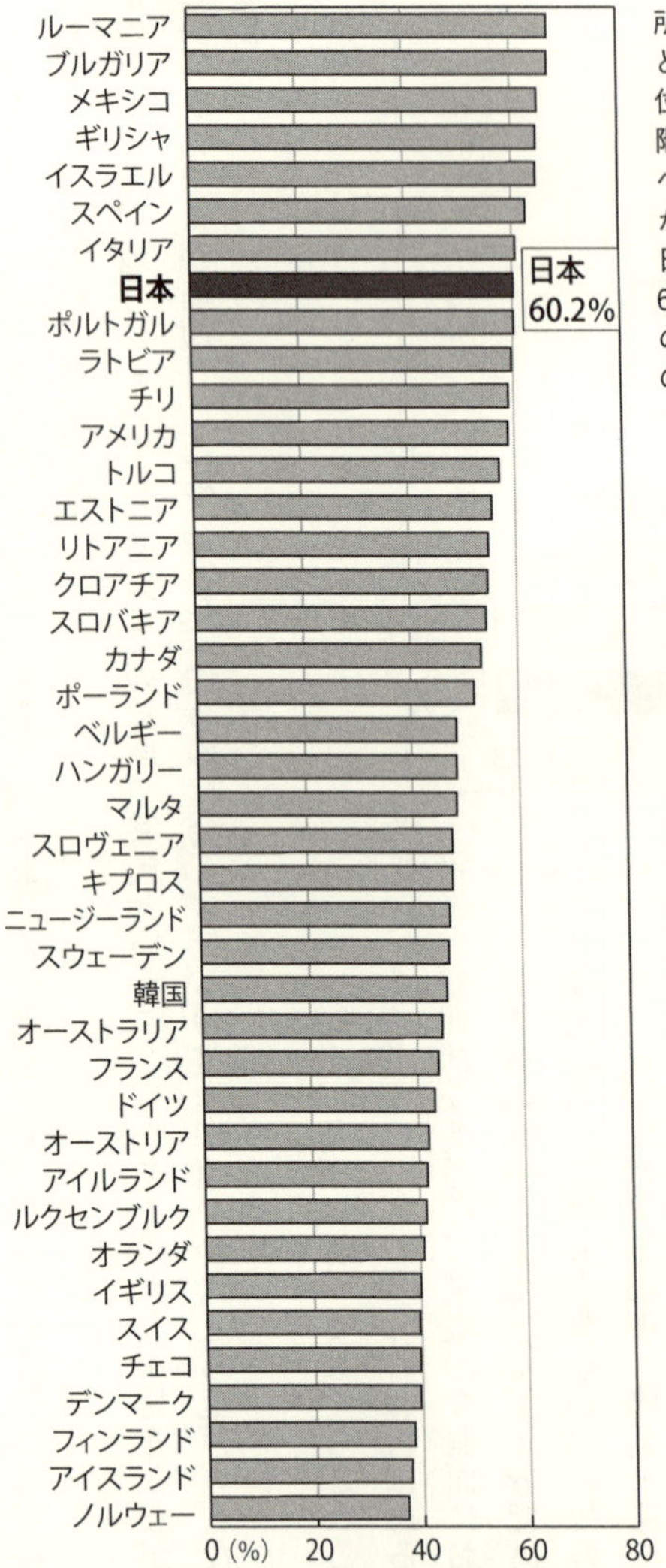

所得階層の下から10%目のこどもが属する世帯の所得が中位(ちょうど真ん中)の所得階層のこどもの世帯所得に比べてどれほどかけ離れているかを示した指標。
日本の相対的所得ギャップは、60.2%で下位10%目のこどもの世帯所得は、中位のこどものそれの4割にも満たない。

(UNICEF Office of Research. Innocenti Report Card 13, Children in the Developed World, 2016から作成)

貧困がもたらすこどもの成育環境と成長との関係

こどもの成育環境を空間、時間、方法、コミュニティという4つの側面よりとらえる方法は、日本学術会議対外報告「我が国の子どもを元気にする環境づくりのための国家的戦略の確立に向けて」（2007年7月13日）において報告したものである。この視点より、こどもの貧困問題の要素を考えてみると、こどもの貧困は次の大きな4つの生活基盤の欠如をもたらすと考えられる。

①衣食住、②成育コミュニティ、③学習体験環境、④安全安心環境

これらの欠如が、こどもの不健康、不安感、不信感、孤立、孤独、低学力、低い自己評価などをもたらしていると考えられる。アメリカでの研究では、こども期の逆境は成人になってから精神的、肉体的ダメージを誘発すると明らかにされている。

目標として、我が国のこどもの貧困率は、現状の3分の1以下にすべきである。しかし、4つの要素の欠如は我が国のこどもの成育環境全体の問題ともいえる。その量的、質的改善はまさに我が国の将来にきわめて大きく関与する問題である。

①衣食住の欠如——こども食堂

現代日本は、物余りの時代といわれている。住宅においても、空き家問題が大きな都市問題になって

いる。朝日新聞のこどもの貧困レポートでは、風呂に入れないこども、ホームレス化しているこどもの存在が報告されている。しかし、その実態・実数は明らかにされていない。

「こども食堂」は、貧困対策として民間で行われている、こどもに無料あるいはきわめて安い値段で食事を提供する活動である。２０１２年あたりから、その名前が報道によって広まっていった。近年では、こどもに限定せず、大人も対象にした食堂も増え、２０１６年5月現在、全国で３００カ所以上が運営されているようだ。

食べる場は、生存のための必須の場所であり、住宅の空間でダイニングは最も重要な空間といえる。それは人が集まる場でもある。そういう意味で、こども食堂は、貧困にあるこどもの居場所として、重要な役割を担っているといえよう。

児童館、公園施設、空き店舗、飲食店、医療機関、介護施設、お寺などがこども食堂の場所として使われ、単に安く、あるいは無料で食べられるだけでなく、調理に参加したり、宿題をしたり、友だちとあそんだりという、こどもの居場所として機能していることは高く評価できる。

また、フードバンクと呼ばれるシステムも、貧困家庭の食に対する支援システムとして重要である。これは、包装の傷みなどで、まだ食べられるのにもかかわらず売ることができなくなった食品を、企業から提供を受け、生活困窮者などに配布する活動である。

このようなこども食堂、フードバンクのような支援が、住空間的な課題、衣服的な課題にも及び、民間及び公的な支援がなされるシステムが形成されることが望ましい。

また、住空間を奪われ困難に陥っているこどもとその家族のために、空き家率がすでに約15%の我が国の住宅事情を鑑み、生活基盤支援のシステムが早急につくられる必要がある。

②成育コミュニティの欠如

日本学術会議の提言、「我が国の子どもの成育環境の改善にむけて―成育コミュニティの課題と提言―」(2017年5月23日)において指摘されているように、こどもの成育環境には、親だけでなく、こどもの成長を見守る多くの大人の存在が重要だ。そういう意味で、メンター的役割が必要である。保育士、教師、ソーシャルワーカー、保健師、あるいは地域の小児科の医師などが職能者として挙げられる。

イギリスの精神医学者、ジョン・ボウルビィは、1958年に〝アタッチメント理論(愛着理論)〟に関する理論を提唱した。アタッチメントとは、人と特定対象間における、感情を伴った、対象特定的な心の絆(bond)と定義される。現在、その有効性を証明する多くの研究がなされている。温かく迎え、応答する人の存在があることによって、こどもは新たな挑戦に向かうことができるのだ。困難な状況に陥ったこどもには、身近に相談することができる大人の存在が重要である。社会的支援としてきわめて大きい。

③学習体験環境の欠如

小さなこどもにとって、あそびそのものが学習である。貧困のために、十分にあそべる、学べる環境がないと、その後の成長に大きな影響がある。学力が低く、挑戦力、コミュニケーション力といった非認知能力を獲得できないことはとても不幸だ。幼児、小学生の学習、あそび、体験の場として、学童保育の充実が喫緊の課題である。

小学校の空き教室や空き家利用も考えられるが、十分なあそび、学習ができる環境が望まれる。そしてそれが、無料ないしは低額で提供される必要がある。

貧困状態のこどもはもちろん、今、多くの時間をインターネットに費やしているこどもも、友だちと一緒に自然の中で、広場で、外で生き生きとあそぶ機会を失っている。幼児の段階はもちろん、学童においてもアフタースクールにおける学習体験環境の整備が重要な課題である。

④安全安心環境の欠如

こどもにとって、平和な状態であることはとても大切だ。平和な状態とは、安全で安心できる環境である。単純に言えば、生命の危険がないこと、健康で心身ともに安定している状況である。

その対極にあるものは、社会的な災害（戦争、不景気）、自然災害（地震、台風、大雨、大雪）、そして離婚、死別などの家族的災害によってもたらされる不安定、不幸な状況だろう。貧困は直接的にこのような平和でない状況によってもたらされる。

こどもが貧困に陥り、その平和が脅かされる大きな要因の一つとして若年離婚が挙げられる。そこでは両親の不和、時に暴力、虐待などがもたらされる場合もある。そのような状況の中で、安全・安心な環境を失い、こどもは精神的にも不安定な状態に追い込まれる。

安全・安心を脅かされる状況にあるこどもにとって、安全・安心を担保できるシェルターが必要だ。シェルター機能として挙げられるのは、公的には、児童養護施設や母子生活支援施設などであろう。民間団体・組織はまだ十分ではない。今後、公的なシェルターの充実が望まれる。

シェルターとしてのこどもの居場所

①児童養護施設

児童養護施設は、概ね2歳から18歳までの貧困で育てられなくなったこども、親から捨てられたこども、虐待等の状況にあったこどもが生活する、公的あるいは民間の施設だ。現在、全国で603施設、約3万人のこどもが生活している。

児童養護施設に入所するのは、就学前、すなわち幼児が50％を占めている。平均在所年数が4・9年という点から見ても、幼児期を施設で過ごすこどもの割合が高い。

児童養護施設にいる幼児の多くは、幼稚園に通園する。保育所の利用は4％に満たず、それは福祉施設の二重措置になるとして避けられるからだといわれている。入所しているこども本位の制度運用の見直しをすべきである。

社会的な自立を認められる20歳と、退所年齢である18歳とのギャップも問題化している。未成年では家を借りる際に保証人の同意が必要な場合が多い。近年この問題点を解決する法律が改正された。ともあれ、シームレスな支援ができる社会システムにしていく必要がある。

②母子生活支援施設

母子生活支援施設は全国に232カ所あり、3330世帯・児童5479人が利用している（2016年時点）。公共住宅に空きがある場合は、そこに移る場合も多くある。元父親の暴力・虐待などから逃れてくる場合も多く、セキュリティという点もきわめて問題であるが、ここでもやさしくフレンドリーな空間が求められる。待機者も多く、もっと数を増やしていく必要がある。そして生活支援施設として、第9章で紹介したコレクティブハウスのような共助型の空間形成が望ましい。

無関心・孤独を生まない居住空間の再構築

①個別型居住が無関心、孤独を生み出す

ジャーナリストや研究者のさまざまなこどもの貧困に関する取材レポートでは、貧困状況にある家族の孤独、孤立が指摘されている。こどもの孤立だけでなく、親が孤独に陥っている例が多い。もっと住民のコミュニティが生まれる形式の展開が図られる住宅開発が望まれる。そのような観点で不動産流通のシステム、あるいは公的な社会住宅の建設や空き家を利用したシェアハウス的共助型住宅が考えられる必要がある。

②共助型居住がこどもを貧困に陥らせない

北欧で生まれたコレクティブハウスは、子育てや高齢者の共助型住宅として注目される。コモンという概念によってキッチン、ダイニング、リビング、庭等を共有化し、みんなで食べ、団欒するという住形式である。この形式はこどもが多くの大人に接する機会ができる点において、こどもの学習体験環境としても望ましい。

共助型住宅は、日本においても民間で開発されているが、不動産業界ではまだまだ特殊な存在で、普及していない。空き家などをこのような共助型住宅に改築することに重要なのは、それに対する建築家・デザイナーの関与である。

共助型住宅は、結果としてこどもの貧困を減らす方向になるものと思われる。このような共助型住形式を支援する政策が望まれる。こどもの居場所、すなわち生活基盤整備は法的、経済的支援だけでなく、住まいのあり方、ライフデザインそのものを見直すことが重要である。

第23章　地球環境とこどもの成育環境

地球環境とこども

地球環境問題は、人間の営みの影響が大きく、人間の生活圏、あるいは人間が属する生物圏そのものを傷つけている。そして、その傷は徐々に拡大していっている。

1992年のリオデジャネイロ宣言、1997年の京都議定書、2015年のパリ協定まで、その国際的な枠組みは進化してきているが、それにも増してその汚染の速度はスピードアップしている。

地球温暖化の影響を最も受けるのは、今のこどもである。私たちは、こどもにその負荷を押しつけようとしている。日本建築学会は、2000年に「地球環境・建築憲章」を作成し、建築、環境分野のガイドラインとした。それはまさに京都議定書、後のパリ協定に沿うものであるが、5つのチャプターにより構成されている。「長寿命」、「自然共生」、「省エネルギー」、「省資源・循環」、そして「継承性」である。

筆者は起草委員長として、特に「継承性」という項目を主張した。それはまさに次の時代に、こどもに引き継ぐという意志をもったものである。

その点ではＳＤＧｓ（Sustainable Development Goals）の持続的な開発目標という視点に合致するものである。かつてブラジルのクリチバで、ＵＩＡ（国際建築家連合・UNION INTERNATIONALE DES ARCHITECTES）会長も務めた建築家ジャイメ・レルネル市長の指導のもと、「知の灯台」と呼ばれる、学校に行けないほど貧しいこどものために、本やパソコンに触れられる、いわば児童センターがつくられた。そこで、こどもに省エネルギー、省資源・循環という環境教育を行うことによって、クリチバは、世界的にも注目されるブラジルの環境首都となった。

スラム街の親たちも、環境教育を受けたこどもから言われると、省エネルギー、省資源的な行動をとるようになるというものであった。クリチバには、地球環境大学が設立され、一貫した地球環境に対するこどもの教育参加が図られるなど、大きな成果を上げた。

温暖化により激変する気候、そこに新たな災害が引き起こされる。我が国はもともと災害の多い国として、地球環境に負荷の多いライフスタイルをやめ、地球にやさしい都市建設と生活を世界に先駆け実行していかねばならない。そのためにも、こどもの環境教育、環境学習がより広範に深く実行される必要がある。

環境教育は総合的な学習でもある。自然体験はきわめて重要だと述べてきた。人と地球にやさしい生活は、こどもの自然体験から生み出されるといっても過言ではない。

こどものための建築・都市12ヶ条

こどものための環境として、私たちが考えねばならない条件を次のような12ヶ条にまとめた。これは日本建築学会・こどもと高齢者に向けた学会行動計画推進特別委員会の委員長として筆者が作成したものである。メンバーには、我が国のプレーパーク活動を先導した、当時東北大学教授だった大村虔一氏や、こども参画のまちづくりの主導者、千葉大学教授の木下勇氏などが参加した。

第1条　本物の多様な経験

こどもはその成長過程で多様な体験による驚き、発見、悲しみ、喜び、不安、達成感などを通して、豊かな個性が育まれると思われる。しかし、現代の情報化社会の中でこどもは本物の体験の機会を奪われている。また現代の建築と都市は地域や場所の多様性を失い画一化の方向が見える。こどもが育つ建築・都市は自然的な環境、都市的な環境を含め、できるだけ本物の多様な体験を保障するものでなければならない。

第2条　自然とのふれあい

自然とのふれあいによって、こどもの豊かな感性が育まれる。しかしこどもがふれ、親しむことのできる自然は、都市部を中心に急速に失われてきた。身近な自然から時折訪れる大自然まで、こどもが自然とのふれあいを十分に体験できるように、建築・都市はつくられねばならない。

第3条　豊かなあそび空間

こどもはあそびによって社会性、感性、創造性、身体性を育む。しかし都市化が進行することによって、日本のこどもはそのあそび空間を奪われ続けてきた。この40年間で、こどものあそび空間は全国的に約20分の1に減少している。ヨーロッパ・北米のこどもに比し、そのあそび空間は約4分の1〜5分の1しかない。豊かなあそび空間をもつ建築・都市を私たちは再構築しなければならない。

第4条　さまざまな交流

こどもはさまざまな年齢、多様な人々との交流の中で社会性を育み、友情を培う。しかし核家族化、少子化、情報化など社会的変化の中でこどもが孤立し、自己中心的な傾向を強めている。こどもが友だちや他世代の人々と自然に交流し、楽しいあそびを通して仲間をつくり、社会的な経験を積むことのできる建築・都市の創造は大きな課題である。

第5条　こどもと家族のための空間

こどもは家族や地域によって育てられている。しかし今、こどもが家族と共に楽しく充実したときを過ごす空間は、住宅でも都市の中でもきわめて少なくなっていないだろうか。多くの住まいにおいても家族は分断化している。多くの都市施設はこどもとその家族を疎外している。こどものあそび場、幼稚園、公園といったこどもの施設は多くが迷惑施設となっている。こどもとそのファミリーの空間を住宅、都市の多くの場に定着させる必要がある。

第6条　安全

こどもが健やかに育つための環境には安全性が不可欠である。しかし、車によってこどもの安全なあそびは脅かされている。また、大人による誘拐や性犯罪の危険は、こどものあそびの行動を制限している。こどもが危険や犯罪から守られるよう建築・都市はつくられなければならない。

第7条　健康で健全な生活

こどもが健康に健全に育つことは大人の願いである。しかし今、大気汚染やシックハウス、環境ホルモンなど、こどもの健康を阻害する多くの要因が顕在化し、増大する傾向にある。建築・都市はこどもの健康を保障し、こどもの健全な発達を促すよう計画され、つくられねばならない。

第8条　接地

こどもは大地のさまざまな営みに学び、また多くの人々と出会いながら成長する。しかし現代の都市は高層化によってこどもの生活を大地より引き離してしまっている。こどもが元気に育つには、その生活環境ができるだけ大地に接していなければならない。

第9条　開放

こどもは多様なあそび体験や学習にアプローチすることによって、豊かな人格を形成することができる。しかし今、都市と建築はこどもの領域を狭め、閉じこめる方向に向かっている。それらがこどもの閉じこもりや反社会的な行動を引き起こしているとも考えられる。こどもの生活環境は閉鎖的なものでなく、できるだけオープンでこどもの自由な行動を保障する建築・都市の創造が求められている。

第10条　こども文化

こどもは古来固有の文化を有してきた。こどもにしかないあそび、こどもらしい形、こどもの色、好みなどがこども文化をつくり、伝承され、あるときは変えられてきた。現代建築と都市は大人の価値観によってこども文化を圧迫してきた。こども文化やこどもらしさを認める建築・都市文化の形成を図らねばならない。

第11条　参画と環境学習

「自己の意見を形成する能力のある児童がその児童に影響を及ぼすすべての事項について自由に自己の意見を表明する権利を確保する」と、国連子どもの権利条約には記されている。しかし現代の建築・都市の形成は大人中心で、すべてが大人によって決定されている。こどもが自立的に、自主的に彼らの環境を自らつくる機会が与えられるよう建築・都市は計画・創造される必要がある。

第12条　子育て環境

こどもを生み、育てることは喜びである。しかし現代の少子化社会はこどもを生み、育てにくい社会であることを証明している。子育て支援の社会システムの整備はもちろん、建築・都市もこどもを生み、育てやすい環境として再点検、再整備しなければならない。

高齢化社会とこどもの成育環境

①企業も子育てに参加

我が国の高齢化率はすさまじい。人口構成のゆがみが、どんどん大きくなっている。この人口構成は、我が国の将来を暗くしている。こどもの比率が少なくなっていること、すなわち少子化を食い止める必要がある。

そのためには子育てに対するサポートを社会がしていく必要がもちろんあるが、ある意味で現代の少子化は地域コミュニティの減少、核家族化の進行と一体であると思われる。もっとこどもが育つ環境として、多くの大人たちから見守られる社会をつくっていく必要がある。

企業が、家族の子育て、こども自身に関わっていく必要があるのではなかろうか。徐々にではあるが、子宝率（男女問わず従業員一人当たりが在勤中にもてるこどもの数）を高める企業が増えているという。そのほかにも、企業や職場をリタイアした高齢者が子育て支援に大いに力を発揮できる社会システムをつくる必要がある。

人生の多くの経験を活かし、教育、あそび、スポーツの活動にこどもとの関わりをもてるような仕組みを構成していくのだ。行政の福祉課や民生セクションには人力の限界がある。よりこどもの健全な成長に力になる活動に取り込むために、次のような社会づくりに取り組むべきだ。

(1)バランスの良い人口構成を取り戻し、サステイナブルな社会に
(2)少子化を食い止めるために、公的資金を投入する社会に
(3)家庭だけでなく企業も含めて子育てに参加する社会に
(4)こどもにとって幸せなこども時代を過ごすことができる社会に

②地域も子育てに注力

島根県邑南《おおなん》町は人口1万1000人の小さな町だが、「日本一の子育て村構想」をつくり、さまざまな取り組みをしている。医療、保健、福祉、就労、結婚、定住支援、教育、生活環境、情報など、すべての行政窓口が子育て支援の施策を行い、合計特殊出生率を2・46（2015年）に押し上げた。

0～19歳人口は1562人で、2021年までにさらに1割増を目指している。子育てに公的資金の

多くを配分してきた結果だといえる。多くの自治体でも、やればできる取り組みである。

こどもが元気に育つ環境をつくるために、地域社会はもっと資本を投下すべきだ。そうすることによって、子育て中の若いファミリーが集まり、新しい産業も生み出される可能性が高まる。町が活性化され、地域が全国、世界とつながっていく。これからの時代は、こども第一の施策を進めることが最も早い地域の再生方法であると思われる。

第24章　環境から考えるこどもの「未来」

こどもと希望

２０１１年4月、東日本大震災の被災地に立ったとき、そこに広がる光景は、七十数年間の筆者の人生の中で最も悲惨なものであった。大きな津波でこどもたちはどんなに大きな恐怖にかられただろう、それからどんなに不安な気持ちで毎日を過ごしていただろう。その不安に打ち勝つためにも、こどもたちがこの破壊された風景の中に、新たな希望をなんとか見出してほしいと、心から願った。

筆者は中学のときに読んだ新聞で、東京工業大学に新しい学科、経営工学科ができたことを知り、理科と文学が好きだったため、その中間の領域でありそうな経営工学科を目指した。ただ、大学に入ってみるとそれよりももっと中間的で、絵も得意だった自分に合う建築学科というのがあることを知った。

安保騒動の中、授業もあまりない5月に大学祭があり、そのイベントの中で先輩の一人から「『人間疎外と科学技術』というテーマのスライドショーをやるから手伝わないか」と誘われた。それは思い出深く、感激的な仕事だった。その先輩は、建築学科の5年生で、そのスケッチのうまさや、話のおもしろさに引きこまれた。芸術や哲学や思想の本も読み漁った。彼に薦められた栗田勇の『伝統の逆説』はバイブルになった。

2年になり、建築学科を目指すことを決めた。そして望みどおり建築学科に入ったのだが、貧しい生活の中で、空間的な体験がろくにない自分に大きなコンプレックスを感じ、落ち込んだ。閉所恐怖症でエレベーターも地下鉄も苦手、まして飛行機など考えただけでも胸がどきどきしてしまう。自分にできるのは外国映画の中に出てくる空間で建築を勉強することだった。

自分は建築家になれるだろうか。自分には建築をつくる才能があるだろうか。アルバイトをして絵を習い始めた。絵がもっとうまくなりたいと思っただけでなく、絵を描いているときに不安から逃れることができたからだ。

22歳で大学を卒業して入った建築家のアトリエでも、いつも自分に能力はあるのかと不安にさいなまれた。しかし不安にさいなまれても、そこから避ける道を選べなかった。

26歳で独立して自分の事務所をつくった。まだまだ何をやるのも不安だったが、とにかく自分でやってみたかった。振り返って考えると、筆者の人生前半の30年間はいつも不安とともにあった。今だって不安がある。しかし若いときは本当にひどかった。時にパニックになることもあった。そのような不安

東日本大震災の被害（仙田満撮影）

から自分が脱出できたのは希望があったからだ。小さな建築でも良い、デザインでも良い、それによって人が喜んでくれるものを発想し、つくれる人になりたいという夢であり、希望だ。

こどもの頃、自分はどう生きていけるのかわからなかった。ただ逃げ場はあった。自然があった。絵や本があった。そこで空想することが好きだった。

18歳のとき、大学でこんな人になりたいという人にめぐり会った。入学した年に大学祭で「人間疎外と科学技術」というスライドショーを一緒にやらないかと誘ってくれた人だ。それから筆者は不安から逃れることが徐々にできるようになったと思う。筆者が18歳で出会った建築学科の先輩は安保騒動がまだ収まらない雨の日のデモの中、心臓麻痺により26歳の若さで亡くなってしまった。筆者はその時21歳だった。

不安に満ちたこどもから若者の時代に、自分が76歳まで生きるなど考えられなかった。筆者は目標にした人よりもずっと長く生きているが、今、筆者に「希望」を与えてくれたあの人のように、若い人たちに「希望」を与えられる人になりたいというのが筆者の希望であり、目標だ。

大震災や津波により本当に不安に陥ったこどもたちに、日本という世界の平均的な場所からみると100倍も地震被災率の高い国に生まれた運命をもった人間として、その困難を乗り越える力をもってほしいと願っている。

そのために筆者になにができるかと考え、筆者がかつて会長をしていた「こども環境学会」で「子どもが元気に育つまちづくり東日本大震災復興プラン」を企画した。12歳以下、18歳以下、24歳以下、25

歳以上という4つのカテゴリーで募集したところ、187案509人もの応募があった。自分のこととして復興を考えているこども、若者、専門家、そして希望をつくることに努力している多くの人がいることを知った。

それは、筆者にとってまさに希望に満ちた出来事だった。それらの提案を作品集としてまとめ、被災地に届けた。ともに助け合いながら、ともに励ましあいながら、希望をもって困難を乗り越えていこう。そして乗り越えてほしいと心から願った。

研究の継続性

42歳の時に琉球大学に赴任した。その2年前に母校に学位論文「こどものあそび環境の構造の研究」を提出し、工学博士となった。筆者は学士卒で、大学院に行っていない。しかし、26歳で独立して、民間の設計事務所「環境デザイン研究所」を立ち上げたときから、研究とデザインの両立を図ろうと考えていた。

1970年初頭より、横浜を対象にした自主研究「こどものあそび環境」を始め、日本建築学会の大会論文として提出した。1975年、トヨタ財団の第1回研究助成に応募し、運よく、研究費を取得。こどものあそび環境の研究を深化させた。経済学者の林雄二郎さんが「おもしろい」と推薦してくれ、20採択された中で、唯一民間の研究機関として受賞することができた。

母校の石原舜介教授より「仙田君は運が良い。これで博士の学位をとりなさい」と勧められ、論文をまとめるのに、研究を始めてから約10年かかったが、とにかく40歳の時に論文をまとめることができた。日本建築学会2本、日本造園学会2本、日本都市計画学会2本、日本小児保健協会各1本、計7本の査読論文を基にしたものである。

「琉球大学に行ってほしい」と、ある教授から頼まれ、「2年間ならがんばります。それ以上は事務所の所員も養わなければなりませんから」と引き受けたが、結局3年間務めた。

建築計画、都市計画を教えたが、製図室は5時で締められてしまうというありさまだった。「大学の建築学科は徹夜で議論しながら、図面を描くのが当たり前。自宅で、それぞれ描いていたのでは上達しない」と大学側に掛け合ったが、「誰が責任をとるのだ」と反対された。しかし、「自分がとります」と答えて、製図室は不夜城になった。そこから学生たちのデザイン力はめきめき上がっていった。

琉球大の次、名古屋工業大学に赴任したときは、やはり定時で製図室の鍵をかけられた。これも筆者が責任をとると約束し、オープンな学生の居場所とした。それから、筆者がいなくなった後も、製図室に鍵がかけられるようになったとは聞かない。要は、誰がリスクをとるかだ。その経験によって、リスクをとらなければ、環境は良くならないということを学んだ。

研究にも、さまざまな制約がある。かつて行った、筆者の「こどものあそび環境調査」では、あそんでいるこどもに直接ヒアリングして、あそんでいる場所の地図や絵を描いてもらったり、あそんでいる場所に連れていってもらったりすることができた。今は全くできない。犯罪者に間違われて通報されてしまう。こどもは「見知らぬ人から声をかけられたら、それが誰であれ逃げなさい」と教えられている。

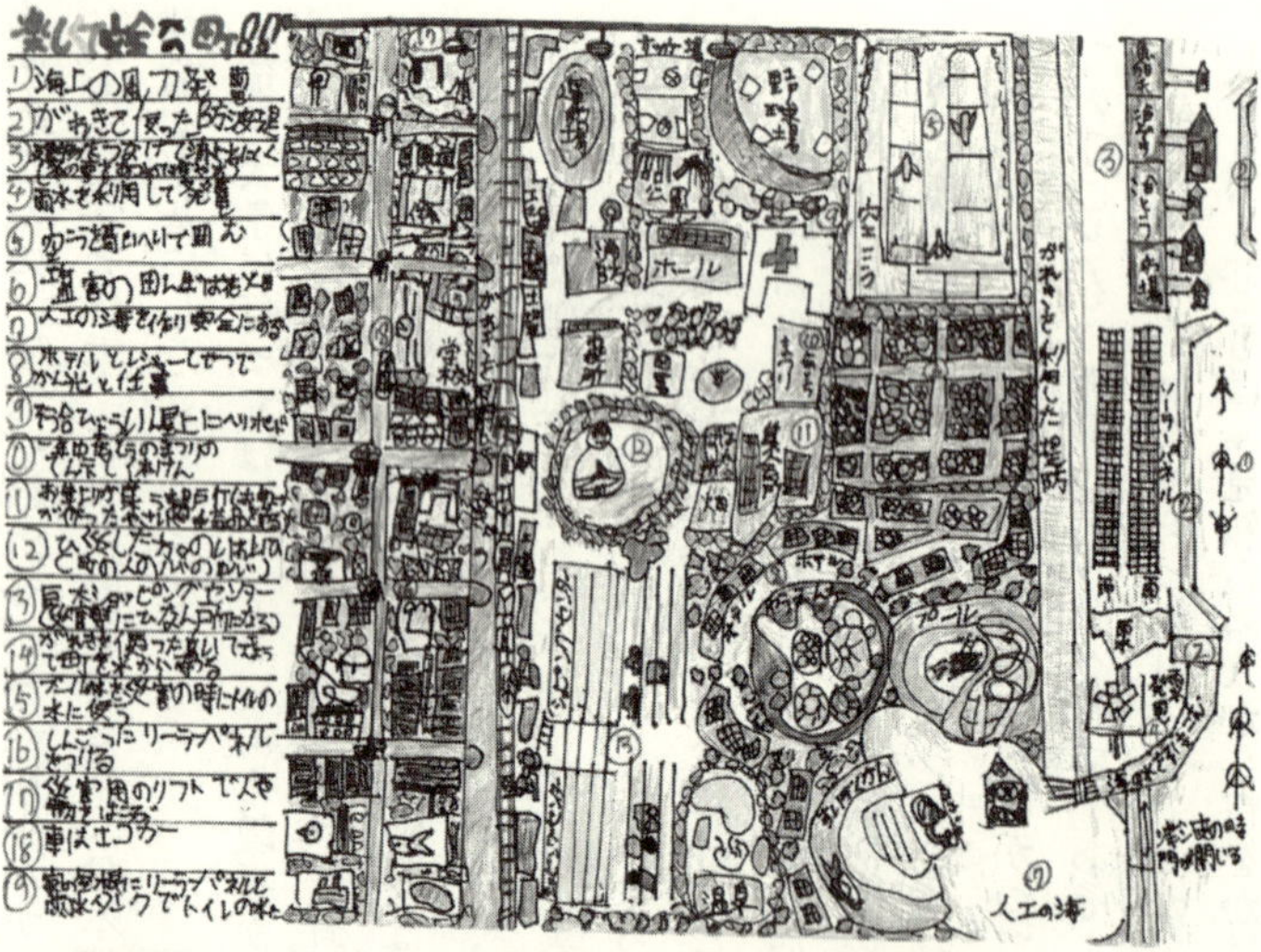

こども環境学会―子どもが元気に育つまちづくり東日本大震災復興プラン提案競技（2011）Kids Gold Prize

公園で、こどもがあそんでいる様子を写真に撮ることも危険だ。職務質問を受ける。プライバシー保護が強く叫ばれ、こどもの顔が写った写真など、撮ることはできない。今、こどものあそびの実態調査は、懇意の幼稚園、保育園、学校でしか行うことができなくなってしまった。

海外調査はさらに難しい。30年前に行ったアメリカでの調査は、今の日本の状況以上だった。まして、アメリカは児童誘拐が日常化している国である。調査者と犯罪者の区別など全く期待できない。カメラを向けたら、銃と間違えられて、撃たれる覚悟もしなければならないありさまだ。

戦前から戦後、60年代までの、こどものあそび環境の変化の研究は、筆者が博士論文「こどものあそび環境の構造の研究」の中でまとめた。すでに述べたとおり、日本大学芸術学部の非常勤講師として10年間教えた。というより、学生と研究し、デザインした。

その後、早稲田大学で3年、その後、琉球大学、名古屋工業大学、東京工業大学で教え、長く続いた国立大学の教員を終えたのは2004年のことである。それから2年間、慶應義塾大学の大学院で、5年間は放送大学で教えた。その間に、国士舘大学でも客員教授として研究指導をしている。

今、こどもの成育環境の研究に従事している、教え子も多い。こどものあそび環境の変化の研究は、継続的に行っていくことが重要であるため、多くの教え子に私の後の研究をしてほしいと依頼している。製図室の扉を開けるように、その研究の扉を誰かが開けることによって、こども研究は続いていく。だから、そのプラットホームをつくる必要があると考えている。こども環境学会や日本学術会議のこどもの成育環境分科会は、そのような意図で立ち上げた。

筆者の教え子たちだけでなく、多くのこどもに関する研究者が生まれ、集い、出会い、協力し、こどもの環境の研究が進化していく。それにより多くの環境改善の政策が生まれ、設計や教育者、保育者の教育が行われることによって、こどもがより良い環境を獲得できることを祈っている。

こども環境学会

1998年より、日本建築学会副会長、引き続いて2001年より2年間会長を務めた。その中でもすでに紹介した「こどものための建築・都市12ヶ条」というガイドラインをつくったのは思い出深い。世田谷の羽根木プレーパークを創設した都市計画家・大村虔一東北大名誉教授もその作成に参加した。

特別委員会として、活発な議論の末、12ヶ条が完成した。

2010年頃、突然、板橋区役所のエレベーター前で呼び止められた。区長の坂本健さんだった。坂本さんは、初対面の筆者を区長室に招き入れ、「日本建築学会の『こどものための建築・都市12ヶ条』は、私の政治的な信条でもあります」と言ってくれた。これにはつくった筆者も大変な驚きであった。とにかく、研究内容をきちんとまとめておくことはとても大切なことであり、知らない誰かがそれを継承してくれていることに大変感激した。

2003年に学会会長を退き、10年前から温めていたこどもに関する学際的な学会「こども環境学会」の設立準備会を立ち上げた。1年間の準備期間を経て、2004年4月に友人のアメリカのロビン・ムーア教授やロジャー・ハート教授を招き、こども環境学会の設立大会を行った。会員数は当初300人だった。

それから十数年経ち、現在会員数は1100名に増えている。研究論文活動はもちろん、『こども環境学研究』という研究誌の発行、年1回の大会、こども環境学会賞の創設、こども環境アドバイザーという学会認定資格の制定、セミナー・シンポジウムの開催など、積極的な活動をしている。

会員構成は保育・教育が3分の1、建築・造園が3分の1、医療・行政が3分の1という、とてもバランスの良い〝学際的〟な構成となっている。大学の研究者、保育士、建築士などの実務者も多く、研究者と実務者の比率は半々だ。数多くの学際的な研究や、こどもに関するさまざまなNPO活動との連携なども図られている。

こどもに関する研究は、学校や幼稚園、保育園という従来の建築計画学的研究では限界があると考えており、医療、体育学、心理学などの分野との協同研究が進められなければならない。そういう意味で、これからの新しいこども研究が、こども環境学会という学術的プラットホームから生まれることを期待したい。初代会長は筆者が務めたが（現在は代表理事）、２０１１年に公益社団法人化し、２０１７年からは、国立成育医療研究センター理事長の五十嵐隆教授が会長を務めている。

日本学術会議　子どもの成育環境分科会

２００５年に、日本学術会議会員として任命されてすぐ、我が国におけるこどもの成育環境改善のための政策戦略を目的とした課題別委員会「子どもを元気にする環境づくり戦略・政策検討委員会」を立ち上げた。

１年間の短い期間ではあったが、第1部人文科学、第2部生命科学、第3部理工学分野を統合した委員会を立ち上げ、２００７年に対外報告「我が国の子どもを元気にする環境づくりのための国家的戦略の確立に向けて」を出した。

ここでは、こどもの成育環境を空間、時間、コミュニティ、方法という4つの領域から考察することの重要性と、それらに対応する現代日本の課題を洗い出し、我が国におけるこどもに関する行政の問題点として、それぞれの専門領域で分断されていることを挙げた。

そして、これらを統合的に議論する場が必要であること、具体的には日本学術会議にこどもに関する合同分科会をもち、行政ではこども省を念頭に置いた統合的な仕組みをつくるべき、当面、内閣府の少子化担当を強化すべきであるという報告をした。

翌年、それに基づき日本学術会議内で心理学・教育学委員会、健康科学委員会、臨床医学委員会、環境学委員会、土木工学・建築学委員会の5つの委員会合同の分科会が発足。2008年に「我が国の子どもの成育環境の改善にむけて—成育空間の課題と提言—」と題する提言を発表した。

その後、2011年「成育方法」、2013年「成育時間」、2016年「成育コミュニティ」の課題と提言を発表。成育空間の副委員長は日本女子体育大学の元学長の加賀谷淳子教授であった。病気のため途中交代し、東京大学小児科の五十嵐隆教授が成育方法、成育時間をまとめ、成育コミュニティの委員長は教育学のお茶の水女子大学の内田伸子教授であった。筆者は23期をもって日本学術会議連携会員を退任した。

今後は、子どもの成育環境の分科会が期ごとに課題を再確認し、我が国のこどもの成育環境の評価、改善の手をゆるめないようにしていただきたいと願っている。継続的に教育、施策ともうまく連動し、委員長も期ごとに委員会間で持ち回りになり、学際的な議論が継続されることが期待されている。第24期日本学術会議では、成育空間を中心に議論されることになると思われる。

多くの専門家と市民が手をつなごう

こどもは道でも、学校でも、公園でも、家の中でも、遊具でも、おもちゃでも、家の外でも、山でも、川でも、テレビゲームでも遊ぶ。さまざまな場所で遊ぶ。それが、こどもだといえる。

その領域を学術的な専門分野で考えてみれば、道は土木工学、住宅、児童館、学校は建築学、庭や公園は造園学、おもちゃ、テレビゲーム、あるいは遊具はプロダクトデザイン学、インダストリアルデザイン学の分野といえる。このようにこどものあそび環境はさまざまなデザイン分野にまたがることに気づく。

また、こどもの生活や体験という点ではあそび、教育、保育、運動、健康などがあり、それらは教育学、保育学、体育学、小児医学などが担う。それを行政的な領域で考えてみると、道路は土木部道路課、教育をになう学校や幼稚園は教育委員会、保育や福祉はこども家庭課や福祉課、児童館は建築課、福祉課、公園は土木部公園課、農地や山は農林水産課だったりする。すなわちこどものあそび環境や成育環境も行政組織的に見れば多様な関係部局に分かれている。こどもの生活環境、成育環境は学問的にも行政的にも分断されていることがわかる。

そもそも、こどもの生活は、本来的にそのように分断されてはいけないものだ。総合的なものである。そういう意味でいえば行政的にも〝こども局〟や〝こども家庭局〟という統合的な行政的組織ができるのが望ましい。また学術的な組織も統合的な議論、あるいは総合的な研究の場が必要なのだ。

そういう意味ですでに述べたように２００４年、日本で統合的なこどもの成育環境の学会として「こども環境学会」が構想され、発足した。これには、こどもの成育環境に関わる小児医科学、公衆衛生、保育学、教育学、心理学、体育学、建築学、都市計画学、造園学、行政学などさまざまな分野の研究者が参加し、そして実務家として保育士、教師、医師、建築士、さらにこども支援のさまざまな活動家が参加している。

とにもかくにも、こどもの視点に立つ国づくり、地域づくり、町づくりは多くの専門家が手をつなぎ、連帯していかなければならない。統合的な視点に立つ、政策立案がなされなければ、その効果的な進展をつくり出すことはできない。

すべての行政が次世代を育て、次世代に良い環境を引き継ぐということを基本的な政策とすることが持続可能な社会の基本なのだ。こども、次世代という観点から国家施策をその基本から見直す必要がある。そうすることによって本質的に未来志向の町づくりができると思われる。

こどもにも投票権を

「こども手当てはばらまきだ」と批判する人も多い。しかし、こども手当てと同様の施策は西欧諸国では常識である。こどもをもち、育てている人はこどもをもたない人に比べ、生活は大変だ。苦労して育てられたこどもが、こどもを育てていない人の老年期を年金で支えることは不平等でもある。

かつてのように親の面倒を子が見る、介護する形の保障は現代ではほとんどない。グローバル化する社会においては、ますますその傾向が大きい。

したがってこどもを育てる家庭に、国が補助を与えることは必然なのだ。少子化対策という側面もあるが、「子は宝」という意識が全国民に共有されねばならない。

日本ではこどもに対する国家投資がきわめて少ないことを、多くの人々が指摘している。なぜこどもへの投資が少ないのだろうか。その理由を考えていくと、現在の成人のみが投票権を有する選挙制度に突き当たる。日本のような高齢化社会では高齢者の力が大きくなる。

かつてのお年寄りは自分よりもこどものためという感情があった。今、高齢化社会の中で、多くのお年寄りが自らのために長生きをしようと運動し、旅行し、勉強している。しかし、次世代を支えるこどもたちが健全に育てられねば、この国も、この町も成り立たないことを忘れてしまってはいないだろうか。

筆者の親しくしている市長に「もっとこどものための施策にお金を使ってください」と申し上げたら、「先生、市長は選挙になると人が票に見えます。こどもは票になりませんから、やはりお年寄りに喜ばれる温浴施設やグランドゴルフ場の整備にお金を使いたくなるのです」と話された。まったく正直な人だと思った。

これは日本だけの問題ではない。かつてフランスのヌーベルヴァーグの映画監督フランソワ・ロラン・トリュフォーは『大人は判ってくれない』（1959年）という映画を通して、「票をもっていないために、こどもたちのことを政治家は考えないのだ」と言っている。

アメリカの人口統計学者ポール・ドメイン（Paul Demeny）は、1986年に「ドメイン投票法」という新しい選挙方法を提案している。それはすべての人が投票権をもつもので、成人になるまでこどもの分を親が代理投票するというものだ。筆者はこの方法に賛成だ。

日本は世界で最も速く少子高齢化が進んでいる。こどもにやさしい町づくりを進めるためにも、こどものことを考える親の意見を大きくしなければならない。そのためにも世界に先駆けてこのユニークな投票方法を採用しても良いのではないか。、また、若者の参政権を18歳に引き下げたが、さらに15歳まで引き下げるべきだと考えている。国政で難しければ地方自治体でやれないだろうか。全国の首長に検討することをお薦めしたい。

ＡＩ時代のこども

①ＡＩ、ロボット時代の課題

戦後70年のこどものあそび環境の変化を考えると、その変化の最も中心となるのはテレビ、テレビゲーム、パソコン、ケイタイ、スマホというようなＩＴメディアであった。それらはこれからも進化し続けるであろう。情報量は加速度的に増え、10年20年という単位においても、ＡＩあるいはロボットが私たちの生活の身近なところに存在していくことは間違いない。

今の小学生が成人したときに、現在の職業の半分がなくなっていると予想されている。その中でＡＩやロボットを使いこなす創造的な人に育てていかなければならない。人を育てることはロボットにはできないだろう。人を育てることは人にしかできない。人は結局のところ生物としての限界と同時に可能性がある。人が人として生きることは、生物として生きることであって、心があり、失敗をし、傷つき、喜びも楽しさもすべて受け取り、引き受けなければならないのだ。

２０２０年の東京オリンピックで、体操の判定にＡＩを使う動きがあるという。確かに１００ｍ走の判定は、すでに人ではなく機械が行っている。量的な計測はやむを得ないとしても、美しさやバランス、プロポーションという領域の判定まで機械が取って代わってよいのだろうか。人間の評価に、でこぼこがあるのは確かなのだが。

かつてロケット博士の糸川英夫氏は、「すぐれた研究が事前に評価される確率は10分の1ぐらいだ」と話したという。良い研究は10人に1人という目利きにしか判断できないのだという意味だが、ビッグデータを用いて、科学的な研究の評価も、人ではなく、機械が行う時代が来るのだろうか。それはものすごい速さで押し寄せると、「シンギュラリティ」という言葉を提案した未来学者レイ・カーツワイル氏は予測しているらしい。そういう時代に、こどもは困難を克服する人として、どう体験し、学習していかねばならないのだろうか。

筆者は、幼児から10歳頃までの成長過程には、自然での体験と仲間とのあそび体験が必要だということに変わりはないと考えている。人間とＡＩ、ロボットとの違いは、身体的な限界があり、精神的な可能性があるということだ。近い将来、ＡＩ、ロボット時代が来ても、胎児から10歳頃までの成長の過程を、親も社会もしっかりと見守らなければならない。

ＡＩ、ロボットが進化する時代は確実に来る。ロボットが、こどもとドラえもんのように友だちになる時代となるかもしれない。しかし、それは10歳を超えてからにしてほしい。また、そのような研究や科学的エビデンスを早く確立しなければと思っている。

②AI時代（2030年以降）における成育環境

AI、ロボットが、家庭へもどんどん進出する時代を生き抜くためのこどもの成育環境とは？ と問われているが、たぶんそれは創造力とコミュニケーション力と挑戦力を生む環境だと思われる。非認知能力といわれる幼児の段階からもたらされる能力である。自然の中でのあそび、集団でのあそびによって獲得する能力だ。

サイエンスライターの吉成真由美氏のインタビュー・編による『人類の未来』（NHK出版、2017年）では、93歳の物理学者で数学者のフリーマン・ダイソン氏をはじめとする5人の知識人にインタビューしているが、彼女の結論はとてもおもしろい。

「人間の記憶はカメラやビデオのようにははっきりしたものではまったくなくて、実にいい加減だ。（中略）しかしまさに記憶がいい加減であるそのことによって、まったく関係のないアイディアを自在に結びつけることが可能になり、創造性（クリエイティビティ）というものが生まれてきて、それが進化に有利に働いてきたのかもしれない。そうだとすると、もしAIの発達によって、さらにはAIと人間が一体化することによって、われわれの記憶が明確・鮮明・大容量になっていった場合、クリエイティビティのほうが犠牲になるということはないのだろうか。実ったリンゴが落ちるのを見て、重力の存在を想像する、靴の紐《ひも》を見て量子力学の新しいコンセプトを思いつく、特殊なサンプル群から一般理論を抽象するといった能力を、失ってしまうことになりはしまいか。これは膨大な選択肢の中から、最適値を抜き出すという能力とはまったく異なる類《たぐい》のものではないのか」

これはある意味で、AI時代の人間の創造性の劣化を心配するものである。しかし、筆者はAI時代においても、こども時代の成育環境において、しっかりと気づきの習慣（人間の創造性）がつくられることによって、吉成氏の心配は乗り越えられるのではないかと考えている。

いつの時代も、同じようにおもしろかった、楽しかったといえるこども時代を過ごすことができる環境にしていかねばならない。

③ロボットとの共存

筆者のこども時代、1950年代は手塚治虫氏のマンガ『鉄腕アトム』が大人気だった。本当にわくわくしながら読んだものだ。1970年代に入るとドラえもんが出てきた。ドラえもんもロボットである。こどもはロボットと共存している。10年先なのか20年先かわからないが、こどもの生活にもロボットが入ってくる。できることなら、ドラえもんのようにこどもにやさしく、友だちになれるロボットであってほしい。

ロボットコミュニケーターの吉藤健太朗氏は「人を本当にいやすことができるのは人しかいない」と述べながら、人と人を結びつけるロボット、孤独な人を解消するためのロボットの開発をしている（朝日新聞　2018年1月5日）。そういう心をもった人がつくりだすロボットが、こども世界にも登場することを願う。

英国の『エコノミスト』の元編集長ビル・エモット氏は『日経ビジネス』に次のように寄稿している。

「AIや自動化によって仕事は失われ、失業率が上昇すると予想されているが、日本はそれと正反対の状況にある。日本は世界有数の自動化先進国だが、失業率は最低水準にある。（中略）自動化が人間の仕事を奪う主因にはならない。むしろ、金融危機による経済ショックといった経済要因の方が、よほど大規模に人の仕事を奪っていく」（日経ビジネス　2018年1月8日　賢人の警鐘）

そう言って、日本の技術適応力が予想される変革を乗り越えるだろうと予測している。AIやロボットと共存し、より創造的で人間的な世界が出現することを期待したい。

こども第一運動

こどもの問題は、基本的に理論や政策もあるが、親、国民自身が理解し、習慣化しなければ改善できない。繰り返しになるが、渡辺京二氏は、「150年前の日本人はこどもにやさしかった」と言っている。しかし、今の日本人は、こどもへの対応がそれとは異なっている。「いや同じだ」と見る方もいるかもしれないが、150年という歳月はその間の社会変化に対して、人間に十分な変化を起こす時間とも思える。

こどもを大切にする、こどもを大事にするということは、人間・生物として本能的なところもあるが、合わせて十分に教育的なところもあると思われる。

かつて朝ごはんを食べない児童を多く見かけたが、文部科学省をはじめとして「早寝、早起き、朝ごはん」という掛け声とともに行われた国民運動は成功したのではないか。朝ごはんをしっかり食べることも教育である。

「こども第一運動」は、次のような7つの提言をもつものとして、今、こども環境学会が大きな国民運動として推進させようとしている。

こども第一運動
こどもは未来
7つの提案

こどもは私たちの未来です。未来はこどもたちがつくります。つまり、私たちの未来は元気なこどもによってつくられます。私たちは国民運動として「こども第一運動」を推進します。

1．こどもの体験

こどもたちは12歳頃までに多様な体験とあそびを通して多くのことを学びます。我が国のこどもの外あそびの時間はこの60年間で10分の1、空間的には100分の1に縮小していると思われます。こどもたちは自然の中であそび、多くのこどもとあそぶことによって困難を乗り越える人として成長します。

こどもに多様な体験の場と時間を用意すべきです。

2. こどもの健康

こどもの健康は脅かされています。肥満、成人病化、うつ、アレルギー体質の増加、1980年以前に比べ体力、運動能力の低水準、そして虐待、いじめ、暴力というこどもの心身を傷つける状況も少なくなっていません。こどもが健康で、平和で、意欲に満ちた生活を送れる環境をつくることを優先すべきです。

3. こどもの参画

シルバー民主主義といわれる我が国でこどもが大切にされるためには、15歳以上のこどもが参政権をもち、15歳未満のこどもは保護者が代理する等を検討し、こどもたちが直接、間接的にまちづくりや政策決定に参画できるシステムをつくるべきです。

4. こどもの権利

いつの時代もこどもは大人たちの争いの犠牲になっています。戦争や紛争でもこどもたちは困難な状況に陥ります。死別や離婚の最大の被害者はこどもたちです。こどもの生活とあそび、学ぶ権利を守るように、社会システムを整備すべきです。

5．こどもへの愛

保育園建設反対がこれほど社会問題化している国はありません。150年前の日本はこどもの楽園だったと当時来日した外国人たちは評価しています。本来、日本人はこどもにやさしい国民だったはずです。大人はこどもへの愛を再確認すべきです。

6．こどもへの投資

我が国のこどもに対する公共投資が少ないことを憂慮します。我が国のこどもに対する公共投資は高齢者に対する公共投資の20分の1といわれています。ＯＥＣＤの国際比較でも、我が国のこどもへの投資は低いレベルです。少子化を改善するためにも公共投資を増やすべきです。

7．こどものための政策

こどもの施策に関する国の省庁、地方自治体の部局はばらばらです。こどもに対する政策を一元的にするため、国はこども省、地方自治体はこども局を設け、教育、保育、医療、施設等、こどもの成育環境を総合的に確立すべきです。こども省は未来省なのです。こども局は未来局なのです。

未来をつくる日本のこどもの成育環境をよりよくするために、みなさんとともに、こども第一運動を推進していきたい。この運動が本書の希望であり、目標であり、結論です。一人でも多くの読者の方々の参加をお待ちしています。

おわりに

本書は、筆者がこれまで書き、発表してきた、この25年間のさまざまな雑誌、学会論文、評論などをベースに、ほぼその内容を抽出したものと、新たに書き下ろしたものによって構成されている。

企画段階では、二十数年前に書いた岩波新書『子どもとあそび—環境建築家の眼—』に準じたエッセイとしてまとめられるものであったが、我が国のこどもの成育環境問題を取り上げる意図をもって第1部に「こどもと環境の変化」、筆者のこどもの成育環境についての考え方を第2部「こどもと環境の構造」とし、エッセイ的に成育環境のさまざまな領域に対する考え方を第3部「こどもと環境の展開」とし、こどもの体験の重要性と環境について第4部「こどもの体験と環境」とし、最後に今後のこどもの成育環境の研究や環境形成の方法について第5部「こどもと環境の戦略」に述べるという5部構成となった。

『子どもとあそび』は、もともと朝日新聞日曜版に、約80回連載したエッセイをまとめたものである。それを執筆した当時、筆者は環境建築家としての設計の仕事と並行し、名古屋工業大学教授として研究と教育にも従事していた。その後、東京工業大学、放送大学と移り、その間、日本建築学会会長を務め、地球環境・建築憲章の立ち上げや、こどものための建築・都市12ヶ条というガイドラインを発表し、後の2004年にこどもに関する分野横断的な学会、こども環境学会を創立した。

また、同時期の2005年に、日本学術会議会員になったのを機に、日本学術会議にて子どもの成育環境分科会を立ち上げた。2017年までに、日本学術会議では子どもの成育環境について、対外報告・提言を5つ提出した。

その子どもの成育環境分科会は、第1部から第3部にわたる5つの委員会の合同の分科会で、多様な領域からの多くの議論に触発された。また、年間20～50の講演会の中での聴衆の皆さんからの質問などから大いに刺激を受け、筆者自身多くの気づきを得ることができた。本書は、そのようなたくさんの方々の交流と議論に触発され、まとめられた。

筆者を奮いたたせ、感動し、刺激を与えてくれた多くの方々へ感謝したい。また、筆者は、こどもに関する多くの図書を読むことを習慣とし、多くの優れた研究者、活動家から、新鮮な気づきを与えられた。そのすべてを参考文献として載せられないのだが、筆者の著書などに詳しく記していることでご容赦いただきたい。

ちなみに、拙著『子どもとあそび』は大変好評で、今も毎年増刷が続き、すでに20版を超えている。教科書、入試問題などに数多く引用されながら、「いつ、続編を出すのですか」と言われ続けてきた。確かにあれから二十数年が過ぎ、こどもの成育環境は劇的に変わっている。

全国で数多くの自然災害があり、世界のさまざまな地域で紛争、戦争が展開され、そのすさまじい映像がこどもに襲い掛かっている。その変化の中で、こどもにその困難を乗り越えてほしいという思いが本書を書いた動機である。

人の一生は、遺伝子と環境によって決定されるという決定論に与するわけではないが、こどもが自分の人生を自立的に切り開いていく力の獲得は、大いにその成育環境に影響される。その成育環境とはこどもを取り巻く人の環境が最も重要なのだが、筆者の専門とする物理的な環境、ビルトエンバイロンメントもその大きな役割を果たすと考えている。

環境建築家の眼と心で書き記した思いが、本書によって読者の皆さんに届くことを願っている。

今回の出版は、友人のライター菊池徳行氏と天田幸宏氏との幸運な出会いの賜である。朝日新聞出版の佐藤聖一氏の粘り強いサポートにも心より感謝したい。

また筆者の原稿の最初の読者である妻・順子と、筆者の悪筆の手書き原稿をデータ化し、その内容を細かく調査してくれた秘書の斎藤ひろみさん、学術的なエビデンスの確認をしてくれた小高典子さんに深謝したい。

本書が多くの方々に支持され、こどもたちが幸せなこども時代を過ごせる環境が創出され、さらに発展することを祈りたい。

仙田　満

三輪律江，尾木まり 編著／米田佐知子 他 著：まち保育のススメ―おさんぽ・多世代交流・地域交流・防災・まちづくり，萌文社，2017
山野良一：子どもに貧困を押しつける国・日本，光文社新書，2014
子どものための建築・都市12ヶ条、子どもと家族のための建築・都市環境づくりガイドライン，建築雑誌，1467，pp.3-7，2001
子どもの貧困白書編集委員会：子どもの貧困白書，明石書店，2009
村田勝敬・川本俊弘・五十 隆 編：環境による健康リスク 生涯教育シリーズ―93，日本医師会雑誌，第146巻・特別号（2），2017
小西行郎・遠藤利彦 編：赤ちゃん学を学ぶ人のために，世界思想社，2012
小谷部育子 他 編著：第3の住まい コレクティブハウジングのすべて（住総研住まい読本），エクスナレッジ，2012
小林良彰：子どもの幸福度，ぎょうせい，2015
清川輝基 編著／山田眞・古野陽一 著：ネットに奪われる子どもたち，少年写真新聞社，2014
仙田満：斜面緑地論，横浜市企画調整室 調査季報，26，pp.44-58，1970
仙田満：子どもとあそび―環境建築家の眼―，岩波新書，1992
倉戸ツギオ：育て、はぐくむ、かかわる―生涯発達心理学の視点から発達行動を探る―，北大路書房，1997
谷崎潤一郎：陰翳禮讃，創元社，1939
朝日新聞取材班：子どもと貧困，朝日新聞出版，2016
渡辺京二：逝きし世の面影，平凡社ライブラリー，552，2005
日本学術会議 子どもを元気にする環境づくり戦略・政策検討委員会：対外報告『我が国の子どもを元気にする環境づくりのための国家的戦略の確立に向けて』，2007
日本学術会議 心理学・教育学委員会・臨床医学委員会・環境学委員会・土木工学・建築学委員会合同 子どもの成育環境分科会：提言『我が国の子どもの成育環境の改善にむけて－成育空間の課題と提言－』，2008
同：提言『我が国の子どもの成育環境の改善にむけて－成育方法の課題と提言－』，2011
同：提言『我が国の子どもの成育環境の改善にむけて－成育時間の課題と提言－』，2013
同：提言『我が国のこどもの成育環境の改善にむけて－成育コミュニティの課題と提言－』，2017
樋口進 監修：心と体を蝕む「ネット依存」から子どもたちをどう守るのか（MINERVA Excellent Series 1 心理 NOW!），ミネルヴァ書房，2017
樋田敦子：女性と子どもの貧困，大和書房，2015
無藤隆 編：テレビと子どもの発達，東京大学出版会，1987
友田明美：子どもの脳を傷つける親たち，NHK 出版新書，523，2017

参考文献

イアン・レズリー 著／須川綾子 訳：子どもは40000回質問する　あなたの人生を創る「好奇心」の驚くべき力，光文社，2016
イディス・コッブ 著、黒坂三和子、滝川秀子 訳：イマジネーションの生態学―子ども時代の自然との詩的共感，思索社，1986
大屋霊城：「都市の兒童遊場」の研究，園芸学会雑誌，4（1），pp.1-81，1933
岡本拡子、桐生正幸 編著：幼い子どもを犯罪から守る！，北大路書房，2006
奥野健夫：文学における原風景　原っぱ・洞窟の幻想，集英社，1972
環境デザイン研究所（仙田満）：特集　コミュニティ研究　都市の木をつくろう，都市住宅，1970年7月号，pp.58-59，1970
100歳までヒトが長生きできる住まい，建築知識，2018年1月号，pp.30-31，2018
コレクティブハウスかんかん森の12年，ドメス出版，2014
ジェームズ・J・ヘックマン 著／大竹文雄 解説／古草秀子 訳：幼児教育の経済学，東洋経済新報社，2015
仙田満 編著：こどもと住まい（上・下），住まいの図書館出版局，1990
仙田満：子どもとあそび―環境建築家の眼―，岩波新書，1992
仙田満：環境デザイン講義，彰国社，2006
仙田満：こどものあそび環境，鹿島出版会，2009
地球環境建築憲章起草委員会　委員長　仙田満：「地球環境・建築憲章」の制定について，建築雑誌，1458，pp.3-5，2000
デズモンド・モリス　矢島剛一 訳：人間動物園，新潮選書，1970
中村博、石子順、隅井孝雄、子どもの文化研究所共著：子ども・教育とテレビ黒書　テレビを子どもの味方にするために，労働旬報社，1976
日本財団　子どもの貧困対策チーム：徹底調査　子供の貧困が日本を滅ぼす　社会的損失40兆円の衝撃，文春新書，2016
吉成真由美 他：人類の未来　AI、経済、民主主義，NHK 出版新書，2017
八代尚宏：シルバー民主主義，中公新書，2374，2016
ロジェ・カイヨワ 著／多田道太郎 他 訳：遊びと人間，講談社学術文庫，1990
ロバート・フルガム著／池央耿 訳：人生に必要な知恵はすべて幼稚園の砂場で学んだ，河出文庫，2016
日本学術協力財団 編：子どもの健康を育むために―医療と教育のギャップを克服する―，（公財）日本学術協力財団，学術会議叢書23，2017
佐野えんね：日本に住むと日本のくらし，樹心社，1988
佐野利器：住宅論，文化生活研究会，1925
斎藤環：社会的ひきこもり　終わらない思春期，PHP 新書，1998

図版作成　谷口正孝

仙田 満《せんだ・みつる》
環境建築家、環境デザイン研究所会長、東京工業大学名誉教授。近年の代表作に新広島市民球場（日本建築家協会賞）、国際教養大学図書館棟（村野藤吾賞）などがある。
1941年神奈川県横浜市生まれ。1964年東京工業大学理工学部建築学科卒業、菊竹清訓建築設計事務所入所。1968年環境デザイン研究所を創設。1982年「こどものあそび環境の構造の研究」で工学博士（東工大）。2001年〜03年日本建築学会会長。2004〜10年こども環境学会会長。2006年〜08年日本建築家協会会長。著書は『子どもとあそび—環境建築家の眼—』（岩波新書）、『環境デザイン論』（放送大学教育振興会）、『人が集まる建築　環境×デザイン×こどもの研究』（講談社現代新書）など多数。

朝日選書 970

こどもを育む環境 蝕む環境

2018年4月25日 第1刷発行

著者 仙田 満

発行者 須田 剛

発行所 朝日新聞出版
〒104-8011 東京都中央区築地5-3-2
電話 03-5541-8832（編集）
03-5540-7793（販売）

印刷所 大日本印刷株式会社

Published in Japan by Asahi Shimbun Publications Inc.
ISBN978-4-02-263070-4

枕草子のたくらみ
「春はあけぼの」に秘められた思い
山本淳子
なぜ藤原道長を恐れさせ、紫式部を苛立たせたのか

ネガティブ・ケイパビリティ 答えの出ない事態に耐える力
帚木蓬生
教育・医療・介護の現場でも注目の「負の力」を分析

日本人は大災害をどう乗り越えたのか
遺跡に刻まれた復興の歴史
文化庁編
たび重なる大災害からどう立ち上がってきたのか

江戸時代 恋愛事情
若衆の恋、町娘の恋
板坂則子
江戸期小説、浮世絵、春画・春本から読み解く江戸の恋

asahi sensho

歯痛の文化史
古代エジプトからハリウッドまで
ジェイムズ・ウィンブラント著／忠平美幸訳
恐怖と嫌悪で語られる、笑える歯痛の世界史

くらしの昭和史
昭和のくらし博物館から
小泉和子
衣食住さまざまな角度から見た激動の昭和史

高田長老の法隆寺いま昔
高田良信 構成・小滝ちひろ
「人間、一生勉強や」。当代一の学僧の全生涯

身体知性
医師が見つけた身体と感情の深いつながり
佐藤友亮
武道家で医師の著者による、面白い「からだ」の話

（以下続刊）